KB202657

기독교
센터

기독교 센터

ⓒ 주정일, 2024

초판 1쇄 발행 2024년 10월 21일

지은이   주정일
펴낸이   이기봉
편집   좋은땅 편집팀
펴낸곳   도서출판 좋은땅
주소   서울특별시 마포구 양화로12길 26 지월드빌딩 (서교동 395-7)
전화   02)374-8616~7
팩스   02)374-8614
이메일   gworldbook@naver.com
홈페이지   www.g-world.co.kr

ISBN   979-11-388-3627-2 (03230)

기독교
센터

교세 확장의 전초기지

주정일 장로

Christianity Center

Public Missionary
Outpost

좋은땅

차례

들어가는 말 7

전국민의 70% 이상을 기독교인으로 한다면 14

첫 번째: 대중선교의 전초기지: 기독교 센터

1-1. 기독교 센터란? 44

1-2. 기독교 센터의 정신 I: 기독교 세계관 51

1-3. 기독교 센터의 정신 II: 나눔과 섬김 55

1-4. 기독교 센터의 정신 III: 협력과 배려 59

1-5. 유형 기독교 센터의 구성과 활용 62

1-6. 무형 기독교 센터의 역할 72

1-7. 대형 교회 공동체의 역할 76

1-8. 포인트 제도의 도입 79

두 번째: 교회 공동체의 특별활동과 기독교 센터 부설기관들

2-1. 교회 공동체의 사회적 역할을 시작한 공동체들 86

2-1-1. 두레 공동체 | 2-1-2. 다일 공동체 | 2-1-3. 둘리 소셜 클럽(Dooleys Social Club)

2-2. 민족의식을 고취시켰던 교회 공동체들 114

2-3. 기독교 교회 단체들의 시대적 변화 118

2-4. 기독교 센터가 필요한 이유들 129

2-4-1. 기독교 문화를 심는 기독교 센터 | 2-4-2. 기독교 현실주의를 실현하는 기독교 센터 | 2-4-3. 홍익인간 사상과 기독교 세계관의 접목 | 2-4-4. 지금부터 복선을 전개해야 합니다

2-5. 기독교 센터의 부설기관들 162

세 번째: 기독교 센터의 중심은 강건한 교회 공동체

3-1. 한국의 학자들이 말하는 한국 교회   166

3-2. 한국 교회가 나아갈 길   175

3-2-1. 예배의 의미를 되새겨 보자 | 3-2-2. 큰 조직력으로 큰 사업을 해야 합니다

3-3. 순환   193

3-4. 기독교인의 준비 I: 기독교 윤리와 함께하는 생업   203

3-5. 교회 공동체의 위기 탈출   208

3-6. 세상의 발전을 이끌어 온 기독교인들   212

3-6-1. 산업혁명과 기독교인들 | 3-6-2. 미국의 대각성 운동 | 3-6-3. 서유럽의 기독교
인들 | 3-6-4. 위기로 몰아 넣는 유럽의 철학 사상들

3-7. 교회 민주주의가 잘 정착되어야 합니다   234

3-8. 기독교인의 준비 II: 교회 공동체의 직분의 속성   240

3-9. 기독교인의 준비 III: 교회를 강건하게   251

3-10. 기독교인의 준비 IV: 초대교회 정신으로 구역모임을   260

네 번째: 기독교 센터의 의무

4-1. 기독교 센터의 모든 유익은 이웃에게로   268

4-2. 선한 일을 사모하도록 동기부여 하는 곳으로   275

다섯 번째: 기독교 센터의 일꾼: 청년들에게 선한 동기를

    5-1. 청년들에게 선한 동기를   304

    5-2. 개척교회를 스타트업 개념으로   313

여섯 번째: 기독교 센터의 일꾼들의 이야기

    6-1. 한남동 기독교 센터   320

    6-2. 한마음 기독교 센터   323

    6-3. 마켓 기독교 센터   325

    6-4. 기독교 센터의 복지회   327

    6-5. 할렐루야 찬양단   328

    6-6. 기독교 센터 전략 연구소   330

    참고 문헌   337

들어가는 말

현대인들에게서 이웃과의 교제와 만남은 자연스럽게 이루어지는 것보다 어떤 특정한 목적과 필요에 따라 이루어집니다. 계절마다 농어촌의 서로 필요한 노동력을 위해서 사람이 모이고 협력하는 모습은 서로의 필요를 위해서 모이지만 그나마 도시에서는 찾아보기 힘들고 가족들조차도 일년에 명절이나 특별한 날에 모임을 갖는 것이 일반화되고 사람들은 이러한 모임을 서로 편하게 생각합니다. 그나마 학창시절을 지나고 나면 가족과 친구들을 떠난 일반적인 이웃과의 좀 더 깊은 관계보다는 서로가 필요에 따라 대화와 만남을 이어 가는 형태는 이 시대의 자연스런 관계라고 봅니다. 더구나 대인관계가 원활하지 못한 사람들이거나 학창시절에서 직장으로 이어지지 못하는 사람들은 더욱 고립되어 자신만의 세계를 만들어 가는 데 편협 되거나 비정상적인 시각으로 사회를 바라보게 됩니다. 현대에는 도시에 사는 사람들은 주변을 벗어나고 싶어 합니다. 도시 생활의 답답함을 잠시나마 벗어나 새로운 분위기에서 쉬기를 원하기 때문입니다. 도시를 벗어난 곳에는 뭔가 새로운 분위기, 시원한 바람, 탁 트인 산과 바다 등이 이들이 원하는 것입니다. 신앙생활에서 하나님과의 대화는 현실에서 느끼는 인간들의 답답함과 불확실한 미래에 대한 안내를 마치 산에서만 흡입할 수 있는 시원한 산바람과 같은 희망을 얻을 수 있습니다. 여기서 교회를 다니는 사람들과 다녀 본 적이 없는 사람들의 현실적인 차이가 생기게 되는 것입니다.

　교회 생활 혹은 신앙생활을 10년, 20년, 30년, 혹은 거의 평생동안 교회를 바라보고 교회 안에서 생활한다고 해서 항상 교회를 바라보고 자신의 신앙생활을 하는 것은 아닙니다. 때로는 방황하여 한동안 교회에 출석 안 하기도 하고 성경에 대한 내용들이 허무하게 느껴질 때도 있고 너무 밀접한 교인들과의 관계가 부담스럽게 느껴질 때도 있습니다. 분명한 것은 이러한 한탄적인 생각들로 한시적으로 교회를 떠났던 교인들이 언젠가부터 다른 곳에서 여러 변화와 함께 신앙생활을 잘 하고 있다는 것입니다. 직장을 옮겼거나 결혼을 하여 새로운 가족이 생겼거나 가족 중에 누가 병이 들었거나 등등 수없이 많은 환경의 변화에 따라 각기 다른 방법으로 신앙생활을 하고 있다는 것은 교회가 그들의 내면 깊은 곳에는 마치 내가 마지막으로 돌아가야 할 곳이라는 복선이 깔려 있는 것입니다. 어려서부터 교회에서 신앙생활한 기억이 어른이 되어 모든 환경이 변하더라도 같은 교회, 같은 사람들이 아닐지라도 교회는 항상 마음의 고향이 되어 있는 것입니다.

　교회를 다니게 되면서 내 가족과 이웃과의 관계를 새롭게 정의하게 됩니다. 나 자신 중심의 생각에서 벗어나 좀 더 넓고 깊은 관계로 발전하게 되기 때문입니다. 특히 가족이라는 테두리는 보호와 사랑을 받는 곳이기도 하지만 내가 사랑하고 보호해야 할 대상들도 됩니다. 가족과 교회 안과 교회 밖에서 모든 관계가 서로의 이해가 원활할 때, 어떠한 상황에서도 서로 격려하며 함께하는 생활 속에서 건전한 가족

관계가 유지되기 때문입니다. 교회는 이러한 건전한 가족 관계를 이루고 사는 교인들이 중심이 되어 있습니다. 결혼을 하지 않은 젊은이들의 모델이 되어 장차 이들이 가족을 이룰 때에 교회 공동체의 활동에 참여하는 시간이 조금씩 늘어나게 되는 것입니다. 교회는 이들의 가족관계를 더욱 돈독히 해 줍니다. 위로는 나이 든 노인들부터 어린 자녀들까지 가장을 중심으로 서로 아끼고 보살펴 주고 하나님을 잘 믿는 그들의 복된 생각이 결코 헛되지 않음을 교회는 성경을 빌려 가르쳐 주기 때문입니다.

근대의 자본주의는 프로테스탄트의 윤리에서 출발했다고 보는 학자들도 있습니다. 비록 종교와 경제를 엮으려는 극단적인 생각이지만 이윤을 창출해야 하는 자본주의의 근본에 기독교의 정신을 삽입시키는 것은 이윤의 근본에는 이웃을 생각해야 하는 책임이 있기 때문입니다. 이웃에 대한 책임과 더불어 교인들이 열심히 살아 축적된 잉여 재산으로 농업과 상업을 발전시켰다는 논리가 적용되어 현재의 자본주의를 낳았고 정치에서는 자유 민주주의 출발과 실현에 기독교 정신으로 다수 혹은 소수에 의해서 침해받는 개인의 권리를 보장받을 수 있도록 발전하였다는 논리입니다. 다행히도 이 한국 땅에 종교 개혁 이후에 잘 교육받은 개신교 선교사들을 보내 주셔서 이 한국 땅이 복음화 되고 자유 민주주의 체제가 들어서서 온 국민이 자유로운 종교 생활을 할 수 있도록 축복받았다는 것입니다. 만약에 중국 공산당 체제가 들어섰다면 한국의 모든 기독교인들은 지금의 중국에서의 기독교 모습을 볼 수 있기에 우리는 하나님께 감사할 수밖에 없습니다. 성경적 세계관으로 무장된 경제인들과 정치인들과 역사를 주관하시는 하나님의 은혜, 그리고 이를 감사하며 살아가는 한국의 기독교인들에게 교회 공동체는 바로 삶의 터전인 것입니다.

교회를 다니게 되면서 이 사회와 국가를 생각하게 되고 앞으로 나아갈 바를 위하여 기도하고 행동하게 합니다. 일상적인 생활 속에서는 하루 하루의 직장 생활로 몸도 마음도 여유가 없고 도시의 생활은 생활 습관을 더욱 소극적으로 만들어 줍니다. 당장 나하고 관련이 없으면 관심을 갖기 어렵고 내일 또 하루의 시작을 준비해야 하는 도시인들의 생활 속에서 이 사회와 국가를 생각하기란 쉽지 않습니다. 그럼에도 바쁜 도시인들을 불러내 모일 수 있게 해 주는 곳이 교회입니다. 교회는 이 사회나 국가에 대해 관심이 많이 있습니다. 기독교 신앙은 한적한 산속에서 도를 닦는 것이 아니라 이 세상 속에서 올바른 도를 실천하기 위하여 존재하기 때문에 결코 이 사회 특히 국가에서 벌어지는 일들에 대해서 결코 무심히 지나가지 않습니다. 너무 관심이 많아 종종 문제를 일으키기도 하지만 교회는 알고 있습니다. 교인들은 이 사회와 국가를 위해서도 헌신할 준비가 되어 있다는 것을. 이것은 교회가 이 사회와 국가의 모습에 따라 교회의 모습도 영향받기 때문입니다.

교회를 다니게 되면서 미래에 대한 걱정을 하기보다는 현실에서 교회에 대한 너무 심한 비판과 비난에 실망하고 정말 예수 그리스도께서 세워 주신 교회가 이 정도로 타락하였는지 실망하고 희망을 포기하는 수가 있습니다. 그러나 실제로 너무나 성실하고 주님의 뜻대로 교회를 세우고 목회를 하려는 목회자가 더 많다는 것을 우리는 알고 희망을 버려서는 안 됩니다. 사실 선한 목자가 되려는 수많은 목회자들 덕분에 일반 교인들은 소수의 타락한 목회자들로 인하여 희망이 꺾이지 않습니다. 예수께서는 이러한 말세의 상황을 잘 아시고 알곡과 가라지를 구별치 말고 함께하라고 우리에게 명령하셨습니다(마태복음 13장). 가라지 뽑을 때에 알곡까지 뽑히기 때문입니다. 그러므로 알곡과 가라지가 섞여 있는 이 세상에서 끝까지 복음을 전하면서 우리는 우리 주위의 변화를 위해서 먼저 노력하여야 합니다. 교인들 주변에 교인들이 넘쳐나고 서로 격려하며 힘을 얻어 더 멀리 그리고 올바른 신앙의 길을 전할 수 있는 것이기 때문입니다.

교회는 아름다운 만남의 장소가 될 수 있습니다. 유아부터 노인들까지 부담 없이 만나서 반갑고 서로 격려하며 위로하며 함께 도우며 인간의 삶이 구체적으로 실천되는 하나님이 통치하시는 에덴 동산입니다. 이러한 목적을 벗어나 개인의 유익을 취하며 교회를 빙자하여 사람들을 모아 복종시키고 이용하는 단체는 교회로 보이지만 교회가 아닙니다. 이들은 이단들이며 개인의 삶을 파괴시키는 사이비 종교이며 인간의 축복받은 삶을 파괴하는 기생충입니다. 어린 아이들이 뛰놀고 사회성을 배우고 건강히 자라며 청년들이 한껏 갈고 닦은 재주를 자랑할 수 있는 곳, 아픈 사람들이 위로 받고 절망에 빠진 사람들이 새로운 기운을 얻고 날마다 이웃들 간의 만남과 대화가 있는 아름다운 만남의 장소가 되는 곳이 곧 교회입니다. 기독교 교인들은 주님이 세워주신 이 귀한 교회를 목숨 걸고 지켜 왔습니다. 교회를 지키고 주님이 주신 사명을 실천하기 위해서는 기독교인은 이 한국 사회에서 주류를 이루어야 합니다. 압도적인 교인들 숫자와 교회 그리고 올바르게 습관화된 기독교 문화는 한국 사회를 변화시킬 것입니다. 변화된 한국 사회는 안정적이고 진취적이며 미래 지향적인 사회가 되어 하나님의 나라가 될 것입니다.

선한 일에 있어서 핵심은 복음 전파와 기독교 문화 속에서 하나님의 선한 일을 하는 것입니다. 복음은 기독교인들의 가장 중요한 교리이며 이 복음을 올바르게 알게 하는 것이 곧 하나님의 선한 일인 것입니다. 하나님의 선한 일은 하나님을 모르는 사람들에게는 이루어지지 않습니다. 선한 일들의 중심에는 교회가 있고 교회에서 설파되어지고 가르치고 주관이 되어 교회가 이 세상의 안내자가 되기 때문입니다. 그러기 위해서는 교회 숫자는 아직도 부족하고 기독교인들은 너무나 부족합니다. 지금 현재의 시점에서 기독교의 상황은 교회와 기독교인의 숫자는 전체적인 인구 감소와 함께 줄어들 수는 있겠지만 현 상황을 유지할 수는 있습니다. 가까운 일본을 보더라도 100년이 지나도록 기독교인의 수가 전체 인구의 1%를 넘지 못하는 것은 그들의 인구 감소가 원인이 아닐 수 있습니다. 나라에 노인들이 많아지는 노령화는 일본은 세계 1위라고 알려져 있습니다. 서양에서는 노인들이 교회를 지키는 첨병 같은 역할을 감당하고 있습니다. 이들은 어려서부터 기독교 문화 속에서 자라고 교육받았기 때문에 노인이 되어 자연스럽게 교회에서 그 여생을 보내게 되었지만 일본은 그러한 문화가 없는 것입니다. 우리는 기독교 문화를 이루어 나가야 합니다. 복음을 위해서 그리고 하나님의 선한 일들을 이루기 위해서도 교회와 기독교인들의 수는 이 나라의 주체가 되고 많으면 많을 수록 주님으로부터 '잘하였습니다, 충성 된 종 들아!'라고 칭찬받을 것이기 때문입니다.

세상은 전쟁과 자연재난, 지구 온난화, 팬데믹 이후의 혼란으로 힘들어 하는 시대에 도래하였으며 포스트모더니즘에 따른 개인주의는 개인을 넘어 대중에게 뛰어들어 각종 사회문제를 야기하고 있습니다. 소수에게 집중된 경제적인 부는 자본주의의 한계를 드러내고 온 인류는 특별한 정신적 지주와 흐름을 갖지 못하고 있을 때, 종교는 약한 자들의 힘이 될 수 있습니다. 종교가 사상이 되고 삶의 기준이 되고 살아가는 목적이 되어 인류를 지배하는 시대가 올 것이기 때문에 교회가 앞장서야 합니다. 교회가 나서서 사상이 되고 사람들의 삶의 방향처가 되고 사람들이 살아가는 목적을 알게 해야 하는 것입니다. 교회는 세상만사 모든 일에 대한 하나님의 섭리를 알고 있기 때문입니다.

이 책은 학술 서적이 아닙니다. 보다 세밀한 학술 서적 수준의 각주 처리를 하지 못하였습니다. 일부에서는 특정한 단체의 웹 페이지를 통해서 혹은 원저자의 책으로부터 직접 인용이 되었으며 포괄적으로 원저자의 이름과 저서만 언급한 경우가 많이 있습니다. 전반적으로 사실적 분위기 속에서 개인적인 경험과 생각으로 모델을 만들어 전개 되었으며 주관이 많이 들어간 경우도 있음을 밝혀 드립니다.

전국민의 70% 이상을 기독교인으로 한다면

전 국민의 70% 이상은 현재 한국의 총 인구가 5천 5백만으로 볼 때 3천 5백만의 기독교인 수를 넘어 4천만의 기독교인들을 말하고 이 사회의 주류를 형성할 수 있는 상징적인 숫자로 보기 위해서 전 인구의 70% 이상을 기독교인들로 선교하는 것을 목표로 하였습니다. 사실상 기독교 국가라고 부르기에 손색이 없는 숫자이며 여기에 기독교 문화가 사회 곳곳에 배겨져 있다면 하나님의 나라를 만들어 가기 위한 교인들의 노력이 담겨 있는 것입니다. 현재 한국의 기독교는 지난 200여 년의 기독교 역사 동안 수많은 고난과 역경과 더불어 획기적인 발전을 이루어 왔다는 것은 누구도 부인할 수 없습니다. 한국 기독교 교인은 2015년을 기준으로 하여 전 국민의 23%정도이며 약 1,350만의 기독교인들이 전국에서 신앙생활을 하고 있습니다. 또한 4천만 이상의 선교해야 할 비기독교인들과 무종교인 한국 사람들도 주변에 널려 있다는 것입니다. 현재 한국 교회는 250여 개의 교인 1,000명 이상의 초대형 교회들이 있으며 500여 명 이상의 교인이 있는 교회는 전국적으로 30,000여 개 교회들이 있으며 100명 이하의 교회들까지 총 65,000여 교회가 산재되어 있는 것이 한국 기독교의 현실입니다. 그뿐 아니라 세계 선교에 있어서도 우리가 생각하기에 탁월한 결과를 이루어 왔습니다. 하지만 여전히

총 인구의 50%는 무종교이고 27%는 타종교인
나라도 한국입니다.

또한 기독교에 대한 선한 이미지보다는 불편한 편견을 가진 사람들이 교회 주변에 많아 누구도 우리가 기독교 나라라고 말하지 못합니다. 더군다나 가끔 TV 뉴스 대박을 이루는 목회자들의 탈선과 사이비 이단 기독교 종파의 행위는 성실한 기독교인들의 가슴을 아프게 합니다.

교인의 수는 이제 정점에 이르러 감소하기 시작했고 교회들은 교인을 찾아 헤매고 있는 실정입니다. 더 이상 교회의 발전은 기대하기 힘들고 정체된 교인의 숫자는 단지 교회 간의 수평적 이동이 있을 뿐이고 기독교인이 점점 감소하고 있는 추세입니다. 각 교단에서도 단지 교인들의 감소를 바라만 보고 있을 수는 없어 예배 형식을 바꾸고 교회 밖의 행사와 사회 활동을 늘려 가고 있는 현실입니다. 또한 현대의 흐름에 맞춰 예배 형식을 가능하면 짧고 간결하게 바꾸고 보다 많은 교인들이 참여할 수 있는 행사를 진행하고 있습니다. 찬양에 있어서 찬송가, 복음송과 성가곡들을 예배에 따라서 분류하여 경쾌한 분위기와 경건한 분위기를 이끌어 아동에서부터 어른까지 현대의 흐름에 맞춘 분위기에서 예배를 볼 수 있도록 노력하고 있습니다.

그러나 각종 교육 프로그램과 교인들을 위한
행사와 모임으로 개발하고
교회의 재산을 풀어 구제 사업에 전념해도 이 모든 것이
교회 내의 잔치로 끝날 때가 대부분인 것입니다.

길거리 전단지 돌리는 일은 이미 오래 전에 이단 종교들의 열성에 빼앗긴 지 오래되었고 그동안 수많은 목회자들이 일생을 바쳐서 펼친 구제 사업은 크게 주목받지 못하고 비기독교인들에게 교회는 말 많고 귀찮고 성가시게 징징거리고 돈 있는 사람들의 종교 단체로 전락한지 오래되었습니다. 교회가 건물 증축을 위해 노력한 덕분에 맘모스 교회라는 거대한 빌딩의 교회가 많이 생겼지만 크기에 걸맞는 교인의 행위는 대기업 다니는 듯한 자부심만 키울 뿐입니다. 더욱이 맘모스 교회의 몇 목회자의 탈선은 몇십 년간 쌓아 올린 교회의 이미지를 기업으로 변하게 하는 데 일조를 더하였습니다. 이것이 오늘날 한국 교회의 현실입니다.

500여 년을 조선 사람들의 생활의 기준이며 국가를 유지하는데 필요한 법이 되어 왔던 유교는 조선시대가 끝났다고 사라지지 않았습니다. 외국의 여행객들은 한국의 전통적인 유교적 풍습과 건물 그리고 의식을 한국적 모습으로 여기고 아직도 한국 사람들의 습성 중에 남아 있어 말과 행동 속에서 은연 중에 나타나 한국적 문화가 되어 있습니다. 선비와 머슴의 계급의 차이를 주인과 종의 개념으로 전환되고 부부 사이에서도 가장과 아녀자로 구별이 되고 친구의 사이도 동고동락의 관계로, 스승과 제자 관계, 명절날 치르는 제사 문화에서, 군신 관계와 족벌을 자랑하고 가문의 명예를 중요하게 여기는 것, 맏며느리의 역할 등 수없이 많은 유교적 행위와 말들이 생활 중에 표출이 됩니다. 배운 적도 없고 본 적도 없는 관습과 생각들을 우리는 습관적으로 당연히 여깁니다. 이것을 전통이라고 합니다. 전통이 되기 위해서는 반드시 오랜 세월 동안 사람들의 생활 속에 묻어 있어 외국 사람이 보기에도 그 나라의 전통이라고 인정받아야 합니다. 유교는 국교와 같이 모든 사람이 속해 있었고 당연히 여겼던 관습이면서 때로는 목숨을 걸어 500여 년 동안 지켜 왔기 때문에 배운 적은 없지만 우리의 문화와 교육 그리고 주변에 널려 있어 해외 방문객들에게 한국의 특성으로 인식되고 한국인들에게는 저절로 알게 되는 전통이었습니다.

기독교는 한국에 선교 된 지 200여 년이 지났습니다.
지금 우리 주위에서 보이는 기독교 문화는
교회 외에는 찾기에 쉽지 않습니다.

사실 200년 중에 150년은 적응기였습니다. 단지 외래 문화로 인식되어 관심이 없던 시절이 대부분이고 유럽의 근대에 해당하는 시절이 돼서야 부흥 집회와 거리 전도와 대학 선교가 활발히 이루어졌습니다. 동네에 십자가가 세워진 교회가 주변에 많이 생기고 요즈음에는 그나마 아파트에 가면 철문에 교회 이름이 새겨진 스티커를 쉽게 볼 수 있다는 것입니다. 버스나 전철에서 아줌마들의 대화 속에서 쉽게 권사님, 집사님 하는 호칭을 들을 수 있고 식당에서 기도하는 모습, TV 방송에서 기도하는 모습이 가끔 보인다는 것, 우승이나 상장 받는 사람들이 하나님의 영광을 언급하는 축사는 종종 들을 수 있습니다. 이러한 모습들을 기독교인이 23%일 때 나타나는 기독교 문명이라고 할 수 있습니다.

100% 하나님을 믿는 사람들끼리만 모여 사는 공동체가 있을까? 고대뿐만 아니라 현대에도 사실 가능하지 않습니다. 신정국가인 고대

이스라엘에서도 찾아보기 힘듭니다. 믿음의 조상 아브라함과 그의 아들인 이삭의 두 아들 에서와 야곱 중에서 에서가 이방인 아내를 맞이한 것은 적어도 이교도에게 마음이 열려 있다는 것을 알 수 있습니다. 이스라엘이 출애굽 하여 하나님의 도움으로 가나안에 정착 후에는 이미 이방신들에 현혹되어 믿음을 저버린 지파들이 나왔습니다. 그러나 중세 봉건시대에는 가능할 수도 있습니다. 왕이나 영주의 신앙은 통치 방법이기 때문에 살기 위해서는 자의든 강압적이든 같은 종교를 가져야만 살 수 있었습니다. 근대를 거치면서 성장한 과학과 이성에 의한 합리주의와 계몽주의, 자유주의, 개인주의는 현대에 사는 사람들에게도 기본적인 인권으로 사고방식이 되어 있어 강압적인 방법은 통하지 않았습니다. 필리핀이나 남미의 나라들과는 다르게 서양의 종교라는 강한 인식을 갖고 있는 한국사람들에게 기독교를 국교로 정하는 이변은 대한민국에서는 불가능할 것입니다. 우리는 고려시대에 불교를 국교로 정하고 많은 숭불 정책으로 유명한 산마다 절을 짓고 각종 불교 행사로 융숭히 대접했지만 결국 승려의 난으로 나라를 어지럽게 한 역사가 있습니다. 사실 기독교를 국교로 정하고 대다수 국민이 하나님을 믿는 나라들에게서도 정치, 경제, 그리고 사회가 어느 면에서도 칭찬받는 나라는 유럽에는 있겠지만 아시아에서는 찾기 힘들고 오히려 하나님을 믿는 기독인이 60% 이상인 나라들은 이민 가서 살고 싶은 나라가 많이 있습니다.

어떤 공동체에서 종교적으로 주류를 이룬다는 것은 무리 중에 적어도 50% 이상이 같은 종교나 계열이어야 하고 생각과 활동 그리고 살아가는 방식을 서로 보고 듣고 닮아 가게 됩니다. 60%가 되면 무리가 많은 쪽으로 치우치긴 하지만 상황에 따라 바뀔 수 있습니다. 70%는 국회나 어느 단체에서 의결 정족수 2/3를 넘어가는 숫자입니다. 즉 만장일치를 제외하고 다수의 의견 일치로 보는 숫자이기도 합니다. 어떤 공동체에서도 기독교인이 70%이면 기독교 단체로 봅니다. 한국은 종교의 자유가 있는

자유 민주 국가이므로 10%는 불교에,
10%는 기타 종교에 그리고
10%는 무신론자들에게 양보한다 해도
우리는 최대 70% 이상의 기독교인을
선교할 수 있습니다.

자유 민주주의 국가에서 종교를 강요할 수도 없고 다른 종교를 탄압할 수도 없습니다. 서로 공존할 수 있는 방법을 모색해야 되고 주류를 이룬다 해서 다른 종교를 멸시해서도 안 될 것입니다. 그러나 자발적으로 개인이 선택해서 형성되어 주류를 이루는 종교는 덧붙여서 사회적 책임과 부담이 함께 하여 사회를 발전시켜야 합니다.

한국에 처음으로 신학 박사과정을 도입한 김세윤 교수의 조언입니다. "경제력, 과학 기술은 압도하나, 인권 의식, 정의 의식이 없는 민족이 세계를 주도하면 어떻게 될까? 영국, 미국은 기독교 문명과 발전되어 세계를 주도하고 있습니다. 한국이 주도국이 된다면

하나님은 우리에게 무엇을 요구하실까?

하나님이 한국에 왕성한 교회를 허락하신 이유가 무엇일까?

다른 나라 사람들을 착취하기 위함일까?

다른 민족을 한국 물건을 파는 시장으로 만들기 위함일까?

하나님은 우리가 복음의 능력을 세계 만방에 전달하는 민족이 되라고 복음화를 허락하셨습니다. 그리고 직접적인 선교를 열심히 해야 합니다. 직접적인 선교를 보다 효율적으로 하기 위해서는 이 땅에 새로운 기독교 문명을 이루어야 합니다. 우리가 어떻게 기독교적 문명을 이룰 것입니까? 여러 가지 있지만 각자의 소명 의식을 회복해서 기독교적 문명을 이루어야 합니다. 그래서 기독교적 문명의 혜택을 나누어 주어야 합니다".[1]

어느 TV 드라마에서 기독교를 묘사한 장면입니다. 사람들이 북적이는 거리에서 보이기에 양쪽 다리가 없는 듯하고 찢어지고 더러워 보이고 누더기 옷을 입은 앉은뱅이가 구걸하는 모습에 지나가는 사람들이 동전을 던져 줍니다. 그런데 지나가던 젊은 무리 중에 한 사람이 소리치면서 "이거 가짜 다리 같은데?" 그러면서 앉은뱅이의 바지 자락을 당기니, 정말 성한 다리를 접고 있었습니다. 주위가 갑자기 야유와 함성이 일어나자 다른 무리 중에 한 중년 여성이 다가와서 "아니, 우리 목사님이시네. 아유, 이렇게 목사님이 어렵게 벌어서 이웃을 돕다니, 몰랐어요. 우리 다 같이 목사님을 위해서 기도합시다" 하면서 가짜 거지 목사님을 빙 둘러앉아서 기도하는 모습을 보여 줍니다. 한편 거지 목사는 골목으로 가서 차에서 옷을 꺼내 깨끗한 양복과 타이로 갈아 입는 장면이 나옵니다. 배우들은 각본대로 했겠지만 글쓴이가 기독교인이 아님은 분명합니다. 전 인구 중에서 오직 23%의 기독교인들이 만든 기독교 문화 속에서 이렇게 저속한 표현이 나와도 할 말이 없습니다. 그리고 사천만의 비기독교인들은 교회를 결코 가까이하지 않을 것입니다.

한국 기독교인들에게는 한국 기독교인이 전체 인구의 23%라는 것만 보입니다. 어느 교회를 가든지 성도들이 넘쳐 있고 어디를 가든지 거기에는 믿는 이들이 있어 한국 교회의 저력은 대단하다고 생각합니다. 교인들의 신앙은 매우 뜨겁고 그리고 진취적입니다. 그런데 그들의 신앙이 삶 가운데 용해되어 문화의 표현 양식을 빌려서 나타나지 않고 있습니다. 아직 기독교 역사가 유럽에 비해서 짧아서 그런지 교육과 문화 전체가 인본주의자들이 독점하고 있기 때문에 기독교적인 냄새가 나면 TV나 신문들이 시비를 걸고 연속극에 기독교 신앙의 기미만 보여도 방송국에 전화를 걸어 항의가 일어납니다. 이러한 우리의 분위기 속에서는 기독교 문화의 유무를 떠나서 아직도 기독교 문화는 오직 교회 안에서만 있는 실정입니다.[2]

너무나 감성적인 우리 한민족은 유달리 감정적인 설교에 약합니다. 이성적 판단이 없으면, 감정적인 말로 사람들의 판단을 흐리게 하여 편파적인 설교에 현혹됩니다. 언어에 있어서도 외국인과 영어로 대화하다 보면 우리 한글이 감성이나 감정을 전달하는 데 영어보다 훨씬 편하다는 것을 느끼듯이 기독교에 이런 감정적인 요소가 많아 기독교인의 마음을 달래 주는 경우가 많이 있습니다. 한국적 신앙의 모습은

눈물 젖은 부르짖는 기도와 새벽 기도에 열심을
다하고 모든 종류의 예배에 참석하고 연중행사로 열리는 부흥회에 가서
'주여, 주여, 주여!!!' 하는 함성을 울리고
목회자 대접은 융숭하게

그리고 존경스럽게 하고 교인들 간에는 간과 쓸개를 내줄 정도로 정성스럽게 대하는 모습입니다. 기독교 신앙의 특성상 감정을 배제할 수 없지만 지나치면 맹신이 될 수 있고 광신도가 될 수 있어 무엇이 올바른 신앙 인지를 생각해야 합니다. 바리세인의 광기가 허접한 재판 과정을 거쳐 예수 그리스도를 십자가형에 처하게 하였습니다. 이성과 감정이 함께한 믿음이 바른 기독교인을 만들어 갈 것입니다.

기독교 문화의 정착과 확산을 위해서는 기독교인의 삶의 영역에 하나님의 주권을 인정하는 적극적인 생활 태도가 필요합니다. 하나님은 창세기 1장 28절에

"생육하고 번성하여 땅에 충만하라 땅을 정복하라."라고

명령하십니다. 여기에는 선교적 명령이 함께 있지만 동시적으로 땅의 모든 문화를 더불어 수행하라는 명령이 함께 합니다. 성경적 안목에서 교회나 교인의 숫자에 매달리는 것이 아니라 하나님 중심의 경건한 문화를 이 땅에 정착시키라는 것입니다. 한국 교회는 삶의 모든 영역에서 하나님의 구원을 인정하는 진정한 기독교 문화에 눈을 떠야 합니다. 즉 이 세상에 그리스도 있는 문화를 창출해야 하는 사명을 부여받은 것입니다. 삶의 모든 영역은 곧 생육과 번성하는 것이며 이 세

상의 모든 활동을 의미하며 하나님의 주권에 의해서 좌우되며 정착된 기독교 문화가 이를 증명하는 것입니다.[3]

　기독교 문화가 유럽에 정착된 계기로 4세기경에 일어난 로마가 기독교를 정식 국교로 정하면서 시작되었습니다. 그동안 숨어서 목숨 걸고 하던 신앙생활을 자유롭게 하던 시절이 있었고 중세시대에 왕이 집권하던 시절에는 종교가 국가 통치의 틀이었습니다. 종교개혁 이전에는 로마 교황과 왕들의 권력 다툼 속에서 기독교는 왕들에 의해서 정책적으로 선택되고 국민들에게 전해졌습니다. 경제적으로 일반 국민들이 감당할 수 없는 대성당과 수도원들이 국가적 차원에서 건축되어 종교의 국교화에 기여하였습니다. 영국을 비롯하여 유럽 대부분의 국가들이 왕정시대에 군주들의 종교에 의해서 국민들의 종교가 결정되던 시절이었습니다. 이러한 경향은 종교개혁 이후에도 북유럽 국가들에 많은 영향을 주어 종교와 정치가 함께 협력하여 북유럽의 로마 가톨릭(구교)에서 개신교로 전환하는 데 많은 영향을 주었습니다.

　로마 교황은 중세에 강력한 경제력과 군사력을 갖고 있었습니다. 기독교화된 나라들로부터 5%의 세금을 거둬 강력한 재원을 갖고 있었고 직접 운영하는 군대는 없었지만 이탈리아, 스페인 그리고 프랑스로부터 언제든지 지원받을 수 있는 군대가 있었습니다. 로마 가톨릭의 선교 방법은 정치에 있어서 왕들을 귀속시키는 방법으로 그리고 풍족한 재원을 이용하여 국민들을 위해서 교육과 병원을 세워 선교해 나갔습니다. 이들이 세운 교육 시스템과 병원은 몇 세기가 지나자 사회의 필수적인 공공기관으로 자리잡고 온 나라의 국민들이 로마 가톨릭이 세운 병원과 교육기관을 거쳐서 기독교인이 되고 국가를 이끌어 가는 역사적 흐름을 갖게 된 것입니다. 로마 가톨릭은 기독교 선교를 위해서 전쟁을 일으킨 경우가 역사적으로 있었습니다. 1095년에 교황 우르바누스 2세가 유럽 기독교 국가들을 연합하여 일어난 십자군 전쟁은 기독교인의 힘이 한 곳에 모여 성지 예루살렘 탈환과 이슬람 퇴치를 위해서 유럽이 연합국가를 형성하여 10년 동안 전쟁을 했지만 실제 목표로 했던 것보다 전혀 다른 결과를 낳았습니다. 이 십자군 전쟁이 끝나고 나서

시민 의식의 상승과 로마 가톨릭의 영향이
약해지게 됩니다. 즉 자유 민주주의
근본을 이루는 시민이 탄생할 수 있는 계기를
만들어 준 것입니다.

신앙적이기보다는 정치적 이유가 더 강했던 십자군 원정은 순수하지 못했습니다. 결과적으로 이슬람의 유럽 침공은 저지했지만 전쟁으로 돈을 번 신흥 부자들에 의해서 중상층이 형성되어 앞으로 일어날 시민혁명의 초석을 만들었습니다. 이러한 전쟁을 위한 연합은 유럽 전체가 기독교 국가였기에 교황의 선동에 유럽 전체가 동원될 수 있었던 것입니다. 그러나 봉건 체제에서 전쟁으로 돈을 번 중간층들이 힘이 강해지고 자신들의 이득을 위해서 집단을 형성하여 자본을 모아 왕족들을 견제하는 세력으로 등장하게 된 것입니다. 이들이 자본력을 갖추고 신분 상승과 함께 국가 경제의 주체가 되어 인구의 다수를 이루게 되었습니다. 이 시기에 인간의 가치를 최우선으로 하는

르네상스가 일어나 개인의 권리를 상승시키는 효과를 낳았고 봉건 체제의 억눌린 상황을 벗어나 사회를 지배했던 중간 계급이 바로 시민들인 것입니다. 이 시민들이 봉건 체제를 무너뜨리고 근대를 앞당겨 기독교 문화가 자연스럽게 유럽 전역에 자리잡았습니다.

유럽의 기독교화는 국왕과 교황의 세력 다툼 속 대부분 왕족부터 시작됩니다. 영국의 성공회는 대표적인 교황과 영국 왕들의 권력 싸움 속에서 개혁을 통하여 교황의 월권을 이겨내고 자립하게 된 유럽의 교회입니다. 많은 우여곡절 속에 등극한 엘리자베스 1세가 반로마 가톨릭 경향으로 선회하자 교황청은 스페인 무적함대 130척을 동원해 영국을 침공했으나 실패하고 오히려 영국의 성공회가 독립하는 기회를 제공하게 됩니다. 유럽의 대부분의 국가들이 교황이 파견한 선교사들에 의해서 왕위를 보장해 주고 왕족들을 먼저 기독교화시키고 선교를 해 나갔습니다. 그러나 로마 가톨릭은 통치력 강화를 위하여 더욱 정치에 대한 간섭이 심해지자 국민들도 로마 가톨릭에 싫증이 나기 시작했을 때에 종교개혁이 일어났습니다. 유럽은 종교개혁이 일어나도 먼저 왕족들이 개신교로 전환하고 국민들이 따르는 형태로 개혁이 진행되어 개신교도들은 귀족들이 건설한 웅장한 교회 건물에서 예배를 볼 수 있었습니다. 현대에 유명한 유럽의 관광지에 있는 대부분의 웅장한 교회 건물들은 사실 국민들의 경제로는 세울 수 없는 건물들로써 땅과 영지가 있는 왕족과 귀족들만이 할 수 있습니다. 즉 먼저 왕족과 귀족들이 개신교를 받아 들이고 이들의 신앙심으로 교회 건물을 짓고 국민들이 신앙생활을 했던 것입니다.

근대와 현대를 이어 주는 시대적 상황에서 태어난 미국은 자유 민주주의 국가들 중에서 개국 초기부터 왕족이나 귀족이 아닌 순수 신앙을 가진 국민들의 종교인 청교도를 기반으로 하여 기독교 문화를 바탕으로 세워졌습니다. 영국이 산업혁명이라는 세계적으로 산업을 리드할 수 있었던 것은 저변에 성실하고 독실한 기독교인 노동자들이 있었기 때문이라고 말하는 학자들도 있습니다. 종교개혁을 일으킨 독일 또한 당시에 국민 대다수가 로마 가톨릭 사회로 기독교 국가였습니다. 기간 산업이 없는 호주가 여전히 선진국가의 문화와 생활 수준을 유지할 수 있는 것은 150년이 넘는 기독교 학교 교육이 초등학교부터 시작되어 장년에 이르기까지 몸에 베인 종교적 성실함과 사회 활동이 활발하였기 때문입니다.

미국의 기독교는 유럽의 기독교와는 다른 방법으로 정착된 경우입니다. 미국에는 교황이 상대할 수 있는 왕이 없었고

로마 가톨릭의 부조리와 부패를 벗어나 태어난
칼빈주의의 청교도인들이
먼저 자리잡고 공동체를 만들고 사회를 형성해 나갔습니다.

로마 가톨릭은 나중에 선교사를 파견하여 학교와 병원을 세워 선교해 나갔습니다. 청교도 정신은 올바른 기독교 사상이라고 할 수는 있지만 수도원같이 외부와 단절하고 자체적으로 모든 의식주를 해결하는 집단 공동체 생활을 해야 합니다. 그러나 대부분의 신도들이 문명화된 세상에서 고립된 생활 방식을 매일 매일의 삶 속에서 지키며 살

기에는 무리가 있는 듯하여 많은 종파가 파생합니다. 침례교와 회중교회는 전미국으로 전파되어 시골 구석구석까지 복음이 전파되었습니다. 개신교의 여러 종파들은 복음은 같지만 일반 교인이 이해하기 힘든 교리가 조금씩 다릅니다. 이들은 사람들이 적은 작은 마을로 흩어져 각 지역에서 지역민들과 함께 어우려져 나름대로의 교회 역할을 하며 전파되어졌습니다. 로마 가톨릭은 주로 도시에서 학교와 병원을 세워 포교했지만 개신교 교회들은 각 지역 구석구석까지 들어가 교회를 세우고 학교에 체플을 세워 사람들의 신앙을 이끄는 가운데 미국 대각성 운동을 이끌어 내었습니다. 미국의 동부와 서부, 북부와 남부까지 깊숙이 한곳에 세워진 작은 교회의 교인들이 야외에 한곳에 모이자 몇만 명이 모이는 최초의 야외 예배도 개최할 수 있었습니다.

엄숙한 예배당을 나와 확 트인 야외에서 예배할 때의
분위기는 과연 미국의 개척 정신에
입각한 정신이고 로마 가톨릭에서는
상상도 못할 일이었을 것입니다.

이때가 한국은 조선시대 말기로 혼돈의 시대였기에 기독교와 같은 서구 문명에 대해서는 제대로 받아들이지 못했던 어려운 시절이었습니다. 미국은 자연스럽게 정치와 상관없이 기독교가 주류를 이루는 종교가 되었고 노예 해방이라는 거대한 역사적 변환을 이루어 냈고 대통령과 수많은 정치인들이 그들의 지역구에 있는 기독교인들을 위한 정책을 펴 왔습니다.

현재 기독교인이 70% 이상의 유럽을 보면 그들의 색다른 전통과 삶의 방식에서 기독교가 그들의 문명의 발달을 이루어 왔습니다. 기독교 세계관은 유럽인들의 생활과 의식 속에 깊이 담겨 있고 그들의 정치, 경제, 산업, 문화, 교육 등 사회 모든 분야에서 여러가지 형태로 남아 유럽의 기독교 문명이 되었습니다. 이들은 특히나 이슬람의 유럽 진출에 가장 큰 걸림돌이 되기도 하였으며 모두가 단결하여 기독교 문명을 이루고 전통을 유지하고 복음 사업을 통해 기독교 교육과 교회의 변화를 통하여 사회와 국가를 지켜 왔습니다.

우리에게는 유럽의 전통적이고 굳건한 교회에 대한 기반이 없지만 조선 말기부터 식민지 시대, 해방전후의 혼란시대, 6.25전쟁과 민주화 운동 등 시대적 상황에 따라 교계의 수많은 지도자들의 헌신과 노력으로 교회의 기틀을 다졌습니다. 또한 선교와 교육을 통하여 체계적인 신앙 훈련과 문화 사업으로 바른 기독교 세계관을 전파하고 기독교 문명과 전통을 만들어 왔습니다.

기독교 2000년 역사를 보면 기독교 문명을
발전시킨 것은 전통적인
신앙의 모습을 갖춘 정통교회라는 것을
쉽게 알 수 있습니다.

통일교와 신천지 같은 세속적인 목회자들이 꾸미는 이단들은 개인과 사회를 좀먹는 암적인 존재들이고 사회를 약하게 만듭니다. 합리적이고 이성적인 과학의 발전, 르네상스와 종교개혁은 물론이고 영국의 산업혁명과 계몽주의와 자유주의에 바탕을 둔 개인주의와 인본주의는 시민혁명을 낳고 기독교 문명 하에 발생이 되고 영향을 주었습니다.

정통적 신앙 체계만이 나라와 사회를 발전시키고
훌륭한 인재들을 양성하여 기독교 문명을
발전시킬 수 있다는 것을
유럽의 국가들은 보여 주었습니다.

올바른 기독교 세계관은 올바른 기독교 문명을 형성합니다. 사회를 좀먹는 정죄된 이단과 사이비 종교들은 항상 생성되고 사회적 문제들을 야기하고 수많은 사람들을 희생시키고 난 후에 소멸되어 없어지는 순환을 되풀이해 왔습니다. 이들은 마치 마약 중독자들과 같이 인권을 말살하고 개인의 재산을 탕진하게 하고 주변 사람들까지 병들게 합니다. 현대의 종교의 자유는 이들을 정죄하지 못합니다. 오직 형사상 혹은 민사상 문제로 신고를 받으면 처벌할 수 있습니다.

기독교인이 숫자적으로 사회의 주류를 이룬다면 기독교 문화가 넓게 펴져 신앙 생활은 보다 편하게 할 수 있겠지만 사회의 전반적인 도덕적 수준까지 높아진다고 보지 않습니다. 아마도 온갖 이단과 저속한 사이비 종교들이 더욱 기승을 부릴 것입니다. 기독교의 표현을 갖고 온갖 범죄와 사기가 일어날 것입니다. 기독교의 목표가

사람들의 도덕 의식을 높이는 것이 아니라

하나님 나라의 실현이기
때문에 복음적인 사업에 치중되어 있습니다.

어떻게 하면 하나님을 잘 믿고 하나님이 원하시는 삶을 살 것인가를 두고 각 교회에서 계획하는 사업들이 종교적일 수밖에 없습니다. 그러나 올바른 도덕성 없이는 하나님 나라를 이룰 수는 없습니다. 온갖 범죄와 마약이 판치는 사회를 하나님 나라라고는 할 수 없습니다. 오히려 청교도적인 생각과 생활 방식이 가장 이상적인 기독교인의 삶의 형태라는 것을 알고는 있지만 실제 현대인의 사고방식과 삶의 패턴에서는 어려운 측면이 많이 있습니다. 만약 이것을 종교개혁 시대의 제네바에서처럼 강압적으로 행한다면 아마도 내란이 일어날 것입니다.

종교의 자유는 자유 민주주의 국가에서는 보장돼 있습니다. 누구도 강압할 수 없고 오로지 개인의 선택일 뿐입니다. 즉 봉건시대처럼 정치에서 어떤 하나의 종교를 국교로 정해 사람들에게 강압할 수 없다는 것입니다. 우리는 개신교인 대통령도 있었고 천주교 대통령도 있었지만 어느 누구도 종교적인 모습을 보이지 않았습니다. 언젠가 TV에서 장로교 교회에서 현직 대통령 머리에 목사님이 머리에 손을 얹고 안수하는 모습이 중개된 적이 있었습니다. 기독교인이라면 당연히 그럴 수 있다고 생각하지만 일반 사람들은 이해를 못 하는 일이었습니다. 그 이후에 장로교인이 늘어났다는 얘기는 들어 본 적이 없고 오히려 교회와 목사님이 여론에 올랐습니다. 대개 목사님은 대형 교회에서는 강력한 권위와 인지도가 있습니다. 목사님들이 이를 정치적 인지도로 삼아 본인이 정치에 나가서 같은 지지를 얻을 것이라 생각하고 정당을 만들어 시도를 하지만 합법적인 정당을 구성해 보지도 못하는 경우가 대부분입니다. 기독교인이 60%가 넘는 호주에도 기독교 정당이 있습니다. 선거 때마다 인쇄되는 투표용지에 소수당으로 나올 뿐입니다. 기독교인 의원들이 동성애 법이 통과되는 것을 저지하기에는 현대의 의식으로는 가능하지 않습니다. 현대는 종교를 정책적으로 선택할 수도 없고 국교로도 할 수는 없습니다.

그렇지만 온 국민이 하나의 좋은 종교를 선택하게
하는 시스템을
만들어 갈 수는 있습니다.

사회 복지와 사회 활동, 기독교 문화 이해와 해석, 기독교적인 의식과 기독교 사상의 전파 그리고 교육 시스템은 기독교가 적극적으로 참여하여 사회에서 필요한 시스템으로 발전시킬 수 있는 요소입니다. 정부에서 하는 복지 제도의 혜택을 받지 못하거나 못하는 부분을 찾아 교회가 할 수 있습니다. 선진국에서는 활발히 행해지는 아동과 장애인 그리고 노인 복지를 위한 활동은 종교 단체와 클럽을 중심으로 다양한 방법으로 활발히 전개되어 복지 국가의 모습을 갖추는 데 일조하고 있습니다. 이미 전통 무용이나 연극과 노래는 교회에서 많이 공연되는 것을 보아 온지라 교인들이 거부감을 갖지 않습니다. 더욱 많은 수준 높은 공연을 유치하는 방법을 연구할 때입니다. 유교 문화를 기독교 문화로 확대 해석하고 접목시킬 수 있을까? 개신교는 전통 미풍양식을 발굴하여 교육으로 전환시켜 보존 발전하는 방법을 찾아 왔습니다. 기독교 의식과 사상은 젊은이들이 사회의 모순을 찾을 수 있는 동기부여가 될 수 있고 젊은이들에게 올바른 의식을 심어 줄 수 있습니다. 기독교 세계관은 현실적으로 부딪치고 해결해 나가는 중에 많은 사람에게 영향을 줍니다. 올바른 기독교 사상은 이단을 방지하고 개인의 신앙이 망가지는 것을 막을 수 있습니다. 기독교 교육은 설립된 기독교 초등, 중고등 학교와 신학교에서 매년 수만 명의 기독교인을 양성하고 있습니다. 미래를 이끌어 갈 기독교의 발판이라고 할 수 있습니다.

합리적 이성주의와 계몽주의의 개인주의 사고방식 그리고 인본주의는 성경의 사상을 뿌리로 갖고 있습니다. 기독교 사상과는 거리가 먼 것처럼 느껴지지만 공산주의 사상조차도 인류를 너무나 사랑하시는 하나님의 사랑 가운데서 인간들이 교만해지면서 인간의 가치가 최고라는 바벨탑을 쌓은 것입니다. 지금은 공산주의 국가들도 공산주의 사상만으로는 국민과 국가를 통제하지 못한다는 것을 압니다. 하나님은 이스라엘이 타락하였을 때 앗수리아나 바벨론 국가처럼 강력한 힘을 가진

이방인들을 이용하여 심판하였듯이 하나님을 믿는
백성들이 느슨하여져 갈 때,
인본주의 사상들을 일으키어 그의 백성들을
심판하신다고 봅니다.

현대의 철학 사상들이 시대를 지배하는 것 같을 때 기독교인들은

이들을 기독교적으로 이해하고 신앙적으로 해석하여 극복하여 왔습니다. 성경을 읽을수록 구절마다 이야기 속에서 인간을 통하여 나타나는 모든 죄의 근원(욕망, 사상)을 이성적으로(감정적인 아닌) 판단합니다. 인간의 심리는 현실에 따라 감정적으로 변하게 되어 있습니다. 감정적인 인간들이 범하는 죄를 감정적으로 평하는 것이 성경이 아니라 성경은 분명하게 이성적으로 판단하여 고백하게 하는 것이 성경의 원리인 것입니다. 이론적으로 정확하고 세밀하게 원인과 결과가 분명하게 결과를 이끌어 내는 합리적 사고방식은 기본적으로 성경의 사상인 것입니다. 합리적 이성주의는 과학과 산업의 발전을 이루어 낸 사상이고 자연을 과학적으로 이해하고 연구하여 인간에게 필요한 것들을 발견하고 산업과 접목하여 인류의 문명을 발전시키고 삶의 질을 높여 인간의 수명을 연장시켰습니다. 성경을 이해하면 모든 사상의 뿌리는 하나님이라는 것을 기독교인들은 쉽게 발견합니다. 특히 깨어 있는 선지자들은 절대로 하나님을 맹신하지 않습니다. 분명한 메시지를 받고 인간의 죄를 정확히 지적하지 대충 짐작하여 적당히 넘어가지 않습니다.

하나님의 창조의 영감을 받은 과학자들이 더 많은 과학 이론을 세우고 발전시켜 왔습니다. 또한 하나님은 개개인의 고백을 통해서 구원을 주십니다. 신앙생활은 완전한 개인주의입니다. 하나님과의 일대일 교제를 통하여 신앙생활을 하기 때문입니다.

교회에서의 개인주의는 각 개인의 신앙을 존중해 주고
격려하여 스스로 자신들의 믿음을 증가시킬 수 있는
신앙적 행위입니다.

각 개인의 인권을 가장 우선시하는 인본주의의 기본은 인간을 기준으로 한 인간에 대한 사랑과 가치 평가를 하여 인간을 위한 것입니다. 신본주의는 하나님의 통치 차원에서 본 인간에 대한 하나님의 주권입니다. 인간들이 인간에 대한 주권은 모든 인간의 가치를 평등하게 여기는 절대불변의 하나님의 주권과 비교할 수 없습니다. 인간의 주권으로 인간이 행하고 즐기는 삶은 인간의 범위 안에서 끝나지만 온 우주와 인류를 주관하시는 하나님의 주권은 인간들이 상상할 수 있는 범위를 넘어서 펼쳐진다는 진리를 깨달아 가는 것이 바로 기독교의 신앙인 것입니다.

앞으로 전 국민의 70%를 기독교인으로 만들어 가는
여러 가지 방법은 시간이 많이 걸리고
많은 인내와 노력이 필요할 것입니다. 또한
기독교식 방법으로 날마다 각 교회의 예배당과 밀실에서
기도하는 절실함과 목회자,
신학자, 젊은 사역자들 그리고 열심이 있는
교인들의 헌신과 참여에 하나님의 섭리가 있기를
간절히 구할 뿐입니다.

여기에 제안하는 첫 번째 방법으로 교회와 사회의 접촉점이 될 수 있는 공공시설으로써 기독교 센터의 보편적 확대를 목표로 할 것입니다. 교회와 전혀 상관이 없다고 생각하는 비기독교인들이 사회적인 편의 시설때문에 자연스럽게 올 수 있는 공간을 형성하여 동사무실과 같은 역할을 하기를 기대하기 때문입니다. 또한 사회의 보호를 제대로 받지 못하는 사람들의 구제 센터가 될 수도 있고 젊은 청년들의 다양한 분야에서의 경험을 쌓을 수 있는 공간이 될 수도 있습니다.

기독교 문화의 정착은 저절로 만들어지지 않습니다. 교회를 중심으로 교회 밖에서 이루어져야 진정한 문화를 이룰 수 있습니다.

기독교 문화의 정착은 기독교 세계관이
현실화되어 사람이 사는 곳
어디에서나 보여지는 것입니다.

비기독교인이 다수를 이루며 사는 이 세상에서 정치, 경제, 역사, 문화와 교육 등 다양한 방면에서 뿌리를 내릴 수 있도록 기독교인들과 함께 만들어 가는 과정에서 교회 밖에서 일어나는 기독교적 저변이 깔려 있는 문화 활동은 교회 공동체의 역할을 세상으로 좀 더 확장하는 계기가 될 것입니다. 기독교 문화 활동은 하나님의 사람들이 살아가는 환경과 의식 속에서 기독교 세계관이 실천되어질 때 이루어진다고 봅니다. 이러한 기독교 세계관은 교회 밖에서 기독교 센터와 같은 교회와 사회의 접촉점이 될 수 있는 활동적인 기관이 필요합니다. 어떤 필요에 의해서 누구나 방문하고 기독교에 대해 알아보고 싶어하고 접할 수 있는 장소로써 기독교 센터가 그 역할을 할 것입니다.

기독교인이 70% 이상이면 무엇이 좋을까? 기독교가 온 사회를 윤리적 도덕적으로 서로 연결하여 이 세상의 진정한 주인은 하나님이며 인간은 그 누구도 하나님 아래에서 평등하며 자유롭게 살 수 있는 권리를 줄 것입니다. 비록 세상적인 도덕적 윤리가 완벽하게 세워지진 않겠지만 적어도 기독교인들은 누구로부터도 탄압이나 핍박받지 아니하고 자유롭게 하나님을 경배하고 신실한 믿음을 찾기를 갈망하는 하나님의 나라 만들기가 좀 더 쉬워질 것입니다. 복음적으로 말한다면 모든 사람이 구원받고 모든 사람이 천국에 가는 것은 모든 그리스도인들의 바람입니다. 하지만 이것은 하나님의 섭리고 하나님의 뜻입니다. 인간들은 단지 죄의 세상에서 구원받을 수 있는 인간들을 찾고 복음을 전할 뿐입니다. 교인은 무엇보다 온 나라가 기독교 세계관을 이루고 전통을 만들어 갈 수 있고 복음 사업을 거시적으로 펼치고 교인들의 모든 유익을 함께 나눌 수 있는 기독교 센터와 같은 교회 밖의 기관이 필요한 시기입니다. 이것은 사천만의 한국의 무신론자들에게 가까이 갈 수 있는 대중 선교의 방법으로 여깁니다.

두 번째 방법으로 교육을 통한 저변 확대입니다. 여기에서는 주로 12세 미만의 초등학교와 같은 어려서부터 시작할 수 있는 교육기관을 통한 기독교인의 저변확대를 연구하고 실행해야 합니다. 교회의 주일학교의 역할과 기독교 초등학교의 설립은 앞으로 미래 기독교인의 정신을 지배할 것입니다. 이와 더불어 사회 각 교육 시스템에 얽혀 있는 기독교 센터가 우리 사회를 기독교 문화권으로 변화시킬 것입니다. 기독교 교육기관과 기독교 센터가 기독교 문화를 형성하는 데 뿌리를 내리는 역할을 할 것이고 체계화되고 잘 형성된 기독교 교육은 사람들이 기독교 세계관과 함께 사회의 시스템을 기독교적으로 구축할 수 있는 발판이 될 것입니다. 좋은 시스템을 구축하여 사람들이 스스로 선택하여 공동체 속으로 다수가 참여하게 할 수 있습니다. 더불어 신학대학을 통해서 양성되는 지도자들은 활동할 공간을 넓혀서 교회와 교계를 이끌어 갈 것입니다.

기독교 센터의 역할 확대와 유아에서부터 시작된 기독교인의 양성은 전국민의 70% 이상을 만들어 가는 데 초석이 될 것이라 봅니다. 유아와 아동 시절부터 시작 된 교육은 기독교 세계관을 몸으로 익히게 해 줍니다. 하나님, 예수님, 성령님, 예배와 찬양, 감사, 구원, 은혜, 회개, 호산나, 할렐루야, 등 기독교 용어들을 통해서 교회 활동이 일상생활로 여겨지게 되는 것입니다. 어린 시절에 하나님에 대해서 배운 성인이 교회 교육을 통해서 배운 지식으로 교회 생활로 회귀할 수는 모태적 신앙을 갖도록 역할을 할 것입니다. 기독교 교육 시스템을 100년 후의 미래를 바라보고 계획을 세운다는 것은 기독교계의 지도자들의 역할입니다. 기독교 지도자들이 이끌 교인이 풍성해지면 지금도 열심히 하고 있는 기독교 기관들과 기독교 문화를 주도하는 교회에 속한 다양한 활동과 그룹들 그리고 기독교 연구 센터를 설립하여 유치원부터 대학 그리고 장년 교육과 기독 사상을 연구하여 세상을 이끌 수 있는 동력을 가지게 될 것입니다. 이러한 모습은 기독교인이 풍성히 많은 유럽에서는 볼 수 없는 한국만이 할 수 있는 노력이라고 봅니다.

세 번째 방법으로 교회를 통한 리더십 있는 기독교인들의 양성입니다. 교회는 기독교인들의 삶의 중심입니다. 이미 우리는 200여 년의 기독교 전통을 갖고 있습니다. 한국의 교회는 그 동안 역사와 전통을 만들어 왔습니다. 기독교의 전통이 우리의 삶 속에 전통으로 남아 있어 자연스럽게 한국적 기독교 문화를 만들어 가야 합니다. 기독교의 전통에는 교회의 역사와 모습이 담겨 있습니다. 교회를 통해서 신앙생활을 이루어 온 기독교인들은 기독교인들의 사명을 압니다. 이 사명은 교회를 통해서 배우게 되고 실천해 나갑니다. 우리 한국 교회의 성장과 발전은 교회의 리더인 목회자들에 의해서 이루어 왔습니다. 목회자들을 따르는 교인들의 열성과 헌신은 목회자들의 복음적인 사명과 올바른 교회 교육 시스템을 통해서 이루어진 것입니다.

요즈음 기독교인이 60% 이상인 대부분의 유럽에서는 사상적으로 합리적 이성주의와 계몽주의, 그리고 모더니즘과 포스트모더니즘의 개인주의 사고 방식 그리고 인본주의의 영향으로 기독교인수가 급격하게 감소한 것은 새삼스러운 일이 아닙니다. 이러한 거대한 시대적 흐름에 대항할 수 있는 곳은 교회뿐입니다. 그러나 알고 보면 반기독교적인 사회 흐름도 근원은 성경에서 비롯되었고 지금은 성경을 알고 있는 인본주의자들에 의해 성경과 대립하고 성장하고 있습니다. 이는 반대로 이들이 성경으로 언제든지 되돌아갈 수도 있다는 것입니다. 성경과 대립해서 일어나는 현상이 현대에 들어서서 전세계적으로 기독교인은 감소하는데 타 종교는 증가하는 현상이 일어나고 있습니다. 특히 이슬람의 증가는 유럽의 혹이 되어 가고 있습니다. 더욱이 동성애 법은 더 이상 반대를 하지 못하고 그동안 받아 왔던 차별에 대한 보상으로 법으로 보호받을 수 있도록 하였습니다. 교회를 벗어난 직장이나 사람이 모인 장소에서는 종교에 대해서 얘기하지 못하는 것은 이미 일반화되었습니다. 겉으로 보기에는 종교 없는 나라처럼 보입니다. 선진국일수록 더욱 잘 지켜지는 인본주의적인 사회적 도덕성이 사람들 간의 예절이 된 지 오래입니다. 개인의 인권은 이력서에 남녀와 나이의 구별 표시를 없애고 자신의 성이 남자인지 여자인지도 스스로 정하도록 세심하게 배려를 하는 사회로 변하고 있습니다. 변화하는 사회의 풍습과 원칙을 고수해야 하는 교회 간의 갈등은 지난 2000년 동안 계속되어 온 영적 전쟁임을 우리 기독교인들은 잘 압니다.

네 번째로 우리에게는 모든 일에 하나님의 섭리가 미치도록 기도와 간구하는 특별한 혜택이 있습니다. 하나님의 선하신 능력은 하나님께 울고 부르짖은 그의 백성들에게 임하셔서 선한 일을 이루도록 도우시는 것을 기독교인들은 압니다. 지금도 교회와 기도원의 어느 밀실에서 끊임없이 한국 교회와 복음의 사명을 위해서 기도하는 수많은 기독교인들이 있습니다. 믿음의 소유자들은 확신합니다. 언젠가 하나님의 나라가 이 땅에 펼쳐져 하나님을 믿는 백성들의 나라가 전 세계로 나갈 것을 확신합니다. 그래서 하나님이 인간의 모습을 가지시고 인간의 특성을 가진 예수님을 보내셔서 그의 예정대로 고난을 받으시고 죽으시고 하늘로 올라가셨습니다. 세상에서 가장 작고 볼품없고 천한 곳에서 태워 나셔서 이 땅에 천국이 가까이 왔노라 선포하셨습니다. 아버지의 뜻대로 죽음까지 받아들인 예수님은 이 땅에 교회를 세워 주시고 보혜사를 보내 하나님을 믿는 백성들을 인도하여 주셨습니다. 기독교인이라면 화형에 처하고 맹수들로 뜯어먹게 하고 수십만 명을 십자가에 처형한 로마 제국에서 황제보다도 예수에게 경배하게 하였고 예수님을 이방 민족들에게 전파하게 하는 발판으로 삼으시고 만방에 예수를 전파하도록 하였습니다. 하나님의 섭리는 인간들의 지혜로는 알 수 없습니다. 하나님을 잘 믿는 하나님 백성의 나라 영국에서 종파가 다르다는 이유로 같은 하나님의 백성들을 핍박하고 차별하던 영국의 기독교인들이 새로 개척한 미국이라는 나라는 지난 한 세기 동안 세계의 중심에 서 있습니다. 그리고 세계 만방으로 복음을 전하였습니다.

기독교인의 숫자로 보면 우리는 아프리카나 인도의 기독교인수보다 아주 작은 숫자입니다. 한국 기독교인의 힘은 그들의 열심과 정열 그리고 참여도를 보면 천만 명의 한국 기독교인은 다른 인구 많은 나라에서 몇 억의 기독교인들보다 더 많은 힘과 열정 그리고 경제력을 갖추고 준비하고 있습니다. 기독교 역사가 오래되고 몇 명의 뛰어난 신학자들을 배출하였지만 기독교인이 전체 인구의 1%도 안 되는 일본은 다신 종교의 나라로 알려져 있고 14억 인구의 공산국가인 중국에는 종교의 자유가 없음에도 일억이 넘는 기독교인들이 목숨을 걸고 신앙생활을 하고 있지만 그들에 있어서 일반 삶 속에서의 신앙생활과 외부의 복음 사업이란 꿈도 꾸지 못합니다. 인도에도 교인이 일억 이상의 기독교인들이 있지만 힌두교의 탄압에 맞서 정상적인 신앙생활을 위한 현실 유지가 최우선입니다. 이스라엘은 국가 수반부터 유대교이고 유대인으로 이루어진 이스라엘의 유대교는 74.2%(이슬람 17%)에 이릅니다. 공식적으로는 이스라엘도 정경분리를 원칙으로 하고 있습니다. 동성애를 권리 보장해 주는 유일한 중동 국가입니다. 프랑스는 기독교인이 51%(무종교 40%)에 달합니다. 캐나다는 기독교인이 67.1%(무종교 24%), 호주는 63%(무종교 30%)가 기독교인입니다. 스페인은 72%(무종교 34%)가 기독교인, 이탈리아는 83.3%(무종교12%), 스코틀랜드는 기독교인이 53.6%(무종교 37%), 미국은 기독교가 60%(무종교 34%), 미국인의 95%가 신을 믿으며 60%가 기독교인이고 전인구의 40%가 매주 교회에 출석하고 있습니다. 아시아에서는 유일하게 필리핀에 기독교인이 90%이상이고 아프리카와 남미에도 90%인 나라들이 많이 있습니다.

우리에게는 영국의 성공회와 같은 천년 역사의 기독교 전통은 없지만 미국과 호주의 기독교 선교를 받아 그들과 비슷한 전통을 갖고 있습니다. 교회의 활동이 왕성하고 복음 전파의 속도가 빠르고 하나님의 선한 일들을 사모하는 교인들의 열성이 있습니다. 신앙적이고 자발적으로 우러나오는 교인들의 열성은 한국 기독교 발전의 초석이 되어 왔습니다.

무속과 인간 사상으로 이끌어 오던 한국 사회가
이제 하나님의 통치를 받는 시대로 접어들면서
사회의 모든 분야에서
변화를 일으켜 왔고 일으킬 것입니다.

위의 네 가지 제안들 중에서 두 번째 교육을 통한 저변확대, 세번째 리더십 있는 기독교인들의 양성, 네 번째로 하나님의 섭리를 기도하는 방법은 현재에도 대부분의 교회에서 실행하고 있는 현실적인 제안입니다. 그러나 첫번째 대중선교의 전초기지로써 기독교 센터의 설립과 확대는 교인들의 이해와 참여 그리고 교계 지도자들의 각오가 필요한 부분입니다. 어쨌든 기독교인이 숫자적으로 증가하여 사회의 주류를 이루고 힘을 모아 사회 복지와 사회 활동, 기독교 문화 이해와 해석,

기독교 의식과 기독교 사상의 전파 그리고 교육 시스템을 만드는데 적극적으로 참여하여 사회에서 필요한 시스템으로 발전시킬 수 있는 체계를 구축하여 우리 사회가 하나님의 나라를 바라보며 선한 일들을 도모하며 하나님을 사모하는 나라가 되도록 간구하며 기도합니다.

첫 번째:
대중선교의 전초기지:
기독교 센터

두 번째: 교회 공동체의 특별활동과 기독교 센터 부설기관들

세 번째: 기독교 센터의 중심은 강건한 교회 공동체

네 번째: 기독교 센터의 의무

다섯 번째: 기독교 센터의 일꾼: 청년들에게 선한 동기를

여섯 번째: 기독교 센터의 일꾼들의 이야기

첫 번째:
대중선교의 전초기지: 기독교 센터

1-1. 기독교 센터란?

기독교 센터는 교회 공동체의 사회적 기능을 한곳에 집중시킨 교회 밖에서 상업적 기능을 겸비한 대중 선교의 전초기지 역할을 하는 기독교 단체라고 정의합니다. 즉 교회의 협력 공동체가 되어 교회의 사명을 직접 사회 현장에서 필요한 시설들을 갖추고 사업적으로 운영되는 교회의 파트너이며 기독교인과 비기독교인들의 만남의 장소로써 교회와 사회의 접촉점이 되는 전초기지로써 교회의 역량 즉 교세를 확대하여 주는 단체라고 할 수 있습니다. 전초기지는 기독교인과 비기독교인의 경계선에서 서로의 필요를 주고 받으며 복음을 전할 수 있는 위치에 있는 것입니다. 전초기지와 같은 기독교 센터는 경계선에서 교회의 행동대원이 되어 빛과 소금의 역할을 하는 것이 설립 목적입니다. 행동대원은 우리 몸의 손과 발처럼 뇌(교회)의 명령에 따라 직접적인 행동을 하고 결과를 만드는 실체입니다.

마 5:13절 말씀에는
"너희는 세상의 소금이니 소금이 만일
그 맛을 잃으면 무엇으로 짜게 하리요 후에는

아무 쓸데없어

다만 밖에 버리워 사람에게 밟힐 뿐이니라.'라고

말씀하셨습니다. 교회가 교인들이 소명에 따라 빛과 소금이 된 신실한 성도들을 많이 배출해 주면 그 행동대원들이 빛과 소금의 역할을 이 세상 속에서 활발히 행하는데 있습니다. 기독교 센터가 교회와 함께 하였을 때 교회의 손과 발이 되어 실제적이고 현실적으로 이 세상과 화합이 되고 사회와 교회의 접촉점이 될 것입니다. 소금과 빛의 공통점은 자기보다 큰 무리 즉 교회 공동체를 중심으로 형성된 무리 즉 회중들 속에서 진정한 소금과 빛의 역할을 할 수 있다는 것입니다.

우리들 주위의 세상은 점점 더 기독교에 대해서 불편한 종교로 여기고 있습니다. 반동성애 운동의 중심에 있고 소수의 성차별에 앞장서고 있다고 사람들은 생각하고 교회 밖에서의 종교 활동은 점점 어려워져 가고 있습니다. 기독교인들에게는 규칙적으로 교회 밖에서 활동할 수 있는 명분과 공간(장소)이 필요한 것입니다. 이 세상과 교회는 바로 소금과 빛이 활동할 수 있는 공간입니다. 소금은 절대로 자신의 형태를 보존하지 않습니다. 소금이 녹아야 맛을 낼 수 있습니다. 빛은 주위를 비추어 줍니다. 즉 자신을 헌신하여 이웃의 유익을 위하여 소금처럼 녹아내려 그들에게 하나님의 영광의 빛을 내는 교인이 되는 것입니다. 교인이 소금이 되어서 세상에 녹아 들어가야 기독교인의 역할을 할 수 있습니다. 빛을 발하는 교인들은 세상에서 어두운 부분을 밝게 만들어야 합니다. 지금까지 교회에서 목회자들로부터 수없이 들어온 말씀입니다. 세상에서 맛을 내야 할 것들, 사람들의 관계, 사회 활동, 직장에서의 이미지. 사회와 나라를 위한 봉사와 헌신 등을 통하여 우리는 빛과 소금의 역할을 할 곳을 찾고 있는 것입니다.

고린도후서 5장18, 19절 말씀에는
"모든 것이 하나님께로서 났나니
저가 그리스도로 말미암아 우리를 자기와
화목하게 하시고 또
우리에게 화목하게 하는 직책을 주셨으니
이는 하나님께서 그리스도 안에 계시사 세상을
자기와 화목하게 하시며
저희의 죄를 저희에게 돌리지 아니하시고
화목하게 하는 말씀을
우리에게 부탁하셨느니라."의

말씀에는 그리스도의 사랑이 우리 마음에 있고 그리스도로 말미암아 우리가 세상과 화목하게 하셨다고 말씀해 주시고 있습니다. 우리가 만든 이 세상의 모든 화목은 하나님과 함께하였을 때 화목하게 됩니다. 또한 하나님은 예수 그리스도의 중보로 말미암아 우리가 사는 세상을 자기와 화목하게 하신 분입니다. 따라서 우리가 이웃하고 화목하는 것은 우리의 의무입니다. 하나님과 화목하는 것은 우리의 피할 수 없는 의무입니다. 세상과 화목하는 방법은 서로 주고받는 것입니다. 기독교의 사랑은 주는 것입니다. 치료해 주고 입혀 주고, 먹여 주고, 교육시켜 주고 함께 나누는 것입니다. 기독교 센터의 설립 목적이기도 합니다. 모든 세상이 물질 만능인 시대에 물질을 나눈다는 것은 아무나 할 수 있는 일이 아닙니다. 사상과 그에 따른 동기 그리고 재정적 뒷받침이 있는 공동체에서만이 할 수 있는 일이기 때문입니다. 기독교 센터에서 교인들 간의 문제를 근본적으로 풀어 나갈 수 있는 힘을 얻게 되는 것입니다.

교회는 복음 사업을 펼쳐야 하는 변할 수 없는 절대적인 역할이 있습니다. 지난 2000여 년 역사 동안 그 역할이 변한 적이 없었고 변해서도 안 됩니다. 기독교인이면 신앙생활의 중심을 교회에서 가르쳐 주거나 깨우치는 영감을 통하여 모든 활동의 중심으로 하고 있는 것을 당연히 생각하고 있습니다. 교회를 통해서 성경을 배우고 이해하고 신앙 생활의 발전과 변화를 겪으며 살아 갑니다. 교인의 30% 이상은 교회에서 여러 직분으로 책임을 갖고 봉사를 담당합니다. 대부분의 봉사가 교회 내에서 교회를 운영하는데 필요한 일로 이루어진다고 봅니다. 직분자들이 주중에도 필요하다면 열심을 갖고 교회 일에 참여를 하지만 봉사하는 한계를 넘어서기 힘들고 뭔가 문제에 직면하면 담임목사를 찾게 되고 적극적으로 나설 수가 없습니다. 이런 과정을 수없이 겪은 직분자들에게 기독교 세계관을 이해하고 구별할 줄 알고 미래 지향적인 계획을 세우거나 비기독교인들을 교인으로 변하게 하는 동기를 주는 일들을 스스로 할 수 있도록 도와주는 곳은 오직 교회뿐입니다.

교회의 역할을 머리로 본다면 기독교 센터는 교회의 손과 발이 되어 교회의 역할을 전개해 나갈 수 있는 곳입니다. 교회 건물 안에 어떤 상업적인 일을 들이는 것은 본질적인 문제에 부딪치게 되므로 교회 밖의 다른 기관을 통해서 교회의 본연의 역할을 확대하고 이념을 실행하여 기독교 세계관을 사회 구석구석에 심는 작업을 연결시켜 주는 역할을 하는 것입니다. 또한 기독교 세계관을 제대로 갖춘 교인들에게 활동할 공간을 제공하는 것이 기독교 센터의 주 업무가 될 것입니다. 사실 현재의 교회 간의 소통과 연결은 거의 없다고 봅니다. 서로 만날 동기도 없습니다. 단지 노회의 회의나 공동 프로젝트가 있을 경우 목회자들 간의 모임과 회의가 있는 정도입니다. 하지만 기독교 센터는 조금 다르게 운영되어야 한다고 봅니다. 우선은 교회와 노회에서 운영 되는 기독교 센터의 역할 구별이 필요합니다.

고층 아파트의 온냉방 시스템처럼 중앙 관리
통제 시스템으로
교회의 센터와 노회의 센터가
네트웍으로 연결돼 있어 시스템을
서로 공유하고 협력하는 구조여야 합니다.

교회가 어떤 일을 계획하면 교회의 성격을 넓게 해석하여 이 세상에서 가장 중요한 복음 사업을 하는 것에 초점을 맞추고 전진하여 나갈 때 흔들리지 않을 것입니다. 교인들 간의 음성적 상업 활동조차도 개인과 공동의 유익을 위해서 양성화시키고 교회는 오로지 교인의 신앙생활을 위한 본연의 임무에 충실하고자 돕는 것이 기독교 센터의 역할이라고 봅니다.

재정적으로 독립된 기독교 센터는 교회에서 운영하는 교육기관 이

외에도 다른 부서나 팀들과 협력 관계를 가질 수 있습니다. 기독교 센터가 부동산을 소유하지 않은 무형의 교회 형태로도 될 수 있지만 부동산이 있을 경우에는 건물과 대지의 소유는 교회나 노회에 속해 있는 것이 기독교 세계관으로 운영할 수 있습니다. 센터의 실소유자가 건물을 목적대로 운영할 수 있기 때문입니다. 천주교에서 엄청난 국가 재정을 쏟아 부어 설립하는 성당의 건물과 병원 그리고 학교를 보면 그 이유를 알 수 있습니다. 운영 책임자도 젊고 의욕 있고 목회를 하지 않는 목회자이거나 사업적인 안목이 있는 장로나 감독관으로 하여야 할 것입니다. 목회자가 목회를 하면서 운영할 때에는 무엇보다도 신앙이 먼저이므로 교회에 더 많은 생각과 시간을 사용하게 됩니다. 또한 은퇴한 목회자나 교인들의 쉼터가 아니라 진취적이고 미래 지향적인 성향을 가진 운영 책임자가 기독교 센터의 사회적 역할을 개발해 나가야 할 것입니다.

신앙생활을 오래 하다 보면 교회의 출석과 봉사가 바쁘다는 것을 알게 됩니다. 대부분의 교회 외적인 일들은 사례를 받는 사역자들이 담임목사님의 목적에 따라 움직이는 것이 보통입니다. 사례를 받지 않는 교인들은 생업을 멀리하고는 주어진 직분과 역할을 제대로 감당하기에는 신앙심만으로는 부족합니다. 그러나 직분자들은 책임을 갖고 봉사합니다. 직분자들의 책임은 부담 없는 의무 같아서 대부분의 직분자들이 성실히 수행하면서 서로 부족하거나 사정상 감당치 못할 경우 서로 도움을 줍니다. 직장에서는 맡겨진 책임을 수행하지 못할 경우 거기에 따른 질타를 받고 대책을 세워야 합니다. 교회와 직장은 교인들의 삶의 터전이지만 너무나 다른 성격을 갖고 있습니다. 교인들 대부분은 직장이 생업이므로 항상 우선순위를 갖는 것은 물론이고 충실해야 교회에서 신앙생활도 열심히 할 수 있습니다. 교회에서 교인이나 직분자들에게 맡겨진 일들은 교인들의 신앙심과 함께하는 신앙적 행동이므로 다른 교인들에게 유익이 될 수 있도록 책임감을 갖고 맡겨진 봉사나 일에 대해서 소홀히 하지는 않습니다. 하지만 어쩔 수 없이 시간과 인력의 부족은 항상 제한적이라는 것은 부정할 수 없습니다. 그래서 서양의 교회들은 적극적으로 교회와 사회적 협력과 관계를 갖는 것에 대해서 분리해서 계획을 세워 왔습니다. 학교와 병원을 세우는 것이 대표적이지만 그 외에도 서양에서는 클럽을 많이 활용하여 왔습니다. 한국의 기독교계에서는 뜻있는 목회자들이 사회 현장에 직접 뛰어 들어 어려운 서민과 함께하고 두레나 다일공동체와 같은 협력 공동체를 세우고 사회와 직접적인 관계를 맺어 왔습니다.

1-2. 기독교 센터의 정신 I: 기독교 세계관

기독교 센터의 기본 정신은 성경으로부터의 기독교 세계관입니다. 센터의 반석이 기독교 정신인 것입니다. 모든 행정, 정치, 경제와 상업 행위와 교육과 선교까지도 이 반석 위에 세워지는 선교의 기둥인 것입니다. 성경적 세계관은 성경의 관점에서 세상을 이해하려는 인식의 틀입니다. 세상은 기독교인이 살아가는 현장입니다. 이 삶의 현장에서 펼쳐지는 모든 일의 반석은 바로 성경적 세계관입니다. 성경적 세계관은 하나님, 예수 그리스도와 성령의 역사를 통해서 이루어지는 세상의 모습을 이해하고 나아가 현실적으로 우주 만물에 하나님의 창조 질서와 법칙이 작용되고 있는 과학을 통하여 하나님의 실존을 깨닫는 것을 목적으로 하고, 하나님의 형상으로 지음 받은 인간은 피조된 자연을 가꾸고 다스리라는 문화 명령에 따라 하나님이 주신 자연과 문화를 보존하고 가꾸어 나갈 의무와 책임이 있으며 인간이 이룩해야 할 사명으로 봅니다. 기독교 세계관은 기독교적인 시각과 생각으로 하나님이 사랑하시는 세상을 바라보는 것이며 모든 일을 기독교적 관점으로 해석하고 받아들이고 행동하는 것입니다. 이것을 성경적으로 해석하고 체계화시키고 신학적 개념으로 이론화시킨 것이 기독교적(성경적) 세계관이라고도 합니다. 기독교적 세계관은 단지 성경을 읽는다고 생기는 것이 아니라 기독교에 대한 이해와 성경에 준한 행동이 수반되어야 합니다. 특히 기업을 경영하는 교인들에게는 절실히 필요한 신앙의 행위입니다. 이 행위에서 어떻게 기독교 세계관을 펼치는 것은 각자의 신앙입니다. 각자의 신앙이 올바른 신앙이 되도록 가르치고 인도하는 것은 교회 공동체 지도자들의 역할이 크게 작용합

니다. 그러나 각 개인의 신앙 고백이 따르지 않으면 기독교적 세계관
은 이루어지지 않습니다.

존 위클리프(John Wycliffe, 1320-1384)는 목숨을 걸고 라틴어로 된 성
경을 자신의 모국어인 영어로 번역하여 영어 성경을 만들었습니다.
영어 성경은 내가 원할 때 말씀 읽고 묵상하고 기도할 수도 있는 엄청
난 하나님의 은혜를 깨닫게 하였습니다. 지금까지는 가톨릭에서 만
들어진 교리와 교황의 권위에 가려 오로지 사제들의 입으로만 전하던
하나님의 은혜가 각 개인이 직접 성경을 읽고 깨달아 하나님의 은혜
를 직접 알게 된 것입니다. 각 개인이 성경을 품고 자기가 직접 말씀을
읽고 직접 기도를 하고 하나님과 직접 관계를 맺는 자유로운 존재, 즉
개인이 탄생하게 된 것입니다. 이 개인이 시민이 되고 시민은 자유 민
주주의를 탄생시킵니다.[4] 자유 민주주의는 기독교적 세계관을 바탕
으로 깔고 있습니다.

잠 16:3절에 "너의 행사를 여호와께 맡기라 그리하면
너의 경영하는 것이 이루리라." 하고

말씀하신 것은 우리의 생각이 이루어지도록 하는 유일한 길은 우리
행실을 하나님께 맡기는 것입니다. 영혼의 중요한 문제들은 하나님의
은혜에 맡겨야 합니다. 우리의 행사를 하나님께 맡기면 우리 걱정의
짐을 벗어 버릴 수 있기 때문입니다. 기독교 센터의 운영을 하나님께
맡기고 교회가 책임져야 하는 이유입니다. 고린도후서 5장 19절 말씀
에서와 같이 그리스도의 사랑이 우리 마음에 있어야 그리스도로 말미

암아 우리가 세상과 화목할 수 있는 것입니다. 이것은 우리의 모든 행사가 하나님께 있음을 인정하는 것이고 하나님의 뜻을 실행하는 것입니다.

이사야 14장 24~27절 말씀에

"만군의 여호와께서 맹세하여 가라사대 나의 생각한 것이
반드시 되며 나의 경영한 것이 반드시 이루리라. 내가
앗수르 사람을 나의 땅에서 파하며 나의 산에서 발 아래 밟으리니
그 때에 그의 멍에가 이스라엘에게서 떠나고
그의 짐이 그들의 어깨에서 벗어질 것이라 이것이 온 세계를 향하여
정한 경영이며 이것이 열방을 향하여
편 손이라 하셨나니 만군의 여호와께서 경영하셨은 즉
누가 능히 그것을 폐하며
그 손을 펴셨은 즉 누가 능히 그것을 돌이키랴."라고

말씀하고 계십니다. 본문은 하나님의 경영에 대해 언급하고 있습니다. 아무리 좋은 계획을 세울지라도 경영이 성취되지 못하면 그 계획은 가치가 없게 됩니다. 인간의 경영은 많은 재정과 충분한 노력을 하였을지라도 실패로 끝나게 되는 경우들이 많이 있습니다. 하지만 하나님의 경영은 반드시 성취된다는 확신이 있습니다. 하나님의 뜻을 아는 사람들은 하나님을 경외함으로 순종하기를 힘써야 됩니다. 하나님의 경영은 누구도 폐하지 못합니다. 반드시 성취되는 것이 그분의 경영입니다. 중요한 것은 언제든지 하나님의 편에 서는 것입니다. 기

업을 움직이는 마음의 중심이 하나님에게 있는 한 모든 것이 해결됩니다. 서로 유익을 나누고 이웃을 위하는 사랑과 헌신의 마음이 교회와 센터의 모든 사람에게 결국은 유익이 되어야 할 것입니다.

1-3. 기독교 센터의 정신 II: 나눔과 섬김

사도행전 2장 44~47절 말씀에는
"믿는 사람이 다 함께 있어 모든 물건을 서로 통용하고 또 재산과
소유를 팔아 각 사람의 필요를 따라 나눠 주고
날마다 마음을 같이 하여 성전에 모이기를 힘쓰고 집에서
떡을 떼며 기쁨과 순전한 마음으로
음식을 먹고 하나님을 찬미하며 또 온 백성에게 칭송을 받으니
주께서 구원받는 사람을 날마다 더하게 하시니라." 하는

교회 공동체의 생활의 한 단면을 보여 줍니다. 초대교회 교인들이
서로 교제를 자주하고 만났던 것입니다. 초대교인들은 재산과 소유
를 팔아 각 사람의 필요를 따라 형제들에게 나누어 주었습니다. 이것
은 그들의 재산을 없앤 것이 아니라 그들의 이기심을 없앤 것입니다.
이러한 습관은 현대에도 교인들이 자기의 것을 이웃과 나누고자 하는
마음을 갖게 하였고 또한 그리스도께서 부자의 신실함을 보기 위해
너의 가진 것을 팔아 가난한 사람에게 주어라 하신 명령의 의미를 알
수 있게 하였습니다. 또한 이것은 계속적인 구속력을 가진 법률을 만
들기 위함이 아닙니다. 베드로가 아나니아에게

"네 소유는 네 임의로 할 수 없더냐(행 5:4)."에서와

같이 신실한 교인들의 소유는 이웃과 나눌 때에 더 큰 기쁨이고 신
실한 신앙의 행위인 것입니다. 교인들이 재물에 욕심내는 마음은 성

도의 길이 아니라 여겼습니다. 그러나 재물에 마음이 있었던 아나니아는 하나님과 사도들에게 거짓을 말한 것입니다. 초대교회 시절의 형제들에 대한 사랑, 가난한 사람들에 대한 연민, 기독교를 발전시키려는 열정과 초기 교회들의 어려움에 대한 배려 등은 우리가 본 받아야 할 신앙입니다. 하나님의 은혜에 감사하고 이웃에 보답하는 것이 성도의 길인 것입니다.

기업을 운영하는 어느 사장님이

잠언 31장 20절에 "그는 간곤한 자에게 손을 펴며 궁핍한 자를 위하여 손을 내밀며."의

말씀을 따라

'우리는 어려운 이들을 돕기 위해 존재한다.'라는

정신은 기독교적인 세계관을 이 세상에서 펼치는 사업입니다. 열심히 일해서 남은 수익을 여러 사람들과 나눠 주고 하나님을 전하는 것을 사명으로 삼고 있는 것입니다. 모든 기업가들이 이웃을 위한 정신이 있는 것은 아니지만 기독교 교인들의 생업이나 기업 운영의 목적이 돈을 버는 것이 아니라 어려운 사람들을 도우며 살려고 할 때 기업도 살고 이웃도 살 수 있는 것입니다. 곤고한 자들이나 궁핍한 자들은 항상 주위에 널려 있습니다. 이들을 가족이나 형제처럼 여겨 그들의 어려움과 함께하려는 마음이 있어 손을 내밀어 붙잡아 줄 수 있는 사

람들이 모여 있는 곳이 기독교 센터에서 소금과 빛의 역할을 하고자 헌신하는 교인들입니다. [5]

초대교회의 교인들은 함께 모여서 그들 상호간의 사랑을 표현하고 관계를 발전시켰습니다. 그들은 서로 구하기만 하면 기꺼이 돕고자 하였으며 그들의 물건을 서로 나누어 쓰며 그들의 형제애를 보였던 것입니다. 그들은 아주 명랑하였으며 기쁨과 순전한 마음으로 음식을 같이 나누고 위로를 함께 한 것입니다. 빈번한 교제와 음식 나눔으로 인해 그들의 마음은 거룩한 즐거움으로 가득 찼으며 이는 그리스도인 만큼 언제나 기쁜 마음을 가질 수 있는 사람들은 없었던 것입니다. 이들의 공동 식사는 그리스도인들을 하여금 이웃들에게 관대한 마음으로 대하게 되었고 그들은 한 조각이라도 혼자 먹지 아니하고 가난한 사람을 식사에 초대하였습니다. 야고보서 1장 27절에는

"정결하고 더러움이 없는 경건은 곧 고아와 과부를 그 환난 중에
돌아보고 또 자기를 지켜
세속에 물들지 않게 하는 것"이라고

하였습니다. 이와 같이 그리스도인들은 마음을 열어 놓아 인색한 사람이 되어서는 안 된다는 것입니다. 사람들은 감화를 받았고 그들은 참으로 존경받을 만한 풍부한 영적 은사를 받았고 사람들은 그들의 마음을 갈망하였으며 감화를 받았던 것입니다. 이러한 마음이 기독교 센터를 이용하는 사람들에게 비추어야 할 덕목입니다. 사람들은 그들에게 호의를 가졌고 그들을 경멸했던 사람들도 있었지만 대부분

의 사람들은 그리스도인들에게 친절하였고 칭송을 하였습니다. 그리
스도인들을 핍박하던 사람들 중에는 자신들의 뜻이 아닌 제사장들의
술책에 의해 강요받았던 유대인들도 있었을 것입니다. 이제 그리스
도인들이 본래의 마음과 정신으로 되돌아와서 기쁨으로 하나님을 섬
기며 불신자들에게 복음을 전하여 그들도 세속에 물들지 않고 구원을
받을 수 있도록 해야 하는 것입니다.

1-4. 기독교 센터의 정신 III: 협력과 배려

교회 공동체에서 구성원들의 생업은 각양각색입니다. 공동체에서 그들의 삶의 환경에 따라 너무 많은 변화를 겪으면서 생업을 얻어 살아왔고 그들의 생업은 각 개인의 환경과 학력과 경험 그리고 축적되어 온 기술에 따라 많은 차이가 있을 것입니다. 그 중에는 처음 개인 비즈니스를 시작하는 청년 교인이 있을 수 있고 어려운 형편에 빚을 내어 사업을 시작한 교인도 있을 것입니다. 아무리 형편이 어렵더라도 함께 이겨 나가는 기독교적인 신앙으로 만들어 가는 삶의 방식과 사고를 공동체 밖으로 전하는데 그들의 삶의 목표를 하고 있습니다. 이 세상에서 생업은 사람들을 계급적이고 능력에 따라 나누어집니다. 사람의 능력에 의해서도 계급적으로 나누어지지만 주어진 환경에 의해서 혹은 가업으로 이어받은 직종에 따라서 경제적 능력이 나누어지고 생업에 따라 빈부의 격차가 일어나고 생업에 따라서 인간의 살아가는 방식에 많은 영향을 줍니다. 하지만

기독교인들에게는 각기 다른 생업은
하나님의 은혜가 서로 다를 뿐입니다.

현재에 살아가는 사람들에게 어쩔 수 없는 상황 속에서도 기독교인들은 서로 배려하고 존중하는 문화가 형성돼야 합니다.

이타적이고 자발적으로 신앙을 갖고 사람들이 만든 교회 공동체인 기독교 센터 입주자들이 형편이 어려워 졌을 때, 극복할 수 있도록 서

로 협력과 배려하는 정책과 도움은 필수입니다. 또한 입주자들이 형편에 따라 언제든지 가입과 탈퇴가 자유롭고 각 개인들의 생업이 정착될 수 있도록 도와주어야 합니다. 회사나 공장에서 일하는 사람들, 정부 관청에서 일하는 사람들, 여행사, 음식점의 점원과 청소, 페인트 공, 타일러, 회계사, 의사, 건축업자와 노동자들과 각종 자영업자들이 경영하는 사업들을 생업이라고 합니다. 교회 공동체 안에서 교인들의 생업이 무엇이냐 중요하지 않습니다. 다만

공동체를 위해서 서로 협력하고 양보하고
서로서로 배려하면서
공통의 일이 생겼을 때는 서로 분담하거나
협력하여 수고를 다 합니다.

다 같이 모여 예배를 보고 공동의 문제에 대해서 토의를 하고 결정을 하는 것이 교회 공동체의 성격이기 때문입니다.

기독교 센터는 많은 사람들에게 그들이 원하는 공간과 장소를 제공할 수 있는 협력과 지원이 있어야 할 것입니다. 교인들은 물론이고 비기독교인들까지도 사용할 수 있도록 설계된 교회 공동체 건물은 사유재산이 아닙니다. 공동체 내의 누군가의 소유가 아니라 교인 전체의 공동의 재산인 것입니다. 그래서 많은 사람이 이용할 수 있도록 잘 설계되어 있습니다. 단 하나님의 예배하는 교회와 연관이 있기 때문에 특별한 정치 선동 목적이나 이단과 사이비 종파의 활동만 아니면 누구나 사용할 수 있고 사람들의 필요에 따라 자유롭게 이용할 수 있는

기회를 주어야 합니다. 특히 일반 결혼식장으로서는 언제든지 임대가 가능하고 특별한 집회나 강연 혹은 세미나와 공연을 위해서도 대여나 장소를 제공할 준비가 되어 있어야 되고 언제든지 누구이든지 기꺼이 임대를 할 용의가 있는 곳이 교회 공동체의 건물의 역할입니다. 실내에는 음향 시설이 잘 갖추어 수많은 사람들에게 집회를 할 수 있는 장소가 될 수 있는 곳이기도 합니다. 다용도 목적으로 건물을 사용할 때 아주 유용하게 쓰이는 시설이기도 합니다. 기독교 센터의 건물의 다용도는 교회와 사회의 만남의 장소 역할도 할 수 있는 것입니다.

1-5. 유형 기독교 센터의 구성과 활용

유형 기독교 센터는 활용할 수 있는 건물이나 장소가 있는 경우에 건물의 특징을 사용하여 보다 많은 사람들이 접근할 수 있는 길을 마련할 수 있습니다. 간판이 걸려 있는 건물의 존재는 상징적인 의미가 있습니다. 건물의 속성을 말해 주고 그 안에 있는 사람들의 활동 분야를 이어 주고 때론 생업을 도와주기도 합니다. 이용자들에게 만남의 장소가 되기도 하며 목적이 될 수 있는 건물이 될 수 있는 것입니다. 따라서 건물 안에 어떤 업체 혹은 활동 단체가 들어 가느냐의 결정은 신중해야 합니다. 분명한 것은

기독교 센터가 많은 사람들에게 필요한 시설을 갖추고
함께 모일 수 있는 공간을 제공하고
가정과 집을 벗어나 할 수 없었던 일들,
즉 각종 공연과 전시회, 문화 활동 공간 등

다양한 문화 활동을 전개할 수 있는 사회 시설들을 갖춘다면 더욱 많은 도시인들에게 유익이 될 것입니다. 현재에 있어서 도시인들에게 필요하다고 생각되는 몇 가지 기관들을 찾아보았습니다.

① 상황실(컨트롤 센터)

상황실에서는 건물 전체에 어떻게 하면 기독교의 색채를 표현할지를 아이디어를 모으고 사회적 거부감이 없이 실행되며 제일 바쁜 곳이 되어야 합니다. 매일매일 올라오는 각종 보고가 집계되고 정리되

어 보고되고 지역별 혹은 교회와 노회 별로 운영되는 기독교 센터 간의 상호 보완과 협력을 이루어야 하고 공동으로 하는 대형 행사도 주관해야 합니다. 상황실의 주 임무는 기독교 센터가 하나님을 경외하는 곳이라는 것을 센터에 있는 모든 사람들에게 지속적인 홍보가 있어야 합니다. 한 가지 방법을 예를 든다면 매일 정해진 시간(오전 11시, 혹은 12시)에 모든 사람이 함께 5~10초 동안 함께 묵상하며 하나님께 감사하는 시간을 갖는 것입니다. 모든 사무실과 사업소 곳곳에 설치된 확성기를 통하여 모든 사람이 다 함께 일어나

"하나님 감사합니다." 하는

조용한 소리를 내서 표현해야 합니다. 바쁘게 생업에 열중인 교인들이 지나치지 않도록 격려하고 의무적으로 당연히 해야 한다는 인식을 심도록 전략을 계획하고 진행과 관리하는 곳이 상황실의 임무라고 봅니다. 또한 백화점이나 일반 상업적인 건물과는 구별되기 위해서는 기독교적 색채가 있는 행사를 정기적으로 실시하여 비기독교인들이 참여할 수 있는 프로그램과 공연 행사를 많이 개최해야 할 것입니다. 다양하고 기발한 아이디어로 광고 효과를 내고 미래 세대를 위한 교육 전략을 세워 전개해 나가는 상황을 점검하는 기관이 될 것입니다.

② 예배당과 기도실

교회와는 별도로 초청 목회자로 인도되거나 위임 목회자나 고정된 설교자가 아닌 목회자로 설교와 예배 인도가 자유로운 예배실 운영을 목표로 합니다. 바쁜 교인들이 본 교회에 출석하지 못하는 경우에 예

배 볼 수 있는 곳이어야 합니다. 예배당과 기도실의 설치는 기독교 센터의 본질을 나타나는 것이기 때문에 반드시 있어야 됩니다. 수많은 사람들 중에서 한 사람이라도 예배와 기도에 갈망하는 사람이 있다면 그들을 위해 존재해야 되는 것입니다. 그리고 많은 사람들이 오가는 교회와는 다른 분위기를 창출하여 더욱 더 많은 사람이 예배할 수 있는 곳이 되어야 합니다. 보통 기도원이 산속이나 도시를 벗어나 세워지는 경우가 많으나 바쁜 일상 생활 속의 도시에서 기도원을 찾는 사람들에게 필요를 제공하여 주고 개인적인 신앙의 안식처를 줄 수 있는 역할을 할 것입니다.

③ 기독교 사상 연구소

기독교인이 시대의 흐름을 알기 위하여 합리주의, 이성주의, 계몽주의, 신계몽주의와 모더니즘 그리고 포스트모더니즘 같은 현대를 이해할 수 있는 사상을 이해하는 것은 중요합니다. 지금이 포스트모더니즘 사상이 현재의 사회를 지배한다면

'무엇이 포스트모더니즘인지?' 어떻게 그 현상이
나타나고 있는지? 교회 공동체에 미치는 영향은?
교회 공동체가 할 일은? 등 구체적이고 실행 가능한 행동방침을
연구하고 교회에 알리는 전문적인 기관의
역할을 하기 위한 연구소입니다.

또한 기독교가 사회 구성원의 주류를 이루게 되면 활개를 칠 집단이 사이비 종교인들과 이단일 것입니다. 개인과 가정을 파괴시키고

사회를 좀 먹는 존재들이기 때문에 교인들의 가정을 보호하는 취지에서 적극적인 대응을 해야 합니다. 기독교 사상 연구는 목회자들만이 할 수 있는 일입니다. 목회에 경험이 많고 교육을 받은 사람들이 바른 신앙생활을 위한 안내서를 출간하여 지속적으로 교육시키고 교회와 사회의 적폐를 찾고 계몽하는 작업을 전문적으로 해야 합니다. 기독교 사상의 홍보는 대중 미디어와 인터넷을 통해서 지속적인 반복이 필요 합니다. 기독교 방송이 활발히 활동하고 있지만 교인들만을 위한 방송일 뿐입니다. 기독교인이 불교 방송을 볼 일이 없듯이 비기독교인들도 기독교 방송을 볼 일이 없습니다. 재정적 문제가 있겠지만 일반 상업 방송에서도 기독교 사상이 일반 생활의 문제와 결합하여 대중에게 각인시킬 필요가 있습니다. 기독 문화의 저변 확대를 위해서 교회에서 주저하던 일들을 센터가 앞장서서 적극적으로 해야 합니다.

④ 사회 복지 서비스(교회에서 발행한 복지카드 활용)

교회의 복지카드는 특별한 대상들을 위한 선교와 신실한 신앙생활을 위한 것이지만 또한 국가에서 제공받는 서비스를 보완하는 역할일 것입니다. 노약자들과 병든 사람들, 사회적 약자들, 노숙자들, 직업을 잃은 이민자들, 문제 있는 학생들, 정부 지원에 대한 교육과 제공, 등 자격 있는 사회복지사가 할 수 있는 서비스와 각종 업체를 이용할 수 있는 카드를 개발해야 합니다. 특히 교인 중에서 본인 스스로 신청하지 못하는 사회적 약자들(병든 노인들, 독거노인, 가출 청소년들 등등)를 네트웍으로 연결해서 사회 구석구석에 숨겨져 있는 약자들 돌봄 서비스는 기독교 세계관의 현실화에 큰 도움이 될 것입니다. 국가적으로 보면 여러 가지 이름으로 사회적 약자들에 대한 지원을 하고 있습니다. 대표적으로 최저 생계비 지원, 최저 임금 제도나 노인 복지 요양원 등 수 많은 생계지원을 위해 엄격한 심사를 통하여 분류를 하여 의료와 생계에 대한 현금과 각종 방법으로 지원을 하고 있습니다. 하지만 항상 지원 대상에 속하지 못한 사람들이 있습니다. 교회 공동체에서도 나름대로 신앙생활을 위하여 연로하여 각종 직책에서 은퇴한 성도들이나 노약자, 노숙자, 장애인 청년들 등 각 선별한 대상들에 대해서 기독교 센터를 통하여 사회 복지를 제공할 수 있는 기반을 마련할 수 있습니다.

⑤ 기독교인의 쉼터 (기도원, 피신처)

현재에 전국에 산재돼 있는 기도원을 도시로 옮겨 온다고 생각하면 됩니다. 단지 조용히 기도만을 원하는 사람들은 교회보다는 기도원을 선호하는 경향이 있으므로 자리를 마련해 주는 것이 기독교 센터의 임무 중에 하나이고 다른 건물들과는 구별될 것입니다. 기독교인들에게는 언제나 기도하고 싶은 때가 있습니다. 교회를 가기에는 거리가 멀거나 사람을 피하고 싶을 때에 시간과 장소를 제공하여 준다는 것은 기독교인들에게는 중요합니다. 교인들의 삶의 고난을 견디기 위한 정신적 위로와 격려를 하나님께 의지할려는 마음은 곧 신실한 신앙의 시작이기 때문입니다.

⑥ 탁아소와 유치원 운영

워킹 맘들을 위해서 교육 시설을 잘 갖춘 탁아소와 유치원은 젊은 맞벌이 부부들에게 큰 도움이 될 것입니다. 정부와 산업 단지에서 필수적으로 운영하고 있는 탁아소 같은 곳도 많이 있는 것으로 알려져 있습니다. 기독교 센터의 종사자들을 위한 탁아소 운영은 그들에게 편리함과 안전함을 제공할 수 있을 것입니다. 이런 기관들이 교회에서 운영하면 어릴 적부터 기독교 생활과 문화에 익숙해지는 것뿐만 아니라 교육적으로도 효과가 있다고 봅니다. 또한 전업 주부인 교인에게 일할 수 있는 기회를 제공할 수도 있습니다. 아동들을 믿고 맡길 수 있는 탁아소와 유치원은 젊은 부모들에게 많은 도움을 줄 수 있습니다.

⑦ 만남의 장소

모임 이외에도 약속하는 장소, 회의실 등으로 활용할 수 있고 대학의 동아리 모임과 같이 젊은이들의 기독교 활동들을 할 수 있는 장소가 될 것입니다. 젊은이들에게는 함께 모일 수 있는 공간이 필수입니다. 본 교회뿐만 아니라 타 교회의 젊은이들에게도 오픈하여 누구나 함께할 수 있는 장소로 활동 범위를 넓혀 가면 청년들에게 좋은 만남의 장소로 발전될 것입니다. 교회 건물은 비기독교 젊은이들은 들어가기에는 부담스럽습니다. 그러나 만남을 위해서 자연스럽게 접할 수 있는 장소는 교회 밖의 카페와 같은 장소처럼 기독교 센터 안에서도 만들어 낼 수 있습니다. 기독교 센터의 인터넷 사이트를 통해서 젊음의 만남을 주선하는 것도 센터의 활용을 높이는 일입니다.

⑧ 컨퍼런스(세미나) 센터

청소년, 어른들의 교육 장소로 각종 교양 강의, 취미 활동 장소로 확대할 수 있습니다. 만약 대형 콘서트장을 갖출 수 있다면 보다 많은 용도로 활용이 될 것입니다. 예를 들어 중고품 교환 센터, 취업정보, 하숙 안내, 헬스와 건강정보, 연령층별로 진행되는 라인댄스 강연과 댄스는 많은 사람들의 관심을 끌어올 수 있습니다. 20~30대의 힙합 댄스, 40~50대의 라인댄스와 셔플댄스, 60대이상에서는 트로트 노래 강습과 댄스, 건강 댄스 등을 실행하여 센터의 활용을 높일 수 있습니다.

⑨ 마켓 운영

지역에 따라서 도심 지역에서는 중고물품 교환과 매매, 농어촌지역에서는 지역 특산물 판매 같은 것을 할 수 있는 마켓 같은 기능을 할 수 있는 장소를 개발하는 것도 지역에 따른 특성을 살릴 수 있는 방법입니다. 마켓 혹은 전통시장은 일반인들이 가장 많이 방문하는 곳이므로 활용도가 가장 활발한 곳입니다. 시골에서 장이 서는 날에는 집집마다 쌓여 있는 농어촌 생산물과 특산품은 거리로 나오게 되어 있습니다. 볼거리와 먹거리가 풍부한 곳에는 항상 사람들이 모여드는 곳이고 성공적인 기독교 센터가 대중화된다는 상징적인 모습이 될 것입니다. 토요일과 일요일에 주차장을 활용하여 벼룩시장 같은 마켓을 열어 준다면 센터의 대중 이용률을 높일 수 있습니다.

⑩ 헬스 센터

요즈음 트렌드에 맞는 헬스 시설을 갖추고 회원제로 운영할 수 있습니다. 교인이면 누구나 사용할 수 있는 헬스장은 현대의 트렌드에 맞춰 운영되면 젊은이들의 모임의 장소가 될 수 있습니다. 헬스장 운영은 사실 쉽지 않습니다. 많은 장비와 전문 트레이너가 있어야 하고 넓은 공간이 필요합니다. 또한 건물의 위치와 시설의 종류에 따라 이용객들의 요구를 맞추어 주긴 어렵지만 사업 여건만 맞아 준다면 시설이 들어설 수 있습니다. 트레이너 없이 개인적인 운동 장소로서 장비만 구비된다면 젊은이뿐만 아니라 노인들의 재활운동의 장소가 되기도 할 것입니다. 내가 사는 동네의 가까운 등산로, 혹은 공원에 가보면 많은 운동기구를 시나 구청에서 설치해 놓은 것을 쉽게 발견할 수 있습니다. 등산로나 공원에 갈 수 없는 사람들은 하루의 피로를 풀기 위해서 가벼운 운동과 이웃들과의 교제를 원하는 사람들에게 필요한 시설이 될 것입니다.

⑪ 노인정, 경로당

노인들이 모여서 단체로 노인 운동, 강의, 각종 사회 복지 정보 제공, 재산 관리와 건강을 위한 세미나와 운동 프로그램 운영 등 노인들의 만남의 장소가 될 것입니다. 취약한 몸과 노인 정신 건강을 위해서 진료와 치료를 할 수 있는 곳이 되어야 합니다. 노인들은 항상 사회 범죄에 노출되어 있습니다. 연약한 육체와 정신은 이들의 삶을 더욱 어렵게 하고 삶의 목적을 잃어 가며 살고 있는 이들에게 일할 수 있고 남들과 어울릴 수 있는 장소를 제공한다는 것은 현대에 중요한 국가 시책 중에 하나가 되어 있습니다. 교회가 좀더 적극적으로 이들을 포용할 수 있는 시스템을 만들어 가야 합니다. 현재도 각 아파트 단지나 시골의 동네별로 노인정이 있기는 하지만 거동이 불편한 노인들을 위한 곳이기 때문에 기독교 센터의 노인정은 달라야 합니다. 작은 일거리로 용돈을 벌게 해 준다거나 간단한 건강체크 등 뭔가 수입을 만들 수 있는 노인정의 분위기를 만드는 것도 좋은 방법이 될 것입니다.

⑫ 공연 장소

전통 국악, 연극, 뮤직 페스티벌, 패션 쇼, 전시 장소로 활용할 수 있는 대형 공연 장소를 갖고 있는 것이 유용할 것이라 생각합니다. 지역별로, 노회별로 있는 대형 공연장은 집회 장소로도 유용하지만 마켓이나 청소년 공연 장소로도 유용할 것입니다. 기독교 문화가 일반 비기독교인들에게 전할 수 있는 기회가 되기도 할 것입니다. 음악 페스티벌은 많은 사람들을 즐겁게 할 수 있는 것으로 쓴 한약의 감초 같은 역할을 할 수 있습니다. 공연이 많을수록 더 많은 사람들이 센터를 방문할 수 있는 것입니다. 또한 재주가 있는 아동들과 젊은이들의 활동 장소가 될 것입니다.

⑬ 이발소, 미용실, 꽃가게, 독서실 사무실 대여 등등 다목적 운영체계

필요에 따라 다양한 사업소를 운영할 수 있습니다. 교회의 손과 발이 되기 위해서는 지역의 특성과 교인들의 필요에 의해서 찾고 개발해서 기독교 센터의 역할을 확대할 방안을 언제나 모색해야 합니다. 다목적 운영체계는 사람들에게 필요한 것들을 제공하는 것이지만 기본 정신은 이웃에 대한 섬김과 배려의 정신을 갖고 기독교적인 세계관이 실현되는 것을 목표로 하는 것임을 상기시켜야 됩니다. 또한 참여하는 업주들에게도 융통성 있는 계약기간과 주위의 상권에 비해서 저렴한 최소한의 임대비로 경쟁해야 할 것입니다.

⑭ 입주자 보호 시스템

기독교 센터가 기독교적 성향을 띠고 운영을 한다 해도 입주자들에게 합법적인 계약서와 운영 시스템을 갖추어야 할 것입니다. 입주자들에게 신앙적인 방법으로 희생과 헌신을 강요할 수는 없습니다. 만약 입주자들이 어떤 불이익을 통해서 손실을 맞게 된다면 입주자들의 신앙도 잃고 교회는 신도를 잃을 뿐만 아니라 기독교 센터의 설립 목적이 없어지고 텅 빈 건물만 남을 것입니다. 센터의 입주자들에게 어느 정도의 사회 시스템과 어울리는 보호를 받게 하는 시스템을 마련해야 할 것입니다. 국내적으로는 소상공인들이 함께 모여 자신들의 이익을 보호하기 위하여 조합을 이루고 협동 조합이라는 단체를 만들어 조합원들의 재화와 용역을 최선의 가격으로 거래함으로써 조합원들의 경제적 이익을 극대화하여 사업주나 영리 회사와 협력하게 법이 제정되어 있습니다.

기독교 센터와 조합은 개인 혹은 센터의 업주들 간의 서로의 유익을 보호하는 윤리적이고 상업적인 차원에서 역할을 하도록 도울 것입니다. 주로 기존 시장이 포괄하지 못한 부분에서 사회 경제 문화적 약자들의 자생력을 강화하는 방향으로 센터와 조합이 함께 노력할 것입니다. 기독교 센터의 운영자들은 사회법을 잘 알아 종교적인 이유만으로 입주자들이 수탈당하는 경우는 있어서는 안됩니다. 또한 이러한 보장은 다양한 분야에서 센터의 활성화가 이루어짐으로써 국가 복지 시스템으로부터 보호받지 못하는 취약 계층의 복지에도 기여하게 될 것입니다. 또한 다양한 창의적인 생각을 가진 사람들이 모여 센터를 구성하고 사회 안전망에 편입될 수 있도록 도울 것입니다. 지속적인 기독교 센터의 운영자들과 입주자들이 교회 밖의 통상적인 사회법에 따른 보호를 받을 수 있도록 많은 노력이 있어야 될 것입니다.

1-6. 무형 기독교 센터의 역할

교회 공동체에 있어서 선교와 구제는 필수적으로 행하는 교회의 공식적 행위라고 할 수 있습니다. 앞으로 시대가 변하고 세대가 변하더라도 교회 공동체가 존재한다면 선교와 구제 사업은 더 넓혀 갈 것입니다. 교회의 선교와 구제 사업을 현대화시켰을 때, 교인들과 비교인들이 섞여 사는 세상으로 나아가고자 하면 언제나 병들고 약하고 가난한 사람들뿐만 아니라 현대병이라 할 수 있는 우울증과 정신 스트레스를 받아 정상적인 생활을 할 수 없는 사람들에게까지 나아가야 합니다. 또한 도시 생활의 한계를 벗어나려는 사람들의 모임에도 적극적으로 참가해야 합니다. 직장과 자영업을 하는 사람들도 어느 한순간 현실에서 벗어나 쉬고자 하는 갈망이 있을 수 있습니다. 이들 중 대부분은 교회 생활을 접해 보지 못했거나 공동체의 역할을 느껴 보지 못하였지만 농촌의 두레와 계모임 같은 활발한 공동체의 모임을 알고 있으므로 기독교 센터의 역할에 대한 정보에 대해 계속적인 홍보가 있어야 될 것입니다.

무형의 기독교 센터는 전용으로 사용할 수 있는 건물이나 장소가 없는 경우에도 노회와 교회가 협력하면 많은 교회 밖의 단체를 운영할 수 있습니다.

교회 내에는 많은 공식적인 모임과 비공식적인
모임이 있습니다.

공식적인 모임으로 문화 학교 운영과 주일학교 수련회, 청년부 활동과 성가대와 찬양대에 속한 교인들의 모임, 그리고 각종 성경 공부 모임 등이 교회 내에서 끊임없이 이어지고 있고 비공식적으로 아동들을 대상으로 하는 피아노, 바이올린, 첼로와 같은 악기 레슨 그리고 축구, 탁구, 농구 등 각종 스포츠 활동을 위한 동호회 모임들이 관심있는 교인들끼리 이루어지고 있습니다. 대형교회에서는 교인들을 위한 법률자문, 건강상담, 자녀 교육 상담, 등 사회의 많은 분야를 교회 안에서 지원하고 있습니다. 지금까지는 이러한 모임들을 통한 선교의 행위는 간접적이고 소극적으로 교회가 해서는 안 될 분야로 여겨 왔습니다. 한국에 있는 사천만의 비기독교인들에게 접근할 수 있는 길은 교회 공동체의 소그룹 활동으로 여겨지는 구역 모임을 더 확대시켜 취미가 같은 분야별, 스포츠별, 음악 장르 혹은 악기 분야별 등 구체적인 사회적 필요한 기능을 찾아내어 적극 활용해야 합니다.

무형의 기독교 센터에는 조직력이 가장 강력한 구심점이 될 것입니다. 조직력은 책임자 혹은 리더의 역할로 결정됩니다. 책임자가 없는 어떤 공동체도 지속되지 못하고 계획과 재정적인 힘을 갖지 못하여 참석자들이 흥미를 갖지 못합니다. 교회 공동체가 운영의 중심이 되기 위해서는 전도사와 직분자들을 활용하여 모임의 주체가 되어야 합니다. 교회 공동체는 주일학교에서 초중고의 아동들에 따른 전도사들을 기용하여 아동들 특성에 맞는 교육을 하듯 중장년층 교인들에 맞는 전도사 기용을 적극활용해야 합니다. 전도사뿐만 아니라 직분자들도 특성에 맞는 분야에 적극 참여할 수 있는 기회가 될 수 있습니다. 그러나 생업에 바쁜 직분자들에게는 큰 부담이 될 수 있어 오히려 신학대를 갓 졸업한 활기찬 젊은 전도사들의 사역이 중심이 될 것입니다.

보통 사람들이 자신이 관심 있고 잘하는 분야에서는 적극적으로 나서서 참여하고 모임을 이끌어 나가고자 하는 마음이 생깁니다. 이들이 모임의 주체가 되고 리더가 되고 중심이 될 수가 있습니다. 이들에게 꼭 교회 공동체에서와 같이 직분이 필요한 것이 아니라 교회 공동체의 직분자들의 관심과 참여가 모임을 이끌어 나가는 원동력이 될 것입니다. 교회 공동체는 이러한 소그룹 모임이 활성화될수록 살아 숨쉬는 기관이 될 것입니다. 교회 공동체는 교인들이 어디에서나 복음의 빛을 발하며 살기를 바랍니다.

그러나 교인들이 교인답게 사는 방법은 각자의
신앙과 생업에 따라 다를 수밖에 없습니다.

각 개인의 신앙은 각자의 직업, 나이, 좋아하는 운동과 취미 생활과 현재의 최대 관심 사항(자녀의 교육, 결혼 등)에 따라 삶의 방식은 다르지만 일반적인 교회 생활은 사실 이러한 여러 요소들이 조합을 이루어 협력하며 나아갑니다. 또한 하나님께 의지하라는 목회자들의 권고는 삶의 방향 지침으로 삼고 교회에 출석하며 고쳐 나갑니다. 또한 이들을 모아 그룹으로 발전시켜 좀더 전문성 있게 모임을 만들어 간다면 또 다른 형태의 구역 모임이 될 수가 있습니다. 보통 스포츠 동호회 같은 모임은 쉽게 결성이 됩니다. 골프와 낚시 동호회는 정기적으로 모임을 유치할 수 있고 회원들의 활동 또한 활발합니다. 각 개인이 활동의 주체가 될 수 있기 때문입니다. 교인들이 잘할 수 있고 누구나 리더가 될 수 있는 활동을 찾아 모임을 만들어 준다면 그 모임은 살아 있는 교회 공동체의 소그룹 모임으로 발전할 수 있는 여력이 있습니다.

1-7. 대형 교회 공동체의 역할

전국에 65,000여 교회 중에서 2.5%가 교인 1,000명 이상의 대형 교회 공동체는 기독교 센터와 같은 기관이나 부서를 교회 밖에서 할 수 있는 여건이 갖추어져 있습니다. 이들에게는 기독교 센터에 필요한 인원과 재원 그리고 선교 계획이 있다는 것입니다. 기독교 센터에는 월급을 받으며 운영에 참여하는 위원들도 있겠지만 센터를 활용하고 사회적 시설로 확장시키는 역할을 하는 데 있어서 봉사의 사명감으로 중요한 선한 일을 사모하는 자발적으로 봉사하는 성도들이 있어야 합니다. 이 교인들이야말로 교회 공동체의 핵심 요원들입니다. 생업이라는 것은 일하는 사람들이 삶에 필요한 의식주를 해결하기 위하여 대가를 받고 일하므로 언제든지 상황이 변할 수 있습니다. 그러나 성도들은 돈보다는 하나님의 의를 먼저 생각하기 때문에 모든 일의 행동 방식이 다릅니다. 하나님의 의는

교회를 통해서 실천되고 교회는 성도들의 희생과 헌신
그리고 하나님의 백성으로서의 하나님의
은혜에 보답하는 책임과 의무에 의해서
행동의 기준을 삼기 때문에

자신의 유익에 따라 행동하는 비기독교인 사람들보다 유익을 위해서 흔들림 없이 좌우로 편향되지 않습니다. 기독교 센터를 운영할 때에 때로는 손해를 보는 경우도 있겠지만 보다 원칙적인 센터 운영의 목적을 위해서 성도들의 참여가 필수적이고 이들과 비기독교인들이

함께하여 기독교 센터를 교회의 목적이 맞는 경향으로 이끌어 갈 수 있습니다.

　대형 교회들은 기독교 센터가 자립이 될 때까지 신앙적인 것은 물론이고 재정적인 뒷받침을 할 수 있는 기반이 있습니다. 일반적으로 알려져 있는 대형 교회들은 투명한 교회 선교 재정을 갖고 있다고 봅니다. 적어도 일년에 한 번 정도는 공동의회를 거쳐 본 회계연도의 결산과 내년도에 쓰여질 예산을 평하기 위해서 프린트 되어진 인쇄물로 전교인들에게 보고를 합니다. 교회 공동체의 재정에 조금만 관심이 있는 교인이라면 교회 운영에서 담임 목회자와 사역자들의 사례에 관한 내용과 공동체의 수입과 지출 내역을 살펴볼 수 있습니다. 투명한 수입과 지출 내역을 통해서 기독교 센터의 재정적 뒷받침(어쩌면 필요 없을 수도 있습니다.)을 할 수 있는 근거를 만들어 두어야 합니다. 여기에 사명감을 가진 성도가 충분히 있다면 이 세상의 소금과 빛의 역할을 담당할 수 있게 될 것입니다. 사도 바울은 디모데 전서 3: 14~16절에서 교회 공동체를 가리켜

　　　　"살아 계신 하나님의 교회요 진리의 기둥과 터"라고

　강조하였습니다. 지금까지 세워진 교회 공동체들은 이 사명을 충실히 수행하기 위하여 노력하여 왔습니다. 그리고 진리의 기둥과 터로써 교회의 사명감을 가진 교회 공동체의 구성원인 성도들은 사역자들을 도와 교회 공동체의 발전에 기여할 수 있는 중요한 자원입니다. 이들이 진정한 교회의 성도들입니다.

대형 교회 공동체에는 활발하게 분위기를 만들어 갈 수 있는 젊은 사역자들과 청년 인재들이 많이 있습니다. 청년들은 신앙에 있어서 적어도 기성세대들보다는 이상적으로 볼 수 있고 계획할 수 있는 아이디어의 보물 창고들입니다.

톡톡 뛰는 젊은이들의 아이디어와 법과 틀에 익숙한
기성세대의 조합은 시대의 흐름을 직접 보고
겪어 나가면서 교회의 미래의
나갈 길을 제시하여 줄 것입니다.

또한 교회 밖의 젊은이들과 그 다음 세대들을 교회 안으로 끌어올 수 있는 관계를 만들어 갈 수 있습니다. 그것을 어떻게 실현하는 방법은 목회자의 목회 성향도 어느 정도 영향을 주기는 하겠지만 주로 그들만의 세계의 언어와 분위기로 만들어질 것입니다. 여기에 그들의 기독교 세계관이 펼쳐질 것입니다. 기독교 센터에서 주관하는 많은 행사의 목적이 기독교적인 세계관이 담겨 있는 모습을 젊은 비기독교인들에게 보여 줄 수 있는 기회를 만들어 갈 수 있기 때문입니다.

1-8. 포인트 제도의 도입

주일 학교를 졸업한 교인들은 어린 시절에 주일 학교 출석할 때마다 포도송이 하나에 색깔을 칠해 가며 즐거워하던 시절이 있었습니다. 출석뿐만 아니라 성경 암송이나 친구 전도 등 여러 가지 면에서 우월한 성적을 낼 때마다 송이 하나하나 색칠해 가면서 다른 팀하고 비교도 하면서 격려하는 프로그램 중의 하나였습니다. 그러나 학년이 올라가면서 중고등부에서는 이를 유치하다고 하여 실행하는 모습을 본 적이 없습니다. 더욱이 어른 예배에서는 말조차 꺼낼 수 없는 주일 학교의 교육 방법이라 여기고 있습니다. 그러나 어른들의 교회 공동체에서도 이름만 바뀌었을 뿐 주일 학교의 포도송이 모으기 방법이 동원되고 있습니다. 건축 헌금 납입자에 대한 감사의 인사말이나 각 구역마다 편성된 인원에 비해서 구역장이나 구역원의 노력으로 교인이 늘어났을 경우에 구역장과 교구장에게 활동비 명목으로 지원금을 준다든지, 찬양대회, 연극경연대회, 성경 퀴즈 대회, 체육대회 등 각종 경연대회 시 상품을 주는 것은 공동체의 활력과 발전을 위한 것이긴 하지만 방법만 바뀌었을 뿐, 이것도 포도송이의 색칠하기입니다.

포인트 제도는 주일 학교의 포도 송이 모으기 방법을 어른들에게 적용한 것입니다. 물론 교회 출석을 위한 것이기도 하지만 무엇보다도 여러 가지 봉사와 참여에 열심인 교인들에게 작은 점수를 쌓이게 하는 것입니다. 이것은 기독교의 신앙적인 보답은 아닙니다. 다만

교회를 위해서 교인들의 참여를 높이기

위함이고 무엇보다 자신의
사생활을 희생하면서 교회 봉사에 열심인 교인들에 대한 작은 교회의
물질적 보상입니다.

무엇보다도 주일 예배를 가장 중요시하는 것이 교회의 본분이기 때문에 주일 예배에 참석하지 않으면 카드에 부과되는 점수는 쌓이지 않습니다. 교회 등록은 20년이지만 실제 예배에 가끔씩 참석하고 다른 직분들을 감당하지 않은 교인들은 포인트가 낮아서 실제적으로 기독교 센터의 편의 시설들을 이용하기 위해서는 보다 많은 봉사를 해야 될 것입니다. 주일 예배만 참석하는 직분자들과 험한 일상 생활 속에서 봉사와 헌신을 아낌없이 바치는 직분자들을 어떻게 하면 구별해 낼지 고민해야 할 것입니다. 또한 여러 편의 시설들을 갖춘 대형 교회들의 기독교 센터에 교인들이 몰리는 것을 방지하기 위하여 노회가 주최가 되어 작은 교회들과 연합하여 카드를 발행하는 것도 생각해 봐야 합니다.

은퇴한 목회자와 사역자들과 직분자들 그리고 사회의 노약자들과 일자리를 잃은 외국인 노동자들이 기독교 센터의 여러 편의 시설들을 이용할 수 있는 카드는 기독교 센터의 수익금으로 운영될 것입니다. 기독교가 사회의 정부 기관과는 다른 버팀목이 되어 사회 운영 시스템이 되어 기독교 문화가 정착되는 과정을 가져야 합니다. 교회가 기독교 문화의 전파의 중심지가 되겠지만 행동은 기독교 센터가 합니다.

경계해야 할 것은 교회가 상업적 목적을 갖고

기독교 센터를 운영을 한다는
인식이 심어져서는 안 됩니다.

그러나 재정이 없이는 사회복지 지원을 할 수 없기 때문에 교회의 구제금으로는 감당할 수 없습니다. 별도의 특별한 재정적 지원이 있어야 하는데 기독교 센터가 이 부분을 맡아서 지원을 하면 교회는 선교도 하고 기독교 문화를 전파하는 계기가 될 수 있는 것입니다.

카드의 점수에 대한 예를 만들어 보면 주일 예배를 기준으로 1점을 부과가 되면 각종 예배는 0.5점을 부과하고 주일 예배에 참석하지 않으면 그 주일의 모든 점수를 상실하게 됩니다. 일년 동안에 모든 주일 예배에 참석했을 경우에 52점, 모든 수요 예배 52점, 여러 가지 봉사에 연류되었을 경우 0.5점, 성가대는 본 예배 참석하는 점수가 있으므로 다른 봉사에 관여되었을 경우에 0.5점을 줍니다. 직분자들,

구역장이나 위원장들에게는 주 활동 점수로 0.5점씩 부여하면 매주
쌓여서 일년에 100점 이상을 얻는데
그 수고함을 갚을 수 있습니다.

물론 주일 본 예배에 참석하는 경우에 이 모든 점수를 얻을 수 있습니다. 점수 관리는 목회자나 항존직 직분자들에 의해서 관리되겠지만 목회자의 입장에서 보면 목회자의 권위를 한층 더 강화되는 데 기여할 것입니다. 포인트 제도는 교회를 위해서 수고하고 봉사한 것에 대한 교인들에게 주는 보답이고 더해서 하나님이 주시는 복을 더 많이

얻는 이중적 행복을 가질 수 있습니다.

교회에 바탕을 둔 기독교 센터의 교회 카드는 아마도 거부감도 상당할 것이라 예상됩니다. 어쩌면 실현될 수 있을지 의문이긴 하지만 어떻게 교회를 위해서 어떻게 교회가 변해야 할지 고민하는 시대에 물질 문명의 시대에 적응해 나가는 방법일지도 모릅니다. 서양에서는 ○○○ 클럽 멤버십 카드가 있습니다. 현재 살고 있는 집주소와 운전면허증 번호만 있으면 누구나 쉽게 가입이 되고 그 클럽에 들어가 클럽에서 제공되는 많은 여가 활동을 할 수 있습니다. 그러나 이러한 서양의 클럽들은 교회와는 무관하게 운영되고 교회의 한 기관이라는 외관이나 보여 줌이 없습니다. 그러나 기독교 센터는 안과 밖을 보더라도 기독교 색채가 드러나 있고 기독교인들에 의한 기독교들과 비기독교인들을 위한 사회의 서비스 기관임이 나타나 있습니다. 무엇보다도 기독교 문화가 비기독교 문화 속에서 정착할 수 있는 방안은 일단은 서로 섞여서 주고받고 해야 되고 기독교는 주는 입장에서 나아가야 합니다. 입혀 주고, 먹여 주고, 치료해 주고 교육시키고 하는 아주 인간의 기본적 생활 욕구를 채워 주는 사회 시스템이 되어야 합니다. 이웃 사랑의 한 발 더 나아간 진보적 방법이 돼야 하는 것입니다.

우리 개신교는 로마 카톨릭이 면죄부 판매를 이용한 교회 건물 건설과 주교와 수도사들의 부패에 맞서 탄생하였습니다. 따라서 개신교는 교회가 재정에 있어서는 투명한 운영을 하기 위하여 노력하여 왔습니다. 그럼에도 대형교회의 현재에 교회의 재정 운영에 대해서 투명하고 건전하다고 교인들에 묻는다면 대부분 잘 모르거나 교회가 알아서 "잘 하겠죠." 하는 대답이 나옵니다. 그러나 담임 목사와 재정 담당 장로님이 결탁하면 얼마든지 본 헌금의 사용 목적을 벗어나 비자금으로 전환될 수 있습니다. 실제로 몇 대형교회의 목회자들에 의해서 불거진 사건들을 보면 가능한 일입니다. 심지어 목회자가 자신의 정치적 행보를 위해 쓰여지는 것이 비자금이고 몇십억 하는 거액을 목회자가 사용하는 것을 보면 교회 헌금에 대한 상당한 불신이 생기기도 합니다. 기독교 센터의 건립과 운영에 있어서 재정적으로 투명하고 건전한 기관이 될 수 있도록 그리고 센터의 목적은 교회를 위한 것이라는 근본 목적이 퇴색하지 않도록 조직적이고 체계적인 관리 시스템이 세워져야 합니다.

첫 번째: 대중선교의 전초기지: 기독교 센터

두 번째:
교회 공동체의 특별활동과
기독교 센터 부설기관들

세 번째: 기독교 센터의 중심은 강건한 교회 공동체

네 번째: 기독교 센터의 의무

다섯 번째: 기독교 센터의 일꾼: 청년들에게 선한 동기를

여섯 번째: 기독교 센터의 일꾼들의 이야기

두 번째:
교회 공동체의 특별활동과 기독교 센터 부설기관들

2-1. 교회 공동체의 사회적 역할을 시작한 공동체들

2-1-1. 두레 공동체

한국의 65,000여 개의 교회 중에서 교회 공동체로서의 사명을 교회 안팎으로 열심히 해 온 목회자로 김진홍 목사님을 얘기할 수 있습니다.[6] 1971년 10월 3일 3시 청계천 빈민촌에서 활빈교회를 창립하면서 부터 40여 년간 목회와 공동체 사역을 수행해 온 목회자입니다. 그분의 목회 철학이

첫째, 목사이기 이전에 어떻게 하면 진실한 크리스천이 될 수 있을까 하는 것입니다.

둘째, 내가 섬기는 교회가 어떻게 하면 교회다운 교회가 될 수 있을까 하는 것입니다.

세 번째 기도 제목은 우리 사회를 건강한 사회로 세워 나가고 정의롭고 평화로운 나라를 세워 나가는 일에 쓰임받자는 것입니다.

즉, 역사 의식을 의미합니다. 김진홍 목사님은 복음적인 교회 (Evangelical Church)일수록 더욱 더 교회다운 교회와 우리 사회를 건강한 사회를 위해 기독교인들이 교회 공동체에 큰 관심을 가져야 한다고 말씀하셨습니다. 복음적인 신앙을 지닌 분들은 교회에 충실하고 기도 생활, 말씀 묵상, 전도하는 일 등에 열심이면서도, 정의로운 사회를 건설하는 일이나 겨레의 아픔을 끌어안고 고민하며 대안을 찾는 일에는 소홀한 측면이 있습니다.

김진홍 목사님은 교회 공동체의 부족함을 알고 있기에 자신의 목회 철학과 사역에 그의 이념을 반영하여 실천에 옮겼습니다. 김진홍 목사 하면 두레요, 두레 하면 공동체 운동을 떠올리게 됩니다. 그 운동이 모두 성공적이지는 않았습니다. 1976년 청계천에서 철거당한 빈민들과 함께 남양만 갯벌을 개간하여 처음 세운 남양만 두레 마을이 실패한 건 잘 알려진 사실입니다. 빈민촌에서 시작되었던 활빈 선교운동은 남양만 농촌으로 내려가 농민 선교운동으로 바뀌고, 이어서 두레마을 공동체운동으로 이어지며 대안교육을 추구하는 두레 교육운동으로, 그리고 두레교회 설립으로 계속 탈바꿈하여 왔습니다. 그러나 그러한 변화 중에도 그의 목회 사역에 일관되게 추구하여 온 영성은

"어떻게 하면 한국교회와 백성들 속에 하늘이 열리는
영적 각성운동이 일어나게 하느냐."는

기도 제목이었습니다. 하늘이 열리는 신령한 체험을 바탕으로 그런 체험을 체득한 사람들이 두레마을 공동체를 이루고 그 공동체가 교회

갱신운동으로, 그리고 사회 개혁 운동으로까지 뻗어 나가 교회를 새롭게 하고 겨레를 새롭게 한다는 염원을 품고 지난 40년을 지내 왔습니다.

하지만 지난 40여 년간 국내와 해외 10여 군데 두레마을에서의 수많은 시행착오를 거쳐 가장 안정적으로 정착한 곳이 두 군데 있는데 지리산 두레마을과 동두천 두레마을입니다. 경남 함양에 자리 잡은 지리산 두레마을은 20년 전 이곳서 미주 두레본부장으로 일했던 김호열 목사가 2002년 귀국해 조성한 생태공동체로, 삶과 신앙이 조화된 열린 마을로 지금까지 모범적으로 운영되고 있습니다. 동두천 두레마을은 김진홍 목사가 2011년 구리 두레교회에서 은퇴하면서 퇴직금으로 동두천 산야의 돌산 8만 평을 사서 개척한 공동체입니다. 은퇴 당시 의사로부터 "앞으로 20년은 거뜬히 살 것"이라는 말을 듣고 새로운 개척에 나섰다는 김 목사는

"바른 성경적 기초 아래 신앙, 생활, 산업이 삼위일체를
이루는 삶이 공동체의 목적"이라고

전했습니다. 교회, 수도원, 마을, 학교, 농장의 5개 사역이 진행되고 있는데 두레교회에는 400~500명이 모이고, 은퇴 부부 30여 가구가 모여 사는 두레마을은 일하고 농사짓고 봉사하는 복지 공동체이며, 영성수련을 위한 수도원은 10일 금식 프로그램이 대중적으로 큰 호응을 얻고 있다고 합니다.

1997년 미주 두레 본부가 창립되었습니다. 곧이어 베이커스필드에 두레마을이 세워졌고, 그때부터 약 5~6년간 미주 두레 본부는 장학생 사업, 젊은이 운동, 북한 사역, 두레 마을 공동체 등 굉장히 활발하게 활동했습니다. 두레 공동체는 교회 부흥이나 성전 건축에 매달리지 않는 교회 공동체라는 점이 특징이자 그의 목회 사역이었습니다. 베이커스필드 두레 마을도 한때는 수십 명이 함께 사는 공동체를 이루고 62에이커 땅에 각종 유기농 과실수와 채소를 심어 한인들에게 공급하기도 했지만, 지금은 책임자들만이 거주하며 포도 농사를 짓고 있다고 합니다. 그 외에도 미국 동부와 괌, 중국, 일본 등지에 세웠던 두레마을들은 지금 거의 유명무실하게 되었습니다.

두레마을 공동체를 세우던 때에 받은 말씀은, 사도행전 2장 끝 부분의 말씀입니다. 사도행전 2장 첫 부분에서 오순절 성령이 임하시어 교회가 시작되자 자연발생적으로 일어난 공동체의 출현 부분입니다. 바로 초대교회 때에 출현했던 성령 공동체의 기록입니다. 교회는 본래 공동체로 시작됩니다. 나눔과 베풂, 그리고 누림이 있는 공동체였고 그래서 그런 공동체적 삶으로 해서 그 시대 백성들로부터 칭찬을 받았고, 구원받는 역사가 이어졌습니다. 그러나 언젠가부터 교회 안에서 이런 공동체적 모습이 사라지게 되었습니다. 두레마을은 교회가 상실하고 있는 이 공동체의 모습을 회복하기 위하여 시작되었습니다. 희망을 잃고 사는 백성들에게 그리스도로 인하여 품게 된 희망을 일러 주는 것이 바로 선교입니다. 그래서 성령 공동체로서의 두레마을은 생활 공동체인 동시에 선교 공동체입니다. 두레마을 공동체가 세워지던 때의 정신과 사명을 당연히 이어 가야 한다는 것이 김진홍 목사의 신념입니다.

남양만에서 두레마을 공동체가 자리를 잡아 가면서 서울에서는 '두레성서연구모임'을 시작하였습니다. 그때 받은 말씀이 이사야서 11장 9절의 말씀입니다. 제주도 한라산 꼭대기로부터 백두산 골짜기에 이르기까지 도시마다 마을마다, 여호와를 아는 지식이 넘치게 하자는 것입니다. 그래서 서울에서 시작되었던 두레성서연구모임이 여러 도시로 넓혀져 나갔습니다. 또 두레 장학사역을 시작하여

두레운동에서 길러 내는 장학생들이 오랜 세월에 걸쳐
황폐하여진 이 겨레를 다시 일으켜 세우고
세대와 세대를 거쳐 오면서 허물어진
역사의 기초를 다시 쌓게 한다는 비전이었습니다.

이런 비전으로 성경의 바탕 위에서 길러진 복음의 일꾼들이 이 나라의 허물어진 역사와 민심을 다시 일으키고, 그 일꾼들을 통일한국 시대에 교회와 겨레를 이끌어 가는 지도자로 세우자는 비전을 품고 두레 장학사역을 시작한 것입니다.

이후 1997년 3월 1일, 구리 두레교회를 창립할 때는 장로교회 효시인 존 칼빈이 스위스 제네바 시에서 실천하였던 목회를 염두에 두었습니다. 500년 전 칼빈이 개혁정신을 품고 살아 있는 하나님의 말씀으로 제네바 시를 새롭게 하겠다는 사명감으로 성시화 운동을 펼쳤던 신학과 사상, 비전과 경륜으로 구리 시를 섬기자는 생각이었습니다.

그러나 지난 15년 가까운 기간 동안에 공연히 분주히 뛰어다니느라 출발하던 때의 목표와 포부를 성취하지를 못하였습니다.

두레 공동체는 2011년 10월 3일에 두레수도원을 개원하게 됩니다. 두레수도원을 시작하면서 우리 두레 가족들이 마음에 품는 말씀은 누가복음 3장 21절과 22절의 말씀입니다. 여러분들이 오늘 수도원으로 올라오는 길목에 있는 돌비에 새겨 놓은 말씀입니다. 지금 교회의 모습은 하늘을 닫힌 채로 땅의 이야기만 하고 있습니다. 그러기에 교회가 교회답지 못할 수밖에 없습니다. 그리고

교회에도 성도의 삶에도 성령의 임재 하심을 체험하고
누리는 삶의 현장이 있어야 합니다.

성령의 임재 하심을 누리지 못하기에 교회가 메마르고 성도들의 삶이 지쳐 있습니다. 그래서 이 말씀에 두레 수도원이 간구하는 3가지 기도 제목이 있습니다.

"하늘이 열리기를 간구합니다,
성령이 임하시기를 간구합니다,
하늘로서 소리 듣기를 간구합니다."

두레수도원은 이들 3가지 기도 제목이 응답되는 곳이 되어야합니다. 마태복음 12장 30절 말씀과 마태복음 11장 28절에서 예수님께서 이르셨습니다. 바로 지친 영혼들에 대한 예수님의 초청입니다. 세상살

이에서 상하고 지친 영혼들이 예수님 앞으로 나와 안식을 누리라는 초청입니다. 이 초청은 영원히 유효한 초청입니다. 그래서 두레수도원은 지친 영혼들이 안식을 누릴 수 있는 안식의 자리가 되어야 합니다.

두레수도원이 이런 곳이 되기 위해서는 우리들만의 힘으로는 불가능할 것입니다. 한국교회 전체가 마음과 뜻과 정성을 모아 함께 이루어 나가야 할 사명이요, 사역입니다. 우선 우리들은 작게 시작합니다. 그러나 하나님의 손길이 우리와 함께 하실 것이기에 날마다, 달마다, 해마다 창성하여 나갈 것으로 믿어 의심치 않습니다. 그리하여 어느 날엔가 다가오는 미래에 이 겨레를 바로 세워 나가는 일에 크게 쓰임 받는 교회가 되었으면 하는 마음 간절합니다.

현재 한국에는 수십 개의 기독교 공동체가 전국 곳곳에서 무리를 이루어 생활하고 있습니다. 자연 속에서 함께 농사짓고 노동하며 성경적인 삶을 실천하려고 도시를 떠난 사람들입니다. 드물게는 수십 년 유지되기도 하지만 몇 년 못 가 해체되거나 분열되는 공동체가 더 많이 있습니다. 원시사회부터 수십 명씩 무리 지어 살았던 인간의 본성에는 공동체를 추구하는 본성도 있지만 개인주의를 추구하는 본성이 더 크기 때문입니다. 지리산 두레마을 김호열 목사의 글을 보면 공동체에서 가장 어려운 것은 인간관계라고 말하고 있습니다. 공동체의 이상이

아무리 숭고해도 사람들끼리는 사소한 일에서부터
계속 부딪치기 때문에 하루에도 몇 번씩 천국과

지옥을 오가는 경험을 하게 된다는 것입니다.

따라서 그 어려움을 그대로 받아들이고 자신을 적응시키는 내적 성화가 있을 때 공동체의 성장이 이루어지고, 그러한 과정이 참된 수행이라는 고백입니다. 결국은 리더십이라고 말할 수 있습니다. 이 외에 두레 공동체에서 주관하는 여러 사업이 있습니다.

청소년 몸튼튼 마음튼튼 캠프는 재단법인 두레문화마을에서 주관하는 '청소년 몸튼튼 마음튼튼' 캠프가 청소년들을 위한 교육 프로그램으로 진행되고 있습니다. 아이들에게 가장 중요한 공부는 '마음껏 놀기'입니다. 생명이 가득 찬 자연에서 마음껏 놀다 보면 아이들의 감각이 살아나고 몸이 건강해지고 여유로워지며 생각이 쑥쑥 자라나게 됩니다. '청소년 몸튼튼 마음튼튼' 캠프는 자연 속에서 경험할 수 있는 다양한 숲 체험, 아웃도어, 창의 프로그램 등을 통해 자라나는 청소년들이 갖추어야 하는 체력 증진과 협동심, 리더십 등을 향상시키고자 마련된 캠프입니다. 곤충 체험장, 목공예 체험장, 트리하우스, 암벽등반, 서바이벌 게임, 양궁, 트레킹 코스, 야외 자전거 타기, 야외 요리체험, 등 많은 프로그램을 개발하여 청소년들에게 꿈과 희망을 품을 수 있는 기회가 되도록 프로그램을 계속 개발해 나갈 것입니다.

두레국제학교는 동두천 쇠목골 숲속 깊숙한 곳에 자리 잡고 있는 학교입니다. 2013년 두레 숲속 창의력 학교로 시작하여 유능한 교사들이 학교 운영의 경험을 쌓아 왔습니다. 7만 평 규모의 두레마을에 자리 잡은 두레국제학교는 이번에 600평에 이르는 최신 시설을 마련하여 새로운 목표와 프로그램으로 새 출발하게 됩니다. 그간에는 '숲 속 창의력 학교'라는 이름이었으나 이번에 국제적으로 뻗어 나가는 인재들을 키우자는 뜻을 세우고 두레국제학교로 이름을 바꾸었습니다. 지금까지 해 오던 내용을 더욱 강화하고 확대하여 교육하되 학생들에게 세계로 나가는 비전을 심어 주며 더 충실한 내용으로 지도하려 합니다.

두레 국제 학교의 3가지 중심 과목으로는 교육의 첫 번째 목표를 학생들의 체력 향상에 두고 있습니다. 건강한 몸이 뒷받침되지 아니하고는 건전한 인격도 건전한 실력자도 될 수 없습니다. 그래서 이번에 실내 체육관을 건립하고 학생들로 하여금 매일 한 시간씩 체력을 높이는 체육 시간을 가지게 하였습니다.

두 번째로 영어 교육입니다. 두레국제학교에 입학하게 되면 누구든지 1년이 지나면 영어로 수업받을 수 있게 하려 합니다. 그리하여 졸업할 때쯤이면 영어를 자유롭게 구사하여 세계 어느 나라든지 유학가서 대학 생활을 할 수 있도록 교육시키고 있습니다. 이를 위하여 영어 원어민 교사 다수를 항상 확보하여 최고 수준의 영어 교육을 실천할 것입니다.

세 번째로 과학과 수학으로 일류 국가로 발돋움하려면 전 국민이 과학자가 되어야 합니다. 과학입국이 국가 경영의 목표가 되어야 합니다. 그러기에 두레국제학교는 과학 교육을 학생 지도의 기본으로 삼았습니다. 그리고 과학자로서의 역할에 기초가 되어질 수학 교육에 집중하고 있습니다.

두레국제학교는 최신 기숙사 시설을 갖추고 있습니다. 학생 전원이 기숙사에 입소하여 24시간 건전한 지도를 받기를 원하나 지방 학생들을 위하여 통학생 제도도 마련키로 하였습니다. 두레국제학교는 크리스천 학교입니다. 당연히 예배와 성경 공부 그리고 신앙적 지도를 받게 됩니다. 그러나 입학 조건으로는 크리스천만 지원받지 않습니다. 어느 누구든 입학할 수 있지만 두레국제학교의 학생이 된 이후는 신앙 교육에 참가하여야 합니다. 두레국제학교는 외국 여러 학교들과 자매 관계를 맺고 해마다 두 차례씩 전교생이 해외 연수를 떠나게 됩니다. 두레국제학교를 졸업한 후 유학 갈 나라들은 미국, 독일, 일본, 중국을 비롯하여 여러 나라와 연대하여 진학지도를 하고 있습니다. 두레국제학교는 동두천 쇠목골의 빼어난 경관을 지닌 숲속에 자리 잡고 있습니다. 모든 학생들은 자연 속에서 자연을 누리고 가꾸는 교육을 받을 수 있도록 환경을 조성하였습니다. 그리고 교과 과목 중에 농업 교육과 노동을 필수로 받게 됩니다. 인생의 성공은 자신이 땀 흘려 일한 만큼 거두어진다는 단순한 진리를 배워 나가는 것입니다. 두레국제학교는 학생들로 하여금 노동을 사랑하는 인재들이 되기를 원합니다. 나아가 학생들이 창의력(Creativity)이 뛰어난 인재들로 육성하기를 원합니다. 두레국제학교는 졸업생들이 남다른 창의력으로 자신의 앞길을 개척하고 국가와 세계의 일꾼이 되어질 수 있기를 교육하고 배출할 것입니다.

두레국제학교는 교육부의 허가를 받은 학교가 아닙니다. 앞으로도 받지 않을 방침입니다. 자유로운 학교 운영을 하기 위함입니다. 학생들은 고등학교 검정시험과 대학교 검정시험을 치르게 됩니다. 물론 전담 교사가 있어 국가 검정시험에 높은 성적을 받을 수 있도록 개별 지도를 할 것입니다. 두레국제학교에 입학하는 학생들의 진로는 국내 대학에 진학의 길도 열려 있지만 자신이 원하는 나라에 해외 유학을 권장합니다. 서울에 유학하는 비용으로 해외 유학하는 자매 대학들을 확보하고 있습니다. 이를 위하여 희망하는 국가별로 진학 지도를 받을 수 있도록 준비되어 있습니다.

국제학교 커리큘럼에서는 건강한 몸과 바른 신앙을 교육합니다. 체·덕·지(體·德·智)를 교육의 원칙으로 삼아 건강한 몸, 튼튼한 기초 체력을 최우선으로 합니다. 하나님이 특별한 재능으로 디자인하신 우리가 함께 연합하여 하나님의 사람이 되도록 예배, 성경 공부, 신앙 캠프, 크리스천 리더십, 우리들의 문화, 인간 관계 훈련 등을 교육하고 있습니다. 또한 세계를 품는 국제적 인재를 양성합니다. 세계를 대상으로 재능을 펼칠 수 있도록 다양한 접근으로 영어를 교육하여 1년 후에는 영어 진행 수업에 참여할 수 있도록 하며 학교 졸업 후 해외 유학의 바탕이 되도록 교육하고 있습니다. 또한 역사를 보며 보편적 가치를 배우고 해외 명문 학교 탐방, 비전 트립, 영어 캠프 등을 통해 다양한 문화를 경험하고 넓은 시야를 갖게 하고 있습니다.

창의력이 넘치는 창조적인 인재를 양성하기 위해서 모든 분야의 기초가 되는 수학을 철저히 교육하고 있습니다. 또한 기술이 주도하는 시대에 지도력을 갖추기 위하여 과학 지식을 쌓을 뿐 아니라 과학적 사고를 훈련하고 있습니다. 수학과 과학은 문학, 예술, 인문학 등 다양한 분야들을 더불어 유기적으로 함께 배우고 익힐 때 더 큰 힘을 발휘하도록 도와준다는 것을 깨닫게 하고 더욱 집중하고 있습니다. 이러한 다양한 분야를 익히고 훈련하며 균형 있는 지식과 가치관을 가진 학생을 양성하는 것을 목표로 하고 있는 것입니다.

두레 자연마을 농업회사 법인에서 운영하는 두레 자연마을은 크리스천 기업의 기준이 되는 삼위일체(신앙, 생활, 산업)을 기반으로 설립되었습니다. 땅과 사람을 소중히 생각하는 두레 자연마을 농업회사 법인은

쇠목골의 500만 평에 이르는 숲속에서 살아가는
나무 약초, 꽃, 새, 곤충 등을 연구 개발하고 활용하여
정직하고 바른 먹거리를 제공하고자 합니다.

바른 먹거리는 건강하게 잘 보존된 자연과 정직한 사람의 관심과 노력이 함께 조화를 이루었을 때 가능합니다. 두레 자연마을 농업회사는 땅과 사람을 살리는 기업임을 강조합니다. 양봉 사업, 발효 사업 그리고 신선한 먹거리 유통사업으로 크리스찬 기업으로 성장할 것입니다.

2-1-2. 다일 공동체

1988년 신학 대학원(장신대)을 졸업하고 독일 유학을 준비 중이었던

최일도 목사는 우연히 청량리역을 지나다 나흘을 굶은 채 거리에 방치된 함경도 출신 할아버지를 본 순간부터 인생의 궤도가 바뀌었습니다. 그때부터 매일 그분께 설렁탕을 사드리면서 돈이 떨어지자 등산용 그릇 세트와 버너를 가지고 청량리역으로 갔습니다. 라면을 끓여드렸는데, 밥 준다는 소문이 나자 할아버지 같은 분들이 금방 40여 명으로 늘어나고 '청량리 밥퍼 목사'로 도시 빈민을 위한 목사가 되었습니다. 도시 중에서 가장 바쁜 지역 중에 하나인 청량리역 주변에서 굶어 죽는 이가 1년에 서울 근교에만 1,000명이 넘는다는 사실을 알고 최일도 목사는 그때부터 15년 동안 청량리 사람으로 살았고 그가 행했던 '밥퍼 정신'은 '다양성의 일치'를 줄인 '다일' 공동체의 정신이 되었습니다.

청량리에서 걸식 노인과의 만남 이후 서울 청량리, 속칭 588일대에 다일교회와 다일 공동체를 세운 건 1989년이었습니다. 당시 인근 쌍굴 다리에서 200여 명에게 매일 점심으로 라면을 끓여 주면서 시작되었습니다. 다일 정신은 물질주의 이기주의의 홍수 속에서

야고보서 1:27절의 "참된 경건은 환란 중에
고아와 과부를 돌보고
자기를 지켜 세속에 물들지 않게 하는 것"이라는

말씀을 근거로 삼았습니다. 다일 공동체는 그동안 '화해와 일치'를 위해 '섬김과 나눔'을 실천했는데, 다일은 다양성의 일치, 일치 속의 다양성을 뜻하는 만큼 다일 공동체, 천사병원, 다일 평화 인권 연구소 등

을 통해 다양한 사람들을 만나서 섬기길 원했습니다.

1993년 한 환자를 병원에 데리고 갔다가 진료를 거부당한 최일도 목사는 소외된 사람들을 위해 병원 건립을 추진했습니다. 병원 후원을 위한 천사(1004)운동을 바탕으로 8년 동안 6,004명의 후원 회원이 모은 50여억 원으로 2002년 2월 2일, 천사병원을 완공했습니다. 지난 1년 동안 100여 명이 입원했고 1만여 명의 환자가 이용했습니다. 자원 봉사 의료진은 80여 명. 일반 자원봉사자도 3,000여 명이 거쳐 갔습니다. 지난 11월 28일에는 천사병원 돕기 자선 패션쇼도 마련되는 등 다양한 후원활동이 전개되고 있습니다. 천사운동은

8차(8,004명), 9차(9,004명)까지 1계좌 1백만 원의 후원을 지속해 다일 요양원, 다일 원로원, 다일 자연
치유 센터 건립과 운영에도 힘쓸 예정입니다.
천사 병원은 기독교 최초의 무료진료 병원입니다.

병원 건립도, 운영도 기적 그 자체였습니다. 1993년 청량리 윤락 여성들과 포주들이 모은 돈 47만 5천 원을 시작으로 '더불어 함께'라는 천사병원의 정신을 지키며 한 덩어리의 큰돈보다 작은 돈이 모여 큰 덩어리를 이루는 정신으로 설립된 병원이었습니다. 더디고 작은 걸음으로 더불어 함께 가야 하기에 수천만 원, 수억 원을 거절했고 눈물과 땀과 정성이 배인 돈만 받아서 설립된 천사병원은 기독교에서 의미 있는 사역이라고 보았습니다.

다일 공동체는 2000년부터 중국 훈춘에서 조선족을 위한 다일 고아원을 운영하고 있습니다. 조선족과 북한 동포에게 밥을 퍼 주는 범위를 넓혀서 이젠 제3 세계에서 밥을 퍼야겠다 싶어 2001년 베트남에 다일 공동체를 세웠고 지난 11월 30일에는 캄보디아 다일 공동체 개설을 위해 교회 사목팀이 현지로 떠났습니다. 현재 다일 공동체 내에 개신교 최초의 남성 수도회와 여성 자매회가 내년 출범을 앞두고 있는데, 두 명의 남성과 5명의 여성이 독신수도 생활을 하기 위해 4년 전부터 준비해 왔습니다.

최일도 목사는 1995년 《밥 짓는 시인 퍼 주는 사랑》이란 에세이집이 베스트셀러가 되면서 '밥퍼' 목사로 알려 졌습니다. 2002년 올해를 빛낸 한국인 상을 수상한 최일도 목사는 1957년 출생하여 베스트셀러가 된 《밥 짓는 시인 퍼 주는 사랑》의 주인공으로 온 세상에 알려졌습니다. 밥퍼 목사로 더 유명한 최일도 목사는 샤르트르 수녀회에서 10년간 수도생활을 한 김연수 시인과 목숨을 건 연애 끝에 가정 공동체를 이룬 감동 어린 사연으로 우리 가슴을 울리기도 하였습니다. 현재 다일 복지 재단(다일 공동체)를 통해 무의탁 노인 행려자, 재소자, 북한 동포들을 위해 봉사하고 있습니다.

2-1-3. 둘리 소셜 클럽(Dooleys Social Club)

둘리 소셜 클럽은 호주 시드니 지역 공동체 하나인 소셜(사회 활동) 클럽입니다. 종교 기관이 소유하고 있고 이용은 지역사회의 모든 사람에게 오픈되어 있고 종교와 상관없이 회원(사진이 있는 개인 증명서와 1

년 회비가 $5달러 정도면 가입 가능)과 비회원으로 구분돼 있고 회원들을 위한 다양한 사회 서비스가 갖춰져 있습니다.

둘리는 교회와 같은 종교 시설은 아니지만
근본은 교회에 연결되어 있고
각종 사회 단체들에게 재정적 지원을 하고 있습니다.

둘리 클럽의 역할은 교회의 활동 범위를 넘어서 지역사회에 영향을 주고 있습니다. 둘리가 위치하고 있는 리드콤(Lidcombe)은 오스트랄리아, 뉴 사우즈 웰즈(New South Wales)주에 속해 있으며 인구 20,000여 명의 시드니 중앙에서 서쪽으로 15km 지점에 위치하고 있지만 공장들이 들어 있는 상업 지역에서 주거 지역으로 변하고 있으며 주에서 10위 안에 있는 바쁜 리드콤 기차역이 있습니다. 둘리는 기차 역 주변에 위치하고 있으며 여기에서는 식사 모임, 오락과 각종 모임 시설을 다양하게 갖추고 있습니다. 둘리는 리드콤 중심부에 시드니 리드콤 가톨릭 클럽이 위치하고 있으며 파라마타 리버의 강가의 공원에 위치한 둘리 워터뷰 클럽 그리고 리젠트 공원의 테렌 거리의 둘리 리젠트 팍 스포츠 클럽이 있습니다. 클럽의 입장은 18세 이하는 반드시 성인의 동반자가 함께 하여야 하며 입장이 제한된 구역에는 입장할 수 없습니다. 정식 회원이 아닌 18세 이상의 성인은 입장 시에 사진이 있는 신분증을 제시하여야 합니다. 복장은 캐주얼 복장(스포츠와 헬스장 복장)은 허용되지 않으며 양복 차림이나 칼라가 있는 티셔츠와 긴 바지 그리고 양말과 구두와 운동화(샌들 슈즈는 허용 안 됨)만이 입장이 허용됩니다.

둘리클럽에서는 짧은 식사 모임과 결혼 피로 연회, 간이 음식점, 카페 그리고 아침과 점심에 음식과 음료를 곁들여 쉴 수 있는 라운지 룸이 있고, 여러 가지 오락 시설, 회사나 각종 클럽 모임을 개최할 수 있는 회의장이 있으며 넓은 주차장을 구비하고 있습니다. 둘리클럽은 항상 최고의 식재료를 가지고 준비한 음식과 최고의 서비스를 하기 위해 최선을 다하고 있습니다. 둘리클럽은 다양한 스타일에 따른 비용과 분위기를 멤버들의 모든 필요에 맞춰 저렴하게 제공하는 것을 자부하고 있습니다.

둘리클럽의 역사

둘리클럽은 리드콤 공동체 안에서 유일하고 중요한 역시를 갖고 있습니다. 둘리클럽은 원래에 가톨릭의 "젊음의 무대(Younger set)"를 위한 댄스 홀과 위층에 두 개의 일반 가게 그리고 큰 회의장(Assembly Rooms)으로 구성되어 있었습니다. 전국의 상이군인들에게 무료로 음식을 제공하고 있습니다 브라운 홀은 WW II군인 복지 회관이었으나 나중에 입장객을 늘리기 위하여 대중 스포츠 활동을 넓혀 당구장과 헬스장을 오픈하여 운영하고 있습니다. 둘리클럽은 1971년 이전까지는 성공회, 천주교 그리고 적십자에서 공동으로 운영되었고 1971년에 둘리는 유한 법인이 되어 이사회가 구성되어 있습니다.

리드콤 지역의 가톨릭 공동체의 상이 군인들은 돈을 모아 홀을 구매하여 '리드콤 가톨릭 노동자 클럽'으로 등록하였습니다. NSW 주에서는 오직 20개의 라이선스만이 허가되기 때문에 리드콤 지역에서는 4개의 클럽을 하나로 묶어서 신청하고 클럽 위원회에서는 '노동자(Workmen's)'라는 용어를 넣어 여러 사람들이 이용하게 하였습니다. 이 클럽은 1947, July에 임시 허가를 받고 같은 해 November 10에 정식 허가를 받았습니다.

원래 초기에는 21살 이상의 가톨릭 신자에게만 멤버십을 발행하였으나 1950년 중간에 낮 시간 동안 오후 7:30분 이후에 볼링 클럽까지 허가되고 오늘날 둘리클럽에서는 18세 이상의 모든 공동체 멤버들에게 남녀, 종교와 인종과 국가의 구별 없이 오픈 되는 소셜 클럽으로 운영되고 있습니다.

'둘리(Dooleys)'라는 이름은 클럽의 중요한 과거와 연결돼 있습니다. 클럽이 처음 설립되었을 때 리드콤 공동체 클럽끼리의 볼링대회가 연마다 열렸습니다. 볼링 시합 중에 '둘리'라는 명칭은 종종 팬들이 "Up the Dooleys"라고 소리치며 응원하는 소리를 통하여 알려졌습니다. 많은 리드콤 클럽이 경쟁하면서 리드콤 가톨릭 노동자 클럽의 볼링 선수들은 둘리 (Dooleys) 라고 알려졌고 이것이 그들의 닉네임이 되었습니다.

이것은 클럽과 가톨릭 팀 안에 아일러쉬(Irish) 가톨릭 신자들이 많았기 때문이었습니다. 리드콤 가톨릭 클럽은 회원의 대중성을 높이기 위하여 많은 사람들에게 클럽의 이미지로 각인된 '둘리 소셜 클럽'이라는 명칭으로 클럽 이름으로 바꾸었습니다.

둘리의 비전과 원칙(방침) 그리고 가치

클럽의 문화적 원칙은 훌륭한 서비스를 다음의 다섯 가지 가치에 대해서 특정화하여 제공하는 것을 원칙으로 하고 있습니다.

용기, 존경, 전문성, 인간미 그리고 도덕성입니다.

국가와 사회를 위해서 생명을 바치고 지켜 온 이들의 용기와 사회 발전을 위해서 몸 바쳐 일하여 온 노동자들에 대한 존경을 하고 이들에게 필요한 서비스를 전문적인 차원에서 제공하여 주며 성실과 친절로써 이들을 대접하고 도덕성을 갖추는 데 있습니다. 이 다섯 가지는 안전하고 친근한 분위기 속에서 적극적으로 계속해서 발전시키고 공동체의 필요를 제공하는 것입니다.

지역 사회와의 협력체계 강화

둘리클럽은 핵심 지역의 범위와 지역의 여러 단체와 전문적 수준의 협력체계와 책임을 수행하고 있습니다. 다양한 협력 단체들과의 체계적인 운영은 둘리를 높은 수준의 도덕적, 환경 그리고 사회 활동을 의미하며 지역 사회를 위한 광범위한 역할로 넓혀 가고 있습니다. 둘리는 책임 있고 안정적인 방법을 추구하며 규율의 관계, 조직에 의해서 진행되고 있습니다.

공동체에서 둘리클럽

둘리클럽은 우리의 공동체에서 일어나는 팬데믹 같은 세계적인 전염병에 대해 사회와 경제에 주는 충격에 대해 일 년 동안 주목하여 왔습니다. 급변하는 변경과 불안한 현실에 대한 공동체의 필요에 적응하면서 많은 둘리클럽의 종사자들은 계속해서 도전하고 있습니다. 둘리클럽은 지역 공동체의 관심을 갖고 지원하는 최고의 노력을 계속하고 있으며 공동체의 구성원들의 건강과 복지를 향상시키고 있습니다.

지난해의 수입 흑자에 대해 둘리클럽의 회원들과 이사회 멤버들에게 이익분배를 하였으며 2012년에도 지속적으로 증대되기를 노력하고 있습니다.

2019에서 2020년 회계년도에는 $3,578,439 이상의 금액이 클럽의 모금, 기증, 스폰서십과 공동체의 지출로 사용되었으며 둘리클럽 전체 직원들의 998시간의 자원봉사가 있었으며 총 150여 개의 지역 공동체 모임, 학교와 자선단체들에 기여하였으며 총 $600,000가 지역 교육기관과 둘리 직원들의 자원봉사에 쓰였고 $300,000 이상이 지역 발전을 위한 스폰서십에 쓰였습니다.

둘리클럽의 모든 직원들은 의심할 여지 없이 불확실한 한 해를 보내면서 지속적인 운영을 위한 스트레스와 급변하는 서비스 제공을 받아야 할 공동체를 위해서 봉사하고 있으며 둘리클럽의 이사회 운영회 임원들과 직원들은 공동체의 제일 앞에서 수고하는 긴급 응급 치료팀에게 감사드리며 우리 공동체를 안전하게 지키고 발전시키는 데 도움이 되고자 여러 둘리의 공동체 프로그램을 운영하고 있으며 또한 지역민들의 많은 참여를 독려하고 있습니다.

클럽 펀딩Community Funding

둘리클럽은 클럽 그란트 기구 Club Grants Scheme를 통하여 공동체 그룹, 자선기관, 학교 그리고 스포츠 단체를 지원하고 있습니다. 클럽 그란트 기구는 NSW주에서 등록된 클럽들을 위하여 설계되었으며 지역 공동체를 위하여 제일 일선에서 기여하고 있습니다. 만약 신청을 원하신다면 클럽 그란트 기구 현재의 가이드라인에는 신청 가능한지를 점검할 수 있고 좀 더 자세한 정보가 담겨 있습니다.

여기 클럽 그란트 기구에 가능한 두 가지 펀딩이 있고 카테고리 1에 해당하는 공동체 복지, 소셜 서비스, 공동체 개발과 건강 그리고 고용을 위한 비용은 컴버랜드 와 파라마마타 카운실에서 신청할 수 있으며 카테고리 2에 해당하는 다른 공동체 개발과 후원에 대한 지출은 둘리클럽에서 신청하실 수 있습니다.

OUR COMMUNITY PARTNERS

둘리클럽은 건강, 스포츠, 장애인 서비스, 다문화 서비스 등 많은 공동체들과 협력관계를 오랫동안 유지해 왔습니다. 다음은 그들이 하고 있는 웹사이트에 대한 소개입니다.

Auburn Youth Centre (AYC):

AYC는 청(소)년들을 위한 다양한 서비스를 제공하고 있습니다. AYC는 청년 고용인들에 대한 특별화되어 있으며 이들과 가족에 대한 카운슬러를 하고 있습니다. 청년들에 대해 중요한 관계가 있는 부모, 학교 그리고 다른 청년 서비스 그룹들과 긴밀한 관계를 하고 있습니다. 청년들은 AYC에서 주관(협찬)하고 있는 축구 프로그램, 캠프 그리고 창조 활동들(아트, 댄스, 뮤직 등)에 참가하도록 돕고 있으며 때때로 필요에 따라 각 개인별로 카운셀링을 하고 있습니다. AYC 청년 일꾼들은 청년들에 대한 교통 벌금, 고용, 교육, 소년원, 숙박 그리고 센터링크(Centrelink)에서 청년들을 도와 사회적 도움과 멘토링을 받을 수 있도록 돕고 있습니다.

AYC 다양한 프로그램:

AYC에는 청소년들을 위한 안전하고 직원에 의해서 관리되는 공간이 마련되어 있으며 이곳에서는 게임과 컴퓨터 게임, 무선 인터넷 연결, 탁구, 수영장, 농구장과 작은 실내 축구장 그리고 악기들을 연주하고 레코딩할 수 있는 시설들을 갖추고 있습니다. 또한 대형 행사와 프로그램에 대한 관심이 있는 청소년들을 위한 장소를 대여할 수 있습니다. AYC 카페에서는 저렴한 비용으로 차, 커피, 음료수와 식사할 수 있으며 돈이 없는 청소년들을 위한 보조하는 기관도 구비하고 있습니다.

AYC에는 어번 사운드(Auburn Sounds)라는 음악 프로젝트는 청소년들에게 무료로 자신의 음악을 만들고 연주할 수 있는 스튜디오가 마련되어 있습니다. 이곳에서는 음악을 만들거나 작곡을 할 수 있는 뮤직스튜디오가 예약만 하면 무료로 이용할 수 있으며 각종 악기를 배울 수도 있습니다.

AYC에서는 청소년들이 사회에서 부과받는 벌금 때문에 하는 고민을 돕기 위하여 헬프 위드 파인(Help With Fines) 프로그램을 운영하고 있으며 12-24세의 청소년들이 정신병이 있거나, 정신박약아들, 고아들, 빚에 얽혀 있는 청소년들 그리고 마약과 각종 술과 환각제 등에 노출돼 있는 청소년들을 돕고 있습니다.

AYC 개인 지원 프로그램에서는 대학과 학교에서의 왕따나 괴롭힘,

혹은 경찰과의 문제나 법적인 지원, 집과 친구들 사이에서 발생하는 문제들, 건강 문제들이나 청소년들이 매일의 숙박과 식사에 어려움이 있을 경우, 그리고 대학이나 기술학교에 입학하고자 하는 청소년들에게 있어서 문제의 크고 작음을 떠나 언제나 도움을 줄 수 있도록 개방되어 있습니다.

학교 방학 기간 동안에 AYC에서는 다양한 주중 활동들이 무료로 개방하고 있으며 수족관 방문, 동굴탐사, 댄스 교습과 힙합 워크숍이 열리고 있습니다.

AYC에서는 풀타임 카운슬러가 상주하고 있어 다문화 가족들에게 각 개인이나 가족에게 일대일로 대면하여 상담하고 있으며 12-24세 청소년들에게 정신적 질병이나 자가 학습, 사회 적응을 돕는 역할을 하고 있습니다.

AYC에서는 전문적인 직업 소개소(AYC Careers)를 통해서 일자리를 찾을 수 있도록 돕고 있으며 특히 자기 소개서 작성, 인터뷰를 준비하는 법과 사무직에 대한 훈련을 받을 수 있으며 개인별 특성에 따른 일터를 찾을 수 있도록 돕고 있습니다.

The Children's Hospital At Westmead:

웨스트미드 아동 전용 병원은 1880년에 글레베(Glebe)에서 처음 오픈하였을 때에 4명의 의사와 6명의 간호사로 시작하였습니다. 1904년에 이름을 에드워드 7세 왕의 허가를 받아 로얄퀸알레산드라병원으로 바꾸고 2년 후에 캠퍼타운(Camperdown)으로 옮기고 89년 동안 진료를 해 오면서 뉴사우스웰즈 수상으로부터 세계에서 가장 좋은 아동 병원이라는 명예를 갖게 되었습니다. 1960년 후반에 시드니의 인구 팽창에 의해서 새로운 건물과 시설을 갖추게 되었고 1995년에는 '신 아동 전용 병원 웨스트미드'라는 공식적인 이름을 갖게 되고 더욱 현대적 시설을 갖추게 되었습니다. 지금은 4,400명의 의사, 간호사와 직원들을 거느린 종합 아동 전용 병원으로 매년 8,000명 이상의 아동들을 치료하고 있습니다.

Catholic Education Foundation:

가톨릭 교육 재단은 비영리 재단으로 기업 파트너십, 공동체 기부금을 가톨릭 학교들을 위하여 년간 모금하는 장학재단입니다. 이 재단은 가톨릭 교육을 위하여 가족들을 돕는 데 집중하고 있습니다. 모든 가톨릭 가족들의 자녀들에게 혜택이 가도록 하는 것을 비전으로 하고 있으며 경제적인 문제나 다문화의 다양성으로 인하여 가톨릭 자녀들이 어려움을 겪지 않도록 하는 것을 미션으로 삼고 있습니다.

가톨릭 재단의 시작은 2011년에 시드니 가톨릭 학교로부터 화재로 인하여 집과 재산을 잃은 가족들을 도와 달라는 요청에 의해서 시작되었습니다. 이들 가족들에게는 장기적 경제적 어려움으로 자녀들을 가톨릭 학교에 보낼 수 없었으며 가톨릭 시드니 교구에서는 이들의 자녀들을 위하여 장학재단을 세운 것입니다. 장학재단은 시드니의 150여 초중고등학교의 장학금으로 지급되었으며 더욱 더 확장하여 호주 원주민과 외딴섬 거주자들의 자녀들에게까지 돕고 있습니다. 아동들이 어떠한 배경을 가졌더라도 시드니 가톨릭 학교는 좋은 가톨릭 교육을 제공하는 것이 가톨릭 공동체를 발전시키고 기독교를 알게 하는 비전을 의무로 여기고 있습니다. 가톨릭 장학재단은 앞으로 필요가 더욱 증가하게 되고 이 재단에 기부하는 모든 기증자와 파트너들에게 장학금을 필요로 하는 모든 아동들에게 최고 좋은 교육을 제공할 것을 약속합니다.

Youth Off The Streets:

많은 청소년들이 위험한 집안 환경에서 벗어나기 위하여 가출한 청소년들에게 청소년 돕기를 시행하고 있습니다. 이 프로그램은 그들에게 안식처를 제공하고 그들이 안전하고 지원받을 수 있도록 쉼터를 제공합니다. 전국 아동 보호 주일에는 아동과 청소년들이 안전하게 놀 수 있도록 서비스를 제공합니다.

청소년 보호 프로그램에 의해서 사춘기 시절에 가족 간의 불협화음이나 반복되는 불행으로부터 벗어나도록 새로운 모델을 제시하여 줍니다. 청년위원회에 결합하여 주위와 새로운 관계를 맺고 법적인 필요를 제공합니다. 청소년 보호법은 교육, 건강 그리고 법적인 지원을 함으로 아동들이 위험으로부터 벗어나도록 돕고 있습니다. 안전은 아동 보호 프로그램에서 가장 기본적이고 청년들의 미래를 갖도록 돕는 것은 청소년들의 법적인 권리이기도 합니다.

가출 청소년 보호 프로그램에서는 청소년들에게 위급한 환경이나 배경에 처한 것을 매우 신중하게 대하며 그들을 안전한 곳으로 이동시키고 청소년 보호법을 적용합니다. 또한 청소년들이 성적인 학대로부터 보호받는 것과 좋은 건강을 유지하는 것 그리고 교육을 받을 권리를 설명 받습니다. 우리는 이 서비스를 받아 본 적 있는 가출 청소년들로부터 피드백을 받아 더 나은 서비스를 제공하도록 노력하고 있습니다. 또한 우리는 가출 청소년들이 안전과 행복한 조건 속에서 살 수 있도록 돕는 것을 기쁘게 생각합니다.

가출 청소년 쉼터를 찾은 정소년들에게 안전한 쉼터를 제공하고 그들이 교육과 고용의 기회를 갖도록 돕고 있습니다. 우리는 이들이 장기 거주할 경우, 가능하다면 가족과 만날 수 있도록 도우며 그들이 안전하고 편안한 환경에서 그들의 미래에 대하여 옳은 판단을 할 수 있도록 돕고 있습니다.

가출 청소년 돕기 프로그램에서는 지역 공동체가 청소년들의 권리를 인식할 수 있도록 도우며 지속적 정보 교환과 강좌를 개최합니다. 이 프로그램을 추진하는 기관에서는 법으로 정해진 단계에 따라 청소년들과 그들의 가족들에게 안전과 복지 그리고 웰빙에 대한 것을 제공합니다. 정부에서 제공하는 주택에 관심이 있거나 노숙자 문제 그리고 전국 아동보호 주일에 대한 정보가 필요한 사람들에게 더욱 자세한 정보를 제공하고 있습니다.

St Vincent De Paul Society:

세인트 디폴 협회(The St Vincent de Paul Society)는 현재 60,000의 회원과 자원봉사자가 호주에서 속해져 있으며 153여 개의 국가에 800,000

여 명의 회원이 사회 정의를 이루기 위해 돕고 있습니다. 이 협회는 170년전에 20살의 청년 프레드릭 오자남(Frederic Ozanam)에 의해서 시작되었습니다. 또한 이 협회는 "우리에게는 자선을 위해서는 무슨 일이든 할 것이며 어느 누구도 배제하지 않습니다."라는 이념을 갖고 가난한 기독교인들을 사랑, 존경, 정의, 희망과 즐거움을 예수가 하는 것처럼 공평하게 선사한다는 가톨릭 기관 중에 하나입니다.

설립자인 프레드릭 오자남(1813, 이탈리아 밀란에서 출생)은 대학시절(1830)에 프랑스 혁명 이후에 프랑스의 산업혁명과 함께 파리에서 일자리를 찾아서 모인 집 없고 헐벗은 가난한 사람들을 목격하면서 사명감을 갖기 시작하였습니다. 진실한 가톨릭 신자인 오자남은 기독교가 이 불쌍한 사람들을 위해서 무엇을 해야 하는지를 신부님과 면담하고 난 후에 직접 나서기로 하였습니다. 7명의 기숙사 동기들을 모아 과부들에게 집을 따스하게 할 수 있는 장작을 보급하는 것으로 시작하였습니다. 7명의 젊은이들은 고통을 겪고 있는 파리의 가난한 사람들에게 희망을 주고 기독교 정신을 일깨워 주었습니다. 이들은 세인트페트론 자선기관의 이름을 따라서 세인트디폴협회라고 이름을 짓고 로잘렌 두수녀회와 함께 그들이 봉사하고자 하는 목적에 따른 물품을 구하였습니다. 이들의 자선 활동은 오래지 않아 100여 명의 회원으로 확장되었고 10년이 지나면서 48개의 프랑스와 이탈리아 도시로 번져 나갔고 9,000명의 회원들이 세계 곳곳에서 활동하였습니다. 1963년에는 세인트디폴협회는 여자들이 돌보아야 할 과부, 고아 소녀와 어머니들을 위한 '우먼스세인트디폴협회(Women St. Vincent de Paul)'를 이탈리아 보로고나(Bologna)에서 발족하여 그 활동 범위를 넓혔습니다.

Multiple Sclerosis (MS) Australia:

MS는 다중 신경계통의 경화로 인한 신경계통 질병으로 25,000명 이상의 호주인들이 겪고 있는 아주 대중적인 질병입니다. 이 질병은 뇌에서부터 척추와 눈의 신경까지 확대되어 볼 수 없게 되기도 하고 개인별로 다양한 증상이 아주 넓게 나타납니다. 이것은 몸의 면역 시스템이 바이러스나 박테리아에 의해서 파괴되어 피의 기능을 하지 못하게 하는 것으로 아직까지 근본적인 원인은 밝혀지지 않았지만 이것을 치료하기 위한 여러가지 방법이 있습니다. MS Australia에서는 이 병을 앓고 있는 환자들의 삶의 질을 높이고 병을 이겨 나가도록 돕고 있는 협회입니다.

Auburn diversity Services(ADS): ADS는 어번 지역의 다문화 지원 서비스입니다. 난민, 여성, 청소년, 노인 복지와 실업자들과 장애인들과 노숙자들에게 평등한 입장에서 그들이 필요를 돕는 비영리 단체입니다. 정부의 복지부와 협력하여 노인들을 직접 찾아가 서비스를 제공하는 가정 사회복지 서비스도 함께합니다.

Charitable Works Fund(CWF): CWF는 시드니 가톨릭 관구에서 자선과 사역을 돕는 것을 목적으로 하는 자선 단체입니다.

이들 외에도 둘리클럽과 협력하고 있는 기관들과 설립 목적에 따라 지역 사회에서 공헌하고 있는 기관들은 아래와 같습니다.

OTHERS PATNERS: CUMBERLAND COUNCIL, AUSTRALIAN CATHOLIC UNIVERSITY, LIDCOMBE RSL SUB-BRANCH, ETBALL NSW, AUBURN DISTRICT CRICKET CLUB, LIDCOMBE AUBURN

CYCLE CLUB, PARRAMATTA BASKETBAL ASSOCIATION

　둘리클럽은 종교 시설은 아닙니다. 그리고 영리를 목적으로 합니다. 그러나 근본은 기독교 신앙과 연결되어 있고 기독교 정신으로 운영되고 있습니다. 다문화를 추구하는 호주는 교회가 교회 밖에서 활동하는데 여러 가지 제약을 받습니다. 동성애 결혼이 합법화되어 있으며 동성애 축제가 매년 성대하게 열리고 있습니다. 교회 밖에서 종교 색채를 띠고 하는 모든 종교 활동은 모두 금지하고 있으며 많은 초등학교의 채플은 점점 사라지고 있습니다. 이러한 사회적 분위기에서 앞으로의 선교 방식은 교회보다도 더 적극적으로 모든 사람들에게 접근할 수 있는 사회적 시절을 갖추고 사람들이 스스로의 필요에 의해서 방문하게 만들고 생활에 유익을 주는 방법과 방식은 가톨릭 클럽 둘리의 모습처럼 변하게 될 것입니다.

2-2. 민족의식을 고취시켰던 교회 공동체들

일제강점기는 우리에게 고통과 시련의 식민지 시절이었습니다. 이 시기에 기독교는 한국의 전통을 벗어나 다른 어떤 종교보다도 민족의식을 일깨우는 데 큰 역할을 하였습니다. 수많은 투쟁과 사건이 발생할 때마다 기독교가 사회 전반에 걸쳐 영향을 주었던 것은 사람들에게 의식을 깨우쳐 왔기 때문에 가능한 일이었습니다. 일본의 한국인들에 대한 강압적인 무단통치는 비탄에 빠져 있던 한국인들을 압박함으로써 저항의 씨앗을 사전에 차단하려는 의도였습니다. 그만큼 일본도 한국인들의 민족적 저항에 대한 부담감을 가지고 있었습니다. 이 시기에 한국 교회의 부흥은 그 자체로 일본에 대한 저항 세력을 키우는 것으로 여겨졌습니다. 여기에 한국 교회의 부흥과 함께 기독교 학교들로 젊은 학생들이 몰려들기 시작했습니다. 기독교 학교들은

성경을 기본적으로 가르쳤고 여기에 영어와 역사,
한글과 한문, 산업 교육 등을 가르쳤고
학생들은 자연스럽게 기독교 세계관을
받아들이게 되었습니다.

당시 학교들 중의 대부분이 기독교 학교일 정도로 교육은 기독교가 장악하고 있었습니다. 그것은 기독교인뿐만 아니라 일반인도 일본에 대한 저항의식이 심화될 수 있음을 의미하는 것이었습니다. 일제가 1908년 사립학교령을 공포하여 민족학교들을 퇴출시키려 했을 때 상당수의 학교가 기독교 학교였기 때문입니다.

민족의식을 고취시켰던 실제 사건들 중에서 기독교인들이 주축이 되어 일어난 사건은 가까이 일제 강점기에 있었던 신민회 105인 사건 (1911년)과 삼일운동(1919년)을 예를 들 수 있습니다. 신민회 사건은 한국 교회 부흥의 중심에 있었던 서북 지역에서 민족운동 단체인 '신민회'가 비밀리에 결성되었고 기독교 세력에 대한 일제의 탄압은 갈수록 심화되었지만 이를 계기로 전체 인구에서 차지하는 비율이 전체 인구의 1%도 채 되지 않던 기독교가 민족 운동 세력임을 공인하는 결과를 가져왔습니다. 기독교 운동의 지도자들이 민족의 지도자가 되어 국권을 회복하는 데 큰 역할을 한 것이었습니다.

독립선언서에 이름을 올린 33인들 중에서 16인이 기독교인이었으며 만세운동 전날 2월 28일에 서울의 정동교회와 승동교회에서 인쇄한 독립선언서를 배부로 시작되었고 의주와 평양에서는 목사들이 주축이 되었습니다. 서울 정동교회, 서울 수표교교회, 서울 종교교회, 서울 종로교회, 기독 청년회 간사 등 기독교 대표들이 참석한 독립선언서가 낭독되었습니다. 당시에 전체 인구를 1,600만으로 보는데 1919년 3~5월 사이에 200만 명이 만세운동에 참여했고 7,509명이 사망하고 49,800여 명이 기소되었다고 합니다. 만세운동에 참여한 200만 중에서 기독교인을 20만 명 정도(59채의 교회 소실)로 전체 인구의 1.5%로 봅니다. 투옥된 사람들(12월까지 19,525명)의 종교로 분류할 때 기독교인은 3,373명으로 17% 정도로 봅니다.

한국 교회는 1907년을 지나면서 평양 대부흥의 시기를 맞이하고 있었고 모든 것이 절망으로 가득했던 비운의 시기에 한국 교회만이 유일하게 희망을 이야기하고 있었습니다. 그리고 무엇보다도 한국교회가 가지고 있었던 복음주의 신앙은 일본의 국체였던 천황제와 신사숭배 사상을 전면으로 부인하는 것이었습니다. 기독교는 하나님을 정점으로 하는 최고 지상의 인격적 존재를 예배하고 거기 순종합니다. 그리고 그 아래에 종교, 그리고 그 아래에 도덕, 그 아래에 법, 그 아래에 육신의 여러 가지들이 펼쳐져 있습니다. 그런데 일본은 그 정점이 천황에게 그 지고의 가치를 두었고 천황은 현인신이고 그 아래가 군, 그 아래가 관으로 하강합니다. 가치체계에서 이미 기독교와 일본의 충돌이 불가피했던 것입니다.

6.25 전쟁은 나라 전체를 가난하게 만들고 추위와 굶주림 속에서 사람들은 오로지 먹을 것을 찾아 헤매던 시절에 기독교는 자라기 시작했고 선교의 열매를 맺으면서 오늘날의 기독교의 모습을 만들었습니다. 일제 강제 합병과 6.25 전쟁의 참혹한 고난과 더불어 역사적으로 한국 사회를 힘들게 하였던 것이 민주화 투쟁이었습니다. 민주화 투쟁은 정권을 바꾸고 혁명이 일어나고 수많은 사람들의 희생과 우여곡절을 겪으면서 정착되었고 지금은 특정한 집단들의 이익 추구를 위한 사회적 혼란만이 남았습니다. 기독교 교육은 한국 사회의 급진적 변화가 있을 때마다 의식 개혁과 그 근원을 가르쳤습니다. 기독교는 민족의 구성원들에게

기독교 세계관을 통하여 하나님의 보호 아래
모든 사람들이 평등하고
자유로운 신앙생활을 할 수 있는 여건을

만들려고 노력하였습니다.

　기독교 신앙으로 민족의 운명을 개척해 나가려 했던 선각자들이 이제 민족의 지도자들로 각인된 것처럼 교회와 기독교 센터가 민족의식을 이끄는 미래가 되기를 바랄 뿐입니다.

2-3. 기독교 교회 단체들의 시대적 변화

호주(Australia)의 기독교계에서 주도권을 쥐고 있는 종교 단체로서 앵글리칸 처치, 가톨릭 처치와 유나이팅 처치가 있습니다. 이들도 오늘날 공통적으로 겪고 있는 인구 감소와 젊은 층들이 종교에 귀의하려는 데에 관심이 적어지면서 신도들이 감소하는 심각한 어려움을 겪고 있습니다. 그럼에도 이들 기독교 단체들은 교회와 사회 간의 새로운 접촉점을 찾기 위하여 고군분투하고 있습니다. 신도들의 감소는 또한 교회의 재정에 큰 영향을 주어 교회의 존재를 위협하고 있는 것입니다.

호주 사회의 정신적 주도권을 갖고 있는 기독교 종교 단체 (앵글리칸, 유나이팅 처치, 침례교)들은 공통적으로 활발하게 추진하고 있는 사업으로

거주 노인 복지 시설(Residential Aged Care facility)들과 노인 복지 서비스가 최근 몇 년 사이에 급격하게 늘어났습니다.

그중에서 이러한 시설들이 가장 압도적으로 늘어나고 있는 1,400여 개의 교구와 4백만 명의 신자를 거느린 앵글리칸 종교단체입니다. 또한 155여 개의 앵글리칸 학교에 155,000명의 학생들이 속해 있는 앵글리칸 처치는 앵글리 케어(Anglicare)라는 이름으로 호주 노인들의 복지에 크게 기여하고 있습니다. 유나이팅 처치는 유나이팅 케어 (Uniting Care), 침례교는 침례교 케어(Baptistcare)라는 이름으로 노인 복

지 사업을 주도하고 있습니다. 호주 정부가 추진하고 있는 집 없는 사람들에게 저렴한 임대료로 평생 임대해 주는 정부주택(Government Houses)은 그 숫자가 너무 부족하여 보통 10년 이상을 기다려도 받기 어려운 실정이지만 기독교 종교 단체에서 운영하는 노인 복지 시설을 갖춘 주택은 비교적 쉽게 얻을 수 있지만 어느 정도의 기본적 재산이 있어야 하고 정부에서 받는 기본 연금을 생활비로 하고 있습니다.

　나이가 들어 은퇴를 하고 집에만 있어야 되는 노인들의 인구는 전 세계적으로 급격하게 늘어나고 있습니다. 복지 시스템을 많이 연구하고 준비해 온 선진국들은 그들의 삶을 잘 돌봐 줄 수 있는 시스템을 갖추는 데 국가 예산의 많은 부분을 할당하면서 성장하였습니다. 현대인들의 삶은 바쁘고 자신과 자신의 가족들만을 지키기에도 힘겨운 삶을 살아야만 합니다. 하물며 평생 가족을 위해서 산 노인들을 돌보는 게 당연하지만 현실은 그렇지 않습니다. 그래서 정부와 종교 단체는 가족을 위해서 일을 해야 하는 세대와 노인 세대를 분리하여 각자의 삶을 살 수 있도록 도와 주고 있습니다. 노인들은 자신들이 이룩한 경제적 능력을 기반으로 하여 새로운 삶의 방식을 세워 가고 노인들의 취향과 수준이 맞는 그룹을 이루어 복지 시설의 서비스와 간호를 받아 가며 평안한 삶을 만들어 갈 수 있도록 도와주고 있습니다. 이러한 시스템은 자식이 부모를 돌보아야 한다는 책임감이 강한 동양에서는 수용하기 어려운 문화입니다. 그러나 이러한 사고방식은 이미 문명화를 거친 동양에서도 무너져 간 지 오래되었고 오히려 부모들이 자식들에게 신세를 안 지고 자신들의 삶을 누리려는 분위기가 형성하여 가고 있습니다. 부모들의 의식 변화와 자녀들의 각박한 삶의 상황이 서로 맞아 노인들의 노후 생활을 잘 갖춰진 복지 시설에 의탁하는 경향이 늘어 가고 있는 실정인 것입니다.

거주 노인 복지 시설은 노인 복지 서비스(개인 위생, 쾌적한 홈 관리, 쇼핑, 병원 예약과 방문 등)를 함께 하고 있으며 병들고 힘없고 다른 사람의 간호를 받아야 하는 노인들이 각 개인적 인격을 존중받고 살아갈 수 있도록 합니다. 그들이 인간으로서의 받아야 하는 대우는 이 세상에서 개인의 가치를 존중하고 평생 가족을 위해 헌신한 부모 세대의 노후를 돌봐 주는 일입니다. 노인들은 자신들의 인격과 가치를 존중받을 때에 그들은 건강하고 활기찬 삶을 살 수 있는 것입니다. 젊었을 때는 스스로 자신의 가치를 높일 수 있지만 노인들에게는 주위의 환경으로부터 자신들의 가치를 존중해 주는 곳에 의지해야 합니다. 기독교 종교 단체들이 노인 복지 시설들은 노인들 스스로 자신의 가치를 존중받는다는 것을 느낄 수 있게 해 줍니다. 대부분의 시설들과 간호 (돌보미 서비스까지도 포함) 서비스는

개인의 필요에 맞추어 행해지도록 시설과 프로그램을 만들어 준비해
놓고 누구든지 와서 서비스를 받으며
살 수 있도록 되어 있습니다.

특별히 거주용 노인 복지 시설은 노인들에게 독립적인 삶을 살 수 있도록 많은 것을 갖추고 있습니다. 노인들의 라이프 스타일에 맞춘 프로그램들은 노인들의 삶의 질을 높이고 정규적인 식사 제공과 간호 서비스는 시설 안에서 모든 것이 해결됩니다. 기독교 종교 단체들의

복지 시설들의 목적은 종교적 신념을 바탕으로 노인들 개개인이 자신들이 가치를 존중받으며 즐겁게 살 수 있는 사회적 환경을 제공하는 것을 목적하고 있습니다. 각 기독교 종교 단체들은 확고한 종교적 신념과 더 좋은 서비스에 대한 경쟁으로 노인들을 유치하고 있습니다. 또한 전문적인 사회 복지사(돌보미)의 양성에 많은 투자를 하고 있고 이를 관리하고 교육하고 서비스를 제공하는 에이전트가 함께하고 있습니다. 복지 에이전트들은 정부가

각 개인에게 맞춰 제공되는 펀드와 장애 레벨에
따라 맞춤 서비스를 제공하고 있으며
사회 복지사에게도 사회적으로 주는
모든 혜택들을 제공되어지고

사회적 책임감과 사명감에 힘입어 일할 수 있는 분위기를 만들어 주고 있습니다. 이러한 에이전트들은 각 종교 단체의 복지 센터와 연결되어 있어 서로 필요한 분야를 공유하고 있습니다.

앵글리칸 케어에는 100세대 이상 거주할 수 있는 거주용 복지 시설로 전국에 20여 단지를 운영하고 있으며 유나이팅 케어에서는 전국에 74여 개의 단지를 운영하고 있으며 침례교 케어에서는 전국적으로 75여 개의 단지에서 4,500여 명의 직원들과 자원 봉사자들로 이루어져 있습니다. 이들은 가정 방문 서비스를 기본으로 하며 거주 복지 시설 단지 운영과 노인들의 소셜 라이프를 위한 각종 활동들, 다양한 스포츠 활동들, 취미 활동, 댄스, 카운셀링 서비스, 그룹 관광, 등 수많은

활동들을 노인들의 수준에 맞추어 일정한 계획 하에 복지 서비스를 진행합니다.

홈 케어 서비스(Home Care service, 돌보미 서비스)에는 노인들의 다양한 필요에 맞추어져 있습니다. 가장 많은 서비스 종목으로 가정집 청소는 노인들의 공간을 깨끗하고 평안한 분위기를 만들어 주고 있으며 대부분의 노인들이 운전을 할 수 없으므로 생활에 필요한 것들을 쇼핑해 주는 서비스와 병원을 방문할 수 있도록 돕는 픽업 서비스 그리고 다양한 소셜 라이프를 위한 활동, 정규적으로 실행해야 하는 개인 위생 서비스(샤워, 면도 등) 규칙적으로 먹어야 하는 약 복용을 관리하는 간단한 간호 서비스, 노인들과 24시간 항상 함께하는 가족들에게 휴식과 외부에서의 시간을 주는 서비스 등 개인의 필요에 따라 맞추어져 가는 임시 간호 서비스로 노인들 당사자들과 가족들의 삶에 평안함을 느끼게 합니다. 임시 간호 서비스를 담당하는 워커(Carer)들은 서비스에 합당한 훈련과정을 거쳐야만 일할 수 있는 자격을 갖게 됩니다. 이러한 홈 케어 서비스는 아픈 가족 때문에 전체 가족이 고통받는 것을 최소화시켜 주기 위한 서비스입니다.

거주용 홈 케어 서비스(Residential Home Care Service)에서는 24시간 집중되어 있는 서비스를 받을 수 있습니다. 일반적으로 홈 케어 서비스에는 누군가가 방문하여야 하지만 거주용 홈 케어 서비스에서는 항시 대기하거나 준비되어 있는 서비스를 받을 수 있습니다. 나이가 들어 손과 발을 마음대로 쓸 수 없을 때에 필요한 서비스입니다.

임시 간호 서비스(Respite service)는 장애자들이나 연로한 노인들을 24시간 돌보는 가족들에게 휴식과 외부에서 공적인 사무를 볼 수 있도록 시간을 주는 서비스입니다. 이들이 휴식을 가짐으로써 더 나은 간호와 정신적 육체적 안정과 가족들의 생활의 공간을 더 넓게 만들어 주게 됩니다. 이 밖에도 장애자들과 노인들의 재활치료를 돕거나 규칙적인 생활을 하도록 격려하는 서비스 체계를 가지고 나날이 변화해 가는 사회에 적응하고 소외되지 않도록 시스템을 구축해 가고 있습니다.

현대에는 이 세계에서 방송 미디어의 발달로 인하여 기독교를 선택 안 하고 있을 수는 있으나 기독교를 접해 보지 못하는 외지는 거의 없다고 합니다. 그렇다면 복음이 전파되었으나 교회의 역할을 느끼지 못하고 사는 생활 반경의 주변의 비기독교인들에게 기독교 세계관을 전파하는 것이 새로운 선교의 방향으로도 향하고 있습니다. 특히나 젊은 세대들의 무관심 속에서 교회는 노인들로만 채워지고 있습니다.

교회와 세상에는 소외되고 약자로 분리되어
개인의 인격과 삶의 기본 혜택을
제공받지 못하는 노인들에 대한 관심은 자연스럽게
형성되어 가고 있고

국가의 정책으로도 채택되고 있습니다. 이들에게는 건강하고 행복하게 살기를 바라는 가족들이 남아 있고 어느 정도의 경제적 기반이 있으며 사회적으로 기여한 부분에 나름대로의 자부심도 있습니다. 또한 정부에서 매년 이들을 돌보기 위한 막대한 복지 예산이 편성되어 있고 사회적 분위기에서도 당연히 노인들은 정부가 돌보아야 한다는 인식이 되어 예산이 매년 증가하고 있습니다. 이들에게 선교 차원의 복지 서비스 제공은 기독교 단체에서 볼 때 절대 손해 볼 수 없는 훌륭한 사업이 되기도 하고 종교적 선교의 의미도 있고 신자가 감소되어 줄어드는 재정적 손실을 커버할 수도 있습니다.

기독교 종교 단체에서 고전적으로 선교의 의미를 갖추기 위해서 실행해 오던 것이 병원, 교육과 교회의 설립이었습니다. 그러나 현대에 기독교 단체에서 복지 시스템에 관심을 갖는 것은 선교의 새로운 방향을 찾는 것일 수도 있습니다. 외부로 향하던 선교의 방향을 내부로 돌리는 것입니다. 지금의 많은 노인들 세대는 젊었을 때에 신앙생활을 한 경험이 있고 종교가 자녀들 교육에 좋은 영향을 미친다는 생각이 있습니다. 기독교 종교 단체가 이들을 돌보는 것에 대해서 비기독교인 가족들이 전혀 거부감이 없는 것은 이들에게 기독교가 긍정적 영향을 끼치고 있다는 것입니다. 분명한 것은 노인 복지 시설 설립에 막대한 재정을 쏟아 붓는 것은 사업적인 측면으로 보면 늘어 가는 노인 인구에 대해서 성공적인 투자 수단의 길이 되기도 합니다. 또한 호주의 주요 기독교 종교 단체들은 오랜 기간 동안 부동산의 기부를 받은 것과 재산의 축적은 그러한 사업들을 가능하게 하였습니다. 이들의 사업적인 성공이 교회와 교회 건물의 유지에 큰 영향을 주어 기독교적인 사회를 유지하는 데 기여를 한다고 현재의 교회의 지도자들은 생각하는 것 같습니다.

기독교 센터의 사회적 역할에 대해서는 기독교의 문화를
사회에 전반적으로 확대시키고 교회와 사회의
접촉점을 만들어 가는 데 있습니다.

나의 주변에서 사람들이 자연스럽게 기독교 세계관을 인식하고 여러 사회 시설들을 이용하여 사회를 지탱하는 기둥이 되도록 하는데 있습니다. 현대의 개인주의와 이단들이 판을 치는 현실에서도 기독교의 지도자들은 몸과 마음을 바쳐 순전한 복음의 뜻을 지키고자 노력하였습니다. 김진홍 목사와 최일도 목사의 평생에 걸친 헌신적인 노력으로 기독교가 단순히 종교적인 기관에서 벗어나 사회적 역할을 하고 있다는 인식을 심어 주었습니다. 김진홍 목사는 교회 공동체의 부족함을 알고 있기에 자신의 목회 철학과 사역에 그의 신념을 반영하여 실천에 옮겼습니다. 김진홍 목사는 두레 공동체를 통해서 자신의 신념을 실현한 것입니다. 최일도 목사의 헌신은 한쪽에서는 산업화로 발전하고 있을 때 다른 한쪽에서는 하루하루 먹고 사는 문제를 해결하지 못한 사람들의 외침을 듣고 직접 현장으로 뛰어들어 다일교회와 다일공동체를 세워 이 사회의 어두운 구석을 밝은 양지로 만들고자 노력하였습니다. 이외에도 수많은 기독교 단체들이 어두운 사회의 한 단면을 비추는 역할을 하고 있습니다. 외국의 예를 찾아볼 때 둘리클럽과 같은 소셜 클럽 활동은 도심 속에서 기독교 단체가 일반 사업체들과 융합하여 사회에 기여하며 운영되는 모습을 보여 주고 있습니다.

기독교 센터의 기능적 역할에 대해서 두레 공동체, 다일 공동체 그리고 둘리 소셜 클럽의 모습들에서 찾아볼 수 있습니다.

첫 번째로 두레 공동체의 역할처럼 사회가 요구하는 공동체의 모습을 나름대로 지도자의 목회 신념에 맞춰서 이루어졌습니다. 그의 사역은

"한국 교회 전체가 마음과 뜻과 정성을 모아 함께 이루어
나가야 할 사명이요, 사역입니다."라고

그의 신념을 확신하고 교회 공동체의 역할을 확장하여 현 시대에 도시 문명 속에서 교인들이 신앙, 생활, 그리고 산업을 이루어 가며 살아갈 수 있는 구체적이고 실제적인 방안을 실행하며 이 사회에서 필요한 기독교 단체로의 면모를 보여 주었습니다. 그의 성공과 실패를 떠나 교회와 사회의 접촉점이 되었다는 것은 중요한 선교의 의미를 던져 주고 있습니다. 따라서 두레 공동체의 모습이 너무나 하루하루 일정에 꽉 매인 현대인들이 참여할 수 있도록 도심으로 옮겨 와서 실현되기를 바라는 마음에서 도심에서 활동하는 기독교 센터의 역할이 한층 더 중요해지는 이유입니다.

두 번째로 다일 공동체처럼 대부분의 교회가 하고 있는 구제사업을 현실적이고 실제적으로 필요한 사람들에게 혜택을 보다 보편적이고 넓게 그리고 선교의 의미를 갖는 사회적 시설을 제공하였습니다. 또한 목회자 개인의 능력보다는 주변의 사람들과 같이 협력하여 이루어 나가는 모습을 보여 주었습니다. 특히 천사(1004)운동을 바탕으로 8년 동안 6,004명의 후원 회원이 모은 50여억 원으로 2002년 2월 2일, 천사병원을 완공했습니다. 이러한 천사운동은 앞으로 기독교 선교에 있

어서 작은 정성들을 모아 큰 결과를 만들어 내는 모델이 될 것입니다.

셋째로 둘리 소셜 클럽처럼 실제적으로 사람들이 모이고 여가를 즐기러 오는 일반 소셜 클럽과 같은 역할을 하면서 다른 단체들과 파트너십을 맺어 여러 단체들과 협조하면서 지역사회에 기여하는 것을 우선으로 하는 정책으로 기독교 단체의 모습을 보여 주었습니다. 또한 클럽의 운영에 재정적으로 독립된 단체이고 다른 단체를 돕는 다는 것은 교회의 재정과는 다른 의미가 있습니다. 또한 비기독교인들이 부담 없이 방문할 수 있는 이미지를 갖기에 용이합니다. 기독교 센터가 독립적 재정을 유지하기 위해서는 소셜 클럽의 이미지로 비기독교인들에게 다가가서 대중화되었을 때 가능합니다. 이제는 이러한 기독교 단체들의 활동이 사회 전반에 걸쳐 나타나고 어느 한 교회 공동체의 특별 활동이 아니라 모든 교회 공동체들의 보편적 활동이 되어 전 사회를 뒷받침하는 기둥이 되어 주길 바랄 뿐입니다.

또한 기독교 센터가 한국 교회들이 나라의 어려움 속에서 생명과 재산을 바쳐 헌신한 선조 기독교인들을 본받아 그들의 정신을 기독교 센터에 심어 놓고 현세에 감사하는 마음을 갖는 다면 강한 민족 정신을 물려주고 물려받는 토착 정신으로 발전할 수 있으리라 봅니다. 일본 천황을 현인신으로 세워 놓고 강요하던 일본의 반기독교적인 정책과 군부에 의한 독재의 탄압을 거부한

한국 기독교 청년들의 희생이 오늘날 현 교회에
남아 민족 정신을 고취시키는 것 또한

기독교 센터에 깊이 새겨 놓아야 할 명제입니다.

　세계적으로 선진국에서는 줄어드는 인구 때문에 국가 안보와 연계되어 심각한 문제로 대두되고 있습니다. 줄어드는 인구에 대해 가톨릭 클럽 둘리와 같은 사회적 시설을 갖추고 사람들이 찾아오게 만들고 늘어나는 노인 인구에 대한 복지 문제로 정부 예산의 막대한 지출과 결핍된 정책으로 고민하고 있을 때에 노인 복지 시설 설립에 기독교 교단에서 발 벗고 나선 호주의 기독교 교단의 활동은 많은 의미를 시사하고 있습니다. 교회에 오지 않는 젊은 층들과 간접적으로 접촉할 수 있는 길을 만들어 직접 선교에 있어서도 열심히 하겠지만 미래 세대를 위한 간접 선교를 통한 교회의 존재를 사회에 각인시키는 일들을 더욱 확장해 나가야 될 것입니다.

2-4. 기독교 센터가 필요한 이유들

2-4-1. 기독교 문화를 심는 기독교 센터

한국의 기독교가 한국 사회의 근대화 과정에서 긍정적 영향을 주며 발전하여 왔지만 오늘날에 이르러 교회에 대한 사회의 부정적 평가로 오히려 갈등 조장의 역기능을 하고 있다는 극단적인 평가까지 나오고 있습니다. 이는 교인들의 복음에 대한 열정의 약화와 그로 인한 복음적 삶의 실천의 부족으로 교회가 대사회적으로 공신력을 떨어뜨렸기 때문입니다. 교회가 사회와의 접촉점이라고 할 수 있는 기독교 문화에 대한 확고한 입장과 태도를 취하지 않았기 때문이기도 합니다.[7] 이에 대하여 기독교 센터는 교회의 역할을 확대하고 세상 속에서 자연스럽게 익숙한 사회적 기능을 갖춘 공동체로서 이미지를 심고 사회적 책임을 갖고 기독교 문화를 전파하는 역할을 확대할 것입니다.

한국 교회 성도들의 뜨겁고 진취적인 신앙임에도 불구하고 한국 사회에서는 기독교 문화의 파종도 못 하고 있는 실정입니다. 성도들의 신앙과 삶은 이중적으로 분리되어 있습니다. 신앙으로는 열성적으로 복음적인 모든 사업을 다 할 수 있을 것 같지만 실제 삶에서는 자기중심적이고 이기적이고 물량적, 기복적인 신앙의 형태이기 때문에 한국 사회에 기독교 문화를 형성시키지 못하고 있다고 봅니다. 또한 인본주의에 물들은 기독교인들은 절충적이고 혼합주의적인 문화를 만들기 때문에 오히려 기독교를 왜곡하고 있는 것입니다.[8]

좁은 의미에 있어서 문화란 '교양시키는 행동 또는 결과', 혹은 '우리와 가장 관계 있는 것과 세상에서 지금까지 말하고 생각된 것 중에 최선의 것을 앎으로 인류 전체의 완전을 추구하는 것'이라고 했습니다. 유물론적으로는 물질적 개선이 문화의 발전으로 보고 문화 전반에 범신론적이고 유물론적인 것에 기초하고 있습니다. 한국 교회의 숫자, 교인들의 수에 집착하는 것도 유물론적인 접근이라고 할 수 있습니다. 그러나 인간의 모든 삶에 하나님의 주권을 인정하는 사람들의 신앙에서는 독특한 기독교 문화를 기대할 수 있습니다. 성경 중심의 하나님의 문화적 명령은

"생육하고 번성하여 땅에 충만하라,
땅을 정복하라."(창1:28)라고

하신 명령입니다. 하나님은 모든 문화의 창시자이시고 인간 모든 삶의 영역에 하나님의 주권을 인정하는 기독교 문화 건설이 하나님의 명령인 줄 아는 성도들만이 올바른 기독교 문화를 건설해 갈 수 있습니다.[9]

성경이 말하는 문화적 기초는 하나님의 창조의 역사와 인간을 창조하시고 에덴동산에 살게 하신 것부터 시작이 됩니다. 하나님이 창조하신 세계를 보시고

"참 좋았더라." 하시고

거기에 하나님의 형상을 닮은 아담과 하와를 창조하셨습니다. 아담과 하와는 하나님이 창조하신 에덴동산에 거주하게 하시고 창조하신 좋은 과실과 함께 동식물에게 이름을 지어 부르게 하시고 생육하고 번성하게 하여 다스리도록 하셨습니다. 이것이 창조의 구조 속에서 나타난 문화의 기초와 인간이 해야 할 사명입니다. 뿐만 아니라 인간의 사명은 창조주와의 언약적 사귐을 갖고 동산을 지키고 땅을 정복하는 일과 자손을 번성시켜 실천하는 문화적 사명을 완수해야 하는 것입니다. [10]

하나님의 창조의 질서 속에서 문화의 확고한 기초를 가진 인간은 발달된 문화 속에서 인간의 죄로 말미암아 타락하였습니다. 농사를 짓는 가인은 사냥을 하는 아벨보다는 문화적 발달을 하였음에도 질투하여 아벨을 죽이는 범죄를 저지르고, 문화적 건축 기술을 발달시킨 바벨탑 축성은 하나님의 뜻에 반대하여 인간의 교만을 만들고, 이방인들의 다양한 문화는 그들의 이방인들을 따르게 하는 악마의 동기가 숨어 있는 것입니다. 그런데 하나님은 지으신 이 세상의 발전을 결코 정죄하지 않습니다. 하나님은 단비를 의로운 자와 불의한 자에게 똑같이 내리시듯 두로의 건축 기술은 성전 건축에 사용하도록 하였습니다. 이스라엘의 포로 시기에 하나님의 충성 된 종들은 이방 나라의 왕궁의 선한 청지기였습니다.

즉 하나님의 심판은 그들의 문화가 아니라
하나님을 반역적으로 미워하는 이방신들의 문화와 추종자들입니다. [11]

보통 교회는 기독교인들이 모이는 곳입니다. 즉 기독교인과 비기독교인이 만나기 어려운 곳입니다. 이들이 서로 만나기 위해서는 커피숍, 카페, 혹은 레스토랑 같은 곳에서 만남을 가져야 합니다. 교회와 사회의 접촉점을 장소에 국한하였을 때 기독교인들에게는 교회의 분위기가 있는 곳, 혹은 현대인들이 좋아하는 기억될 만한 장소가 있다면 자연스러운 교회와 사회의 접촉점을 만들어 갈 수 있습니다. 물론 접촉점은 장소가 만들어 내는 분위기는 그 효과가 작을 것입니다. 그러나 주위의 분위기가 시대적 상황을 반영하여 만들어지고 기독교 문화적인 요소가 더 해진다면 모든 참가자들이 자연스럽게 받아들일 것입니다.

기독교 센터는 분위기와 문화, 감정 그리고
사람의 오감을 자극시키는
시설, 행사 등 여러 가지 방법들을 동원하여
포괄적인 방법으로
참가자들에게 기독교 문화를 적응시킬 수
있는 방법이라고 봅니다.

세계와 한국 사회는 세기적 전환기를 맞이하여 가정과 학교 그리고 사회의 공동체까지도 모더니즘과 포스트모더니즘과 같은 현대 사상의 흐름에 따른 소비 문화와 대중 문화의 변화를 주도하고 있습니다. 여기에 교회는 근대적 사고방식으로 접근하고 있어 사회 분위기와 점점 멀어져 가고 있습니다. 여기에 요청되는 것이 민족 문화의 정체성을 세워 갈 수 있는 기독교적 문화관의 역할을 필요로 하는 시기입니다. 기독교적 문화관은 기독교적 세계관과 가치관을 전제로 합니다. 한국 교회는 기독교적 문화관의 확립을 통하여 문화적 수용력과 변혁 능력을 배양시킬 수 있는 것입니다.

한국 교회가 문화에 관심을 기울여야 하는 이유는
교회와 사회가 바로 이 문화를 통해서
만날 수 있기 때문입니다. [12]

교회가 전통적 한국 문화와 접목시키기에는 한계가 있습니다. 지금도 많은 교회에서는 전통 문화를 교회 내에서 공연하기도 하지만 연례적인 특별한 행사로 주로 장년들이나 노인들을 위한 경로 잔치에 초빙될 뿐입니다. 또한 많은 목회자들에게는 우리의 전통 음악이나 공연에 미신적인 요소가 너무 많아 걸림돌로 여기고 있습니다. 그러나 미신적인 요소들 중에는 우리의 기독교에 큰 영향을 준 요소가 있는데 바로 '하늘님' 사상을 기독교의 유일신 사상인 '하나님'으로 변화시키는 데 큰 역할을 하였다는 학자들의 의견도 있습니다. 앞으로 많은 전통 문화와 기독교 문화의 연결에 대한 연구가 있어야 되리라 봅니다. 조선 500여 년의 역사를 이끌어 온 유교와 근 현대 한국 사회를 200여 년 이끌어 온 기독교가 대치되어야 앞으로 300여 년, 혹은 그 이상을 이끌어야 갈 한국 사회를 변화시킬 수 있습니다. 교회 숫자가 늘어나는 것은 어느 시기에 정점을 이룰 것입니다. 그렇다면 교회와 비기독교인들이 함께할 수 공간은 기독교 센터와 같은 활동적이고 같이 생각을 공감하며 현대적인 예술, 문화 그리고 일상적인 삶의 필요를 채워 주고 공감대를 형성하여 모임을 즐길 수 있는 장소에 대한 필요성이 곧 오리라 봅니다. 기독교 센터는 만남의 장소로서 역할을 하는 데는 최적의 조건을 갖추고 있고 많은 사람들이 방문할 수 있는 이유를 제공하여 공감대를 형성할 것입니다.

기독교적 문화관은 전제로 기독교적 세계관이 심어져야 합니다. 세계관은 특정한 문화에 대한 믿음이나 태도의 배후에 자리한 기본적 전제들을 의미합니다. 이 전제들은 당연한 것으로 받아 들어지기 때문에 점검되지 않았을 뿐만 아니라 대부분 암시적으로 의심없이 받아 들여집니다. 마음 깊은 곳으로부터 우러나오는 감정에 의하여 강화되며 누구든지 거부하거나 도전하는 사람들에 대해 심한 공격을 하기도 합니다. 문화의 저변에 자리한 세계관은 구성원들에게 세상과 사물에 대한 인식을 정형화함으로 나름대로의 인식을 줍니다, 또한 세계관은 인간적인 고난과 고통에 대해 정서적인 안정을 제공하여 줍니다. 사람들에게 인식된 문화적 기준을 정당화하여 행동의 기준으로 삼고 그들의 사고와 감정과 가치들을 일정한 틀 안에서 이해하게 되며 나름대로의 통일된 견해를 갖게 함으로써 주관적 감정적 확신을 갖게 합니다. 그러나 모더니즘과 포스트모더니즘 같은 특정한 문화적 흐름이나 현상들이 일어났을 때 맞서 싸우거나 재해석하여 흡수하거나 통합시키기도 합니다.

모든 종류의 세계관은 종교적 성격을 갖고 있습니다.

인간의 존재에 대한 근원, 본성과 존재 의미 등 종교적 질문에 대한 답을 갖고 있습니다. 이러한 질문에 대한 해답은 철학, 과학기술로는

얻기가 불가능하고 오직 세계관을 담은 종교적 교리에 의해서 구할 수 있습니다.[13]

　기독교적 세계관은 기본적으로 성경의 이야기를 통하여 제공되어 집니다. 성경에는 인간의 존재와 본성에 대한 답변을 확실하게 해 줍니다. 성경에는 하나님의 창조 역사에 인간을 포함한 온 우주의 주인 되심을 증거하여 줍니다. 하나님의 모든 창조는 하나님의 거룩한 섭리 안에 있기 때문에 이 세상의 어떤 것도 하나님의 주권적 질서 안에 있다는 것입니다. 이는 기독교 세계관 속에서 인간들이 이루어 가는 기독교 문화관의 관심 영역과 태도가 하나님의 거룩한 주권과 질서 안에 있는 것입니다. 인간들의 모든 사회적 삶과 정치. 경제, 그리고 개인, 가정, 사회, 국가 등 모든 분야를 포괄하는 것입니다. 그러므로

기독교 문화는 하나님의 거룩하신 주권과
질서 안에 있는 것입니다.[14]

　성경이 증거하는 기독교적 세계관을 담은 기독교 문화에는 하나님의 은혜에 감사하는 신앙이 들어 있습니다. 하나님의 사랑과 은혜를 깨달은 신앙은 이웃에게 사랑과 정의와 섬김을 가능케 하는 힘의 원천이 됩니다. 또한 하나님의 형상대로 지음 받은 인간이기에 서로가 특별한 가치와 중요성을 부여하고 인간의 가치에 초점을 둔 인간의 존엄성을 가장 중요하게 여기는 세계관이 될 것입니다. 이러한 뜻이 하나님의 뜻에 의하여 통치되는 영역을 의미하며 그것은 우리 가운데에 있는 것입니다. 그러므로 창조 이후에 인간의 손길이 덧붙여진 모

든 영역인 문화 가운데에도 하나님 나라가 임하여야 함으로 그리스도
께서 선포하신 하나님 나라가 이 땅에서 이루어져야 합니다. 하나님
께 영광을 돌리며 이웃을 사랑하며 살아가는 공동체로서의 성숙한 모
습이 하나님 나라 운동의 핵심이 될 것입니다. [15]

하나님이 아담과 더불어 에덴동산에서 세우신 언약은 예수 그리스
도로 말미암아 새롭게 됩니다. 예수 그리스도의 새 언약은 하나님의
구속된 백성들에게 새로운 성, 새 성소, 하나님의 새 동산으로 이끄시
고 그리스도의 완성하신 사업을 통하여 교회는 그리스도의 형상으로
새로워지며 심지어는 아버지의 형상을 가지게 됩니다. 시편 제8편에
경축된 아담의 만물의 통치는 그리스도의 사업 안에서 풍성하게 성취
되고 그리스도의 통치는 온 세계에 충만하게 미치게 됩니다. 그리스
도의 통치의 전적이고 절대적인 성격은 이적들 가운데 나타납니다.
그리스도께서 물 위를 걸으신 것은 기술적으로 배를 만들어서 한 것
이 아니고 창조 세계에 대한 그의 직접적이고 인격적인 능력으로 하
신 것입니다.

인간의 기술 문화는 사람이 뗏목 없이 물 위를
걷거나 우주선 없이
하늘을 나는 것은 불가능하기 때문에 인간들의
기술을 문화적이라고 합니다.

그러나 이적을 통한 그리스도의 능력의 구사가 자연에 나타난 것
은 그의 인격적 주인 되신 성격을 보이신 것입니다. 그리스도가 땅의

만물을 통치하심은 승천하심과 아버지 보좌 우편에 좌정하심으로 확정되었고 그의 나라의 확장과 성령의 능력으로 역사 속에서 확립하셨습니다. 즉 그리스도는 마지막 아담으로서 하나님이 명령하신 임무를 복음의 전파를 통해서 실천하신 것입니다.[16]

그리스도는 창조 구조를 새롭게 함으로써 문화의 구조를 변혁케 하십니다. 새 언약의 충만함에서 하나님과 인간의 언약이 새로워져야 하는 것입니다. 그리스도는 죄인인 인간들을 새롭게 하시고 새 하늘과 새 땅에 있는 만물들을 새롭게 하실 것을 약속하셨습니다. 모든 자연은 새로워지고 인간 사회도 새롭게 되는 것입니다. 성경은 새로운 성을 말하며 그 성의 건축자와 만드신 이가 하나님이시고 이것이 장차 올 성입니다. 그리스도께서 내림 하실 새 예루살렘 성은 그리스도 안에서 확고히 설 것입니다. 믿음으로 구원받은 모든 성도들은 교회의 사명감 속에서 새 예루살렘 성으로 들어 갈 것입니다. 그리스도의 문화적 사명은

"그리스도가 죽은 자 가운데서 부활하셔서
모든 통치자들과
권세와 능력을 주관하시므로 만물이 그의 발 아래 복종하며
만물을 충만케 하신다(엡 1:23)."의

말씀과 같이 만물을 통치하심으로 성취하신 것입니다. 그리스도는 자기 백성을 위하여 모든 필요를 수행하시고 사탄의 지배를 받고 있는 이 세상까지도 통치하고 계십니다.[17]

성경적 세계관은 이 세상에서 실현되고 있습니다. 미국은 세계 최대의 선교 자원, 풍부한 선교사들과 어마어마한 교회 숫자로 전국을 뒤엎고 있습니다. 세계 최대의 기독교인과 그들의 매주 교회 출석률로 세계를 기독교화시키고 무슬림과 맞서고 있으며 18세기 대각성 운동으로 전 국토를 부흥시킨 영국이 뒷받침하고 있으며 대각성 운동은 미국과 1907년 평양 대부흥이 한국에서 일어나게 하였으며 한국과 같은 유교 전통과 무속의 나라를 기독교 발전국의 선례로 만들어 가고 있는 것이 성경적 세계관이 이 세상에 실현되고 있다는 증거입니다.[18]

그리스도께서 통치하시는 이 세상에는 우리가 알지 못하는 날에 그리스도께서 오실 것입니다. 그의 백성들은 사명에 따라 제자가 되어 선교를 하고 고난의 십자가를 지고 하나님의 영광을 위해서 살아야 합니다. 이 세상 문화 속에서 누룩이 되고 소금이 되어 이 세상이 부패되는 것을 막고 빛으로 인도하는 것입니다. 그리스도께서 통치하시는 그리스도 나라의 생활은 교회에서 실제적으로 문화를 구현시킵니다. 그리스도의 나라는 주님의 뜻을 따라 희망 중에 사는 공동 사회로 나타납니다. 공동 사회는 그리스도께서 지배하시는 교회로 구성돼야 하고 교회는 청지기의 소명을 가지고 이 세상을 그리스도의 나라의 문화로 변혁시켜 나갈 것입니다. 시와 음악, 예술 혹은 어떤 방법으로 문화가 형성되더라도 살아 계신 하나님의 영광과 찬양이 표현되어야 할 것입니다.[19]

문화는 복음 전파의 매개체이자 대상이기도 합니다. 초대교회 시절에는 교회가 문화의 주도권을 유지하였고 근대 문화를 수용하고 국가적 어려움에 동참하였던 한국 교회들도 현대에 들어서기까지 한국의 세속 문화를 변혁시켜 지금의 기독교 문화를 확립하여 왔습니다. 그러나 지금 한국의 기독교인들이 느끼는 것은 한국 교회의 대사회적 지도력의 부재와 교회 성장의 정체는 하나님 나라의 구체적 실현의 부진함과 시대적 상황과 함께하는 현대 문화에 대한 수용력과 지도력의 부재를 의미합니다. 따라서 문화에 대한 신앙적 태도는 복음은 인간의 모든 형태의 문화와 구별되어야 하지만 복음으로 문화에 대해 정죄하는 것도 신앙적 태도가 아니라고 봅니다. 또한 복음과 문화를 동일시했을 때 인간의 죄를 미화시켜 상대화 시키는 경향을 경계해야 할 것입니다. 기독교 센터와 같은 교회 밖의 기관들이 가장 경계해야 할 부분입니다. 기독교인들은 왜곡된 문화가 얼마나 기독교에 해를 끼쳤는지 역사를 통해 알고 있습니다. 기독교인들은 기독교 문화 속에 하나님의 말씀과 기도로 거룩하여 지고 죄로 물든 문화가 온전히 하나님의 주권 아래 놓이도록 문화의 변혁을 이루어 가야 할 것입니다.[20] 기독교 센터가 추구해야 할 목표가 하나님의 주권 아래서 문화의 변혁을 이루러 우리가 사는 이 세상이 하나님의 나라가 되게 하는 것입니다.

2-4-2. 기독교 현실주의를 실현하는 기독교 센터

기독교 현실주의는 기독교 세계관을 복잡한 현대 사회에 적응시켜 보려고 했던 신학 사상입니다. 기독교 센터는 기독교 현실주의 신학자들의 주장의 일부를 도입하여 신학적 밑받침을 찾고자 합니다. 기독교 현실주의는 하나님 중심의 세계관 그리고 권위, 사회구원, 사회 복음, 계몽주의와 이성주의, 인간의 이성과 사랑과 정의, 사회 윤리와 공동체 윤리, 도덕적 인간과 비도덕적 사회, 하나님 나라와 예수의 가르침, 만남의 광장 등의 개념을 인용하여 하나님의 나라를 현실 세계에서 이루어 나가려는 방법이 신학자들이 제안하는 현실 참여 방식입니다.

라인홀드 니버가 말한 기독교 현실주의란
"기독교가 고백하는 신앙과, 십자가에서 절정에
도달한 계시적 진리를 '현실세계'에 적용시켜,
현실 도피적인 신앙을 극복하면서,
낭만주의적 인본주의 신앙에 빠지지 않고 기독교인으로서
책임적 삶을 살아가려는 윤리적 신앙."[21]을

말합니다. 여기서 기독교가 고백하는 신앙을 가진 사람은 일반적인 개신교인으로 하나님을 믿고 믿음대로 살려고 하는 사람들일 것입니다. '십자가에서 절정에 이른 계시적 진리'는 비록 자신은 십자가에 못 박혀 죽을 정도로 복종한 아버지 하나님에 대한 사랑과 그를 죽인 백성들에 대한 아가페적인 사랑이 이루어질 것이라는 예수의 사랑을 계시적 진리로 표현된 것입니다. 이 예수의 사랑을

'현실세계에 적용시켜 현실 도피적인 신앙을
극복하면서'에서는

세계 제2차 대전의 전쟁 폐허로 병과 굶주림으로 죽어 가는 약한

사람들과 산업화로 도시에 몰린 가난한 사람들에 대한 외면으로 사회가 냉대해져 가는 것을 의식하였습니다. 이러한 상황은 현재에 기독교의 사회적 역할이 냉대해져 가는 가운데 갖추어야 할 필요한 덕목으로 기독교가 사람들에 대해서 도덕적 이상주의와 평화주의로 비판받는 이유이기도 합니다. 그는 도덕적 이상주의가 오늘날의 사회가 직면해 있는 위험들을 거의 이해하지 못하고 있고, 집단적인 인간의 도덕적 자원들을 과대평가하고 있기 때문에, 그것이 달성하고자 하는 목표는 필연적으로 성취될 수 없는 것이라고 논의하였습니다. 또한 평화주의는 낭만주의적 시각일 수 있음을 지적하였습니다. 왜냐하면, 평화주의는 현실에 대한 정확한 인식을 결여하고 있으며, 사회에 대한 책임을 회피하고, 결과적으로 불의가 점점 세력을 확산하도록 만들기 때문이라는 것입니다. [22,23]

결국 니버가 제안한 것은 사랑과 정의에 대한 도입이었습니다. 사랑과 정의를 역설적인 관계를 분석하여 하나님의 아가페적인 사랑의 실천 대안으로 정의를 제안하였습니다. 기독교 현실주의 논의에 따르면,

'아가페로서 자기 희생적 사랑'은

인간의 죄의 속성으로 인해 개인적 영역과 사회적 영역 모두에서 완전하게 성취될 수 없습니다. 결국 니버에게 아가페로서의 사랑이란 인간의 역사와 사회에서 완전하게 실현이 불가능한 과제가 되기 때문에, 현실적인 인간 행위에 대한 대안으로서 정의를 도입하여 논의한 것입니다. 즉,

정의를 '사랑을 향한 근사치적 접근'으로

정의하였습니다. 사회에 책임을 지는 그리스도인으로서 행동하려면 '집단적 힘의 균형과 상호견제'를 통해서, 정의를 실현함으로써 사랑을 근사적으로(approximately) 실천해야 한다고 주장한 것입니다. 그러나 이러한 니버의 현실주의적 사회윤리의 특징은,

폭력을 사용하여 올바른 사회 제도를 수립할 수 있으며
폭력까지도 기독교 사회 윤리의 틀에서 승인할 수
있다는 위험한 논리를 끌어낼 수 있습니다.

니버는 분명 사랑이라는 궁극적 목적을 포기하지 않았지만, 인간의 역사에서 사랑은 현실화하기 불가능하므로 반드시 정의에 의한 사회 통제가 필요하다고 보았습니다. 하지만 이때의 정의는 반드시 사랑의 통제를 받아야 함을 강조하고 있습니다. 즉

사랑은 가능한 한 최선의 사회 질서를 추구하게
하는 동기이고, 정의는 사랑의 적용을 위한
수단이라고 하는 것입니다.

정의는 사랑의 근사치이기 때문에, 그것은 사랑에 의해서 교정될 수 있고, 더 높은 차원으로 고양되어야 합니다. 정의가 형제애와 일치하는 한 사랑은 정의를 성취하는 것이고, 정의가 사랑과 모순될 경우, 사랑은 정의를 비판합니다. 사랑은 항상 정의를 더 높은 차원으로 고

양시킨다고 보았습니다. [24]

　기독교 현실주의의 기원은 아우구스티누스(Augustinus), 토마스 아
퀴나스(Thomas Aquinas), 마르틴 루터(Martin Luther), 존 칼빈(Jean Calvin),
라인홀드 니버(Reinhold Niebuhr), 폴 램지(Paul Ramsey)로 이어지면서 국
제 관계에 있어서 평화주의를 내세우기 위한 합리적 목표를 이루고
정하기 위하여 전쟁과 관련된 토론을 통하여 발전해 왔습니다. 기독
교 현실주의의 중심에는 '정당전쟁'(just war, 의로운 전쟁)이라는 개념이
있습니다. 이는 기독교 시대 이전부터 있었으며 그 개념을 4세기에 아
우구스티누스가 기독교화하고 13세기에 토마스 아퀴나스가 체계화했
습니다. 아우구스티누스는 이 땅에서 승리는 임시적이며, 하늘의 도
성에서 영원한 평화가 가능하다고 두 도성론에서 주장하였는데, 아우
구스티누스는 이 땅의 평화와 하늘의 평화를 구분하고, 전쟁을 수행
하려면 보다 높은 도덕적 목적이 있어야 한다고 주장하였습니다. 마
르틴 루터의 경우, 전쟁에 대하여 매우 현실주의적인 입장을 가지면
서도 이를 영적인 문제로 보았습니다. 루터는 필연적인 정당한 전쟁
이라면 수도원에서의 명성과 수도 같은 일을 핑계로 전쟁과 같은 공
의를 수행하는 일을 외면하는 것은 잘못이라고 지적하였습니다. 라
인홀드 니버는 근대적인 세계관 속에서 정치적 현실주의를 발전시
킨 인물로서, 그의 도덕적 인간과 비도덕적 사회(Moral Man and Immoral
Society)에서 개인은 그 이기적 속성을 집단 안에서 동기를 숨긴 채 극
대화하려는 욕망을 주체하지 못하기 때문에 사회생활을 위한 개인은
합리적이지 못하여 불안전하다고 주장하였습니다. 그러면서 니버가
주장한 정의(Justice)를 통해서 비록 불완전하지만 정치 세력 간 힘의

균형을 강조하며, 궁극적으로 기독교의 사랑을 통한 '불가능의 가능성'을 추구하는 것이 중요하다고 주장하고 있습니다.[25,26]

　니버의 기독교 현실주의는 그의 인간에 대한 이해로부터 시작됩니다. 니버는 계몽주의 시대 이후 태동한 '이성 중심적 낙관주의'에 도전하며, 인간의 죄의 속성에 대하여 모순성이 있다는 것을 강조하였습니다. 이성 중심은

신의 영향력을 배제하고 인간의 이성에 의지하면
생각과 행동이 편해지고 편리함을
가질 수 있다는 인식이 되면서 인간의
생각과 사상을 중심으로 한 사상으로

　인간의 평등과 자유의 개념이 인간들에 의해서 보편적 인식이 되면서 신이 부여한 인간들의 죄는 약화되고 있다고 보았습니다. 봉건시대의 개인의 가치에 비해서 근대에 확립된 이성주의의 계몽주의는 향상된 개인의 가치를 통하여 훨씬 자유롭고 풍성한 자유를 누리게 됩니다. 또한 세상에는 전쟁과 기근이 없는 살기 편한 유토피아가 될 것이라는 낙관적으로 바라보는 인식에 대해서 기독교에서 볼 때는 세상은 점점 죄 많은 곳으로 타락하면서 무엇이 선인지 혹은 악인지를 구별 못 하는 모순이 반복되는 것이 인간들의 세상이라는 것을 깨달아 간다는 것입니다. 니버는 이성 중심적 낙관주의는 인간이 도덕과 이성을 통해서 사회 문제들을 극복할 수 있다고 확신하지만, 이는 인간의 도덕적 능력에 대한 이성에 의한 판단으로 불완전한 것이며 사회문제의

해결에 기여하지 못할 것으로 여겼습니다. 니버는 현대 인간 사회 안에서 일어나는 사회적 갈등들은 사회를 이성적인 낙관주의로 바라보는 데서 발생한다고 보았습니다. 자유주의 신학자들이 주장하는 인간의 자유의지는 의를 구현하기 보다는 죄를 짓는 모순을 만들어 내고 이 모순은 진보적 사회를 구현하거나 정의를 실현할 수 없다고 본 것입니다. 니버에 의하면 "사회적 갈등들은 인간 사회 속에서 불가피합니다. 왜냐하면 인간의 비이성적 혹은 비도덕적 힘은 인간의 도덕적이고 이성적인 힘보다 훨씬 더 강하기 때문이라는 것입니다."[27,28]

니버는 그의 기독교 변증법으로 공동체의 윤리에 대해서 정리를 했습니다.

첫 번째로 공동체를 통해서 신 중심의 윤리관을 형성할 수 있다고 보았습니다. 인간의 이성주의에 의한 윤리의 판단은 유한성을 지니고 있고 조정할 수 있는 도덕성은 점점 약해지고 세상에서 주어지는 권력과 힘은 인간의 도덕성을 높일 수 있지만 근본적으로 인간의 약함은 여전히 남아 있다고 한 것입니다. 오히려 신에 대한 믿음의 증가는 인간의 유한성을 극복할 수 있는 힘을 갖게 됨을 강조하였습니다. 인간이 자신의 약함을 인정할 때 가능한 것이며 이것이 신앙이 주는 해결책이라고 여겼습니다. 니버는 오로지 신앙을 통하여 인간의 유한성을 인정하고 이성과 양심의 역할을 통하여 주체적 인간성의 회복을 갖고 한층 개인보다 더 높은 도덕적 책임을 다할 수 있다고 보았습니다.

두 번째로 니버는 기독교의 공동체의 윤리는 세상의 권력에 의존하는 것이 아니라 하나님 중심이 되어 세상을 바꾸어 나가는 권위가 되어야 한다고 보았습니다. 세속 문화 속에서 권력은 항상 독재로 변할 수 있고 종교 제도의 강압은 비판에 무감각하게 된다는 것입니다. 이 것은 기독교와 문화 사이에 건설적인 비판적 기능을 약화시키는 역할을 하게 되며 신앙의 힘을 무너뜨리는 결과를 초래할 것으로 보았습니다. 기독교 신앙의 힘은 예수 그리스도의 십자가의 의미를 통해서 회복이 되며 하나님을 경외하는 데서 얻을 수 있고 기독교는 하나님을 중심으로 삼는 교회 공동체를 통해서 하나님 나라를 실현할 수 있다고 보았습니다.

세 번째로 니버는 기독교의 공공선을 시대에 따른 신학에 근거하여 재정립함으로써 이데올로기적 갈등에서 벗어나야 한다고 했습니다. 현대에 교회는 공적 영역에서 개교회주의와 교단의 제도 아래 끊임없는 충돌로 교회에서 실망한 교인들이 하나님을 믿지만 교회는 가지 않는 소위 '가나안 교인'의 양산에 기여하고 있다고 본 것입니다. 교회는 하나님의 권위를 회복하는 데 집중을 하고 세상의 권력과 세속 사회의 가치를 예수 그리스도의 사랑으로 변화시켜 나갈 수 있는 공동체를 이루어 나가야 한다는 것입니다. [29,30]

존 C. 베네트(John Coleman Bennett, 1902-1995)는 사회 복음 운동을 진보적으로 발전시켜 WWII 전후 어지러운 세상에 기독교 현실주의를 실현하려고 노력한 미국 개신교 정치 사상가입니다. 베네트는 기독교의 윤리적 가치들을 사회 질서 속에 적응시키고자 사회 이론을 세가지로 구분하여 연결하였습니다. 사회 복음, 진보주의, 기독교 현실주의와 해방신학으로 나누어 서로 보완하여 예수의 가르침을 현 사회 질서와 연계시켰습니다. 베네트의 시도는 초기 기독교 현실주의의 사회적 입지를 굳히는 데 지대한 영향을 끼쳤습니다. 베네트는 오늘날의 사람들이 예수의 삶과 자신의 삶을 연결시키지 못하고 있고 복잡한 현대인들의 사회 속에서 예수의 가르침을 어떻게 적용시킬지 모르고 있다고 보았습니다. 사회 복음 운동의 중심사상은

> 하나님 나라의 개념이 현 시대의 정신 속에서
> 살아나야 한다고 했습니다.

사회 복음이 추구하던 예수의 가르침의 현재적 적용 특히 '하나님 나라와 현재의 사회 질서와의 연결'을 시도한 것입니다. 하나님 나라를 이 세상에 실제로 구현할 수 있다는 매우 낙관적인 입장을 취하였습니다.[31] 사회 복음은 예수의 원래 복음을 재발견하는 것으로 간주될 수 있습니다.

사회 복음은 하나님 나라에 관한 예수의 가르침이었습니다.

기독교의 사회적 작업은 예수의 원리들을 사회 질서에 적용시키는 것입니다. 사회 복음을 믿는 기독교인은 예수의 권위가 자신의 뒤에서 있다는 확실한 방향 설정과 자신감을 가지고 미래에 직면해야 된다고 합니다. 그러나 오늘날 이러한 확실성과 자신감은 거의 사라져 버렸습니다.[32]

베네트는 이전의 사회 복음이 말하고 있는 예수의 원래 복음의 재발견을 위한 구체적인 배경을 '복잡한 현대 사회적 상황' 속에서 찾으려고 하였습니다. 즉 궁극적인 사회 변혁의 힘은 예수의 복음을 현 사회 상황 속에 적용시키려는 이전의 사회 복음의 정신에서 찾되, 예수의 윤리와 사회적 양상이 명확하게 구별될 수 있었던 사회 복음에서의 사회적 상황과는 달리, 이 둘의 관계가 복잡하게 엉켜 있는 다원화된 현 시대 상황을 파악하면서 사회 복음 정신의 새로운 현 시대적 적용을 시도하고 있는 것입니다. 베네트는 사회 복음이 하나님 나라에 관한 예수의 가르침이라고 정의 내리면서, 예수의 복음을 재발견해 내는 것이 그의 임무라고 보았습니다. 다시 말하면 그가 말하는 사회 구원이란

하나의 사회적 작업(social work)이라 할 수 있으며,
이러한 사회적 작업이야말로 사회 복음이
꾸준히 추구해 오던 것이며,
이것이야말로 현 사회 체제를 바꿀 수 있는
'기독교적 힘'이라고 보았습니다.

다소 추상적으로만 보일 수 있는 사회 복음의 하나님 나라의 사상도 이러한 맥락에서 본다면, 베네트가 나름대로 추구하고 있던 새로운 사회 질서를 구현하기 위한 기본적인 사상적 힘으로서 자리 잡을 수 있게 됩니다.[33]

그러나 이러한 베네트의 신학적 시도는 사회 복음의 시도가 결국

지나친 낙관주의적 시도였다는 비판을 받게 되었고 현 시대 상황 속에 구체적으로 적용시키기에는 여전히 낙관적이며 너무 이상적이라고 비판을 받았습니다. 베네트는 사회 복음의 노선을 떠나 기독교 현실주의의 입장을 택하게 됩니다. 사회 복음의 지나친 낙관적 입장으로는 사회 변혁이 불가능하다는 것을 깨달은 베네트는 그 대안이란 것이 예수의 본래적 가르침과 이 세상과의 '타협'이었습니다. 예수의 절대적 사랑의 윤리는 현재의 세상 속에서 실현 가능한 어떠한 것과도 분리되어 있습니다. 베네트는 예수의 절대적 사랑의 윤리와 현존하는 세상의 질서 사이의 근본적인 연결점은 있을 수 없다고 보았습니다. 따라서 그는 예수의 원리들, 특히 예수의 절대적 사랑의 윤리를 세상의 질서와 연결시킬 수 있으려면, 세상 속에 사는 사람들이 자기 자신을 예수의 이상에 부합하도록 타협해야 된다는 것입니다. 이렇게 되면 베네트가 구상하고 있는 새로운 사회질서가 현재 사회 속에서 이루어진다 하더라도 그러한 체제는 결국 이 세상 속에 머물러 있게 되며, 따라서 사회 복음에서 말하는 하나님 나라는 보다 더 초월적인 것으로 남게 되는 것입니다. 이러한 점에서 베네트는 이 땅 위에 하나님의 나라를 직접 이루어 보려는 사회 복음의 지나친 이상주의적 혹은 낙관주의적 사고관을 거부하고 기독교 현실주의자 입장에서 현대 사회를 바라보게 됩니다. [34]

베네트는 사회 변혁을 위하여 '교회의 역할'에 대하여 매우 중요하게 여기고 그 힘을 어떻게 수용하여 왔는지 살펴보는 것은 매우 중요하다고 여겼습니다. 그는

교회의 두 가지 주된 사회적 역할로서 기독교인들을
국제적인 무대 속으로 연결시켜 주는 보편적 공동체로서의
역할과 각 국가 안에 속하면서 그 국가의 정책에 영향력을
줄 수 있는 공동체로서의 역할을 제시하였습니다.

베네트는 교회는 사회 전반에 걸쳐서 하나님의 뜻을 이루기 위하여 사명을 지니고 있음을 알았습니다. 교회는 그 자신의 사명을 가지고 사회 전반의 삶에 책임을 갖고 있습니다. 교회는 인간 삶의 모든 측면에 대하여 하나님의 사랑과 심판을 중재하도록 부름 받은 것입니다. 교회의 구성원들은 국가의 시민들이며, 또한 시민들로서 그들은 국가에 대한 하나님의 뜻에 순종함으로써 소명을 얻게 됩니다. 베네트는 교회를 사회 복음에서 말하는 하나님의 나라를 실현시킬 수 있는 '중재자(mediator)'로 여기고 있는 것입니다. 하나님 나라를 새로운 사회 질서와 일치시키는 것에 대하여 신학자들이 받아들일 수 있는 신학적 근거는 없다고 봅니다. 그러나 하나님 나라는 모든 사회 질서에 관계되며, 기독교인들은 어떠한 사회 질서 안에서 '정의, 진리, 인간성, 자유'를 구할 때마다 하나님 나라를 위해 일을 하게 됩니다. 이는 하나님 나라는 교회 안에 임재해 있으며, 더 큰 사회에서는 정의와 자유의 구현에서 더욱 임재한다고 여기고 있는 것입니다. 베네트는

'교회'라는 용어를 사용할 때 철학적 혹은 교리적인
용어로서가 아니라, 현재 우리 사회 속에
들어서 있는 구체적인 교회들을 통칭하는 것으로서
사용하고 있습니다.

교회가 구체적으로 진정한 사회 변혁의 근거로써 작용하려 한다면 현 사회 속에 적극적으로 뛰어들어야 한다는 것입니다. 베네트는 사회 변혁의 있어서 교회의 중요성을 사회 복음을 통하여 찾아내어 강조하는 동시에, 사회 복음의 약점인 하나님 나라의 성취에 대한 지나친 문자적, 낙관적 입장을 경계해 나가면서, 결국 사회를 향한 교회의 보다 실질적인 참여를 강조하는 현실주의적 방식을 택하였습니다.

기독교 현실주의자로서 기독교와 현대 세계를 연결시키는 데 있어서 베네트는 니버보다 훨씬 적극적이었습니다. 따라서 베네트는 기독교적 정책과 사회 정책 사이의 괴리감에 대하여 항시 주목하였으며 사회 복음을 수용하면서도 동시에 '복음과 교회를 특별한 사회 프로그램이나 사회 체제와 동일시하려는 경향'에 대해서는 철저히 비판하였습니다. 다시 말하면 그는 정치, 경제 체제의 현실에 대하여 개량적 입장을 취하고 있기는 하였지만, 근본적으로는 여전히 예수의 가르침(복음)과 현 사회 체제를 철저히 분리시키고 있었던 것입니다. 여기서 베네트는 또다시 사회 복음을 떠나 기독교 현실주의의 편에 서게 됩니다. 즉

복음과 교회를 현 사회 체제와 동일시함으로써
이 세상 속에서 하나님 나라를
건설하겠다는 의지를 표출한 사회 복음의 지나친
이상주의 혹은 낙관주의를 기독교
현실주의자 입장에서 다시 한번 경계하고 있는 것입니다.

이러한 그의 신학은 베네트를 해방신학으로 이끌었습니다. 해방신학은 사회 복음의 지나친 이상주의적인 낙관주의를 벗어나 현실에서 불의에 희생된 피해자들이 힘을 갖게 해 주는 신학이며 현재 일어나고 있는 사회 구조적 모순을 극복할 수 있는 기독교 현실주의자들에게 있어서 새로운 도전이라고 여기고 있는 신학 분야입니다. 베네트의 해방신학과의 연대 또한 근본적으로 사회 복음의 진보적 정신에 대한 그의 관심으로부터 나오고 있다는 점입니다. 구체적으로, 불의에 의해 피해를 입는 억압된 자들의 편에 서려는 해방신학자들의 입장은 사회 복음에서 말하고 있는 예수 복음의 기본 정신, 곧 불의에 대항하려는 진보적 정신에서 그 근원적 힘을 얻고 있는 것입니다.

기독교 센터의 설립은 라인홀드 니버와 존 베네트가 주장한 기독교 현실주의의 일부에 대해 부분적으로 관련이 있습니다. 그러나 기독교 센터는 세상 속에서 보편적인교회를 중심으로 한 선교사업과 이 땅의 기독교화를 위한 만남의 광장입니다. 교회가 구체적으로 진정한 사회 변혁의 근거로의 역할에 일조하는 것입니다. 센터에서 기독교인과 비기독교인들이 만나고 사회에서 버림받은 약자들의 돌봄을 하고 함께 힘을 합쳐 어려움을 극복할 있는 모임을 갖고 어린이부터 어른들까지 남녀노소 구별 없이 여러 가지 이유로 함께 모일 수 있는 장소가 되는 것입니다. 니버가 제안한 것은 사랑과 정의를 통하여 하나님의 아가페적인 사랑의 실천을 제시하였습니다. 현 사회에서 아가페로서 자기 희생적 사랑은 인간의 죄의 속성으로 인해 개인적 영역과 사회적 영역 모두에서 완전하게 성취될 수 없다는 모순은 교회 공동체와 기독교 센터가 구별되는 포인트이기도 합니다.

하나님의 권위가 중심이 되는 신앙에 의한 공동체의 윤리를 내세워
사회에 책임을 지는
그리스도인으로서 행동만이 기독교 현실주의의
실현이라고 하였습니다.
기독교 센터는 신앙과 더불어 사회적 책임을
실행하는 기관이 될 것입니다.

베네트는 사회 변혁의 있어서 교회의 중요성을 사회 복음을 통하여 찾아내어 강조하는 동시에, 사회 복음의 약점인 하나님 나라의 성취에 대한 지나친 문자적, 낙관적 입장을 경계해 나가면서, 결국 사회를 향한 교회의 보다 실질적인 참여를 강조하는 현실주의적 방식을 택하였습니다. 기독교 센터의 역할은 이 세상에 대한 실질적인 참여를 하는 데 있습니다. 즉 교회 밖에서 교회의 역할을 하는 것입니다. 그 동안 전통적인 방식으로 교회가 주축이 되어 선교와 사회 구제 활동이 이루어졌다면 이제는 교회와 비기독교인이 다수인 사회가 어울리도록 공간을 마련하여 사회의 접촉점이 되면서 베네트가 말한 '교회와 사회의 '중재자' 역할을 하는 것입니다.

교회를 중심으로 한 기독교 센터와 같은 역할이 기독교 현실주의의 실현에 있어서 얼마나 중요한지를 내세운 학자가 라우센부쉬입니다. 라우센부쉬에게 있어서 이 정신은 시대적 정황과 상관없이 발휘될 수 있는 복음의 정신이고, 그 복음의 정신의 신학적 근거는 하나님 나라의 복음을 선포한 예수 그리스도의 가르침과 사역에 있다고 보았습니다. 예수 그리스도가 선포한 하나님 나라가 지닌 사회 변혁의 힘으로

의 진보적 정신을 기본 정신으로 삼는 라우센부쉬의 사회 복음은, 이를 방법론적으로 비판하는 현실주의적 입장에서 바라볼 때에도 여전히 놓칠 수 없는 기독교 정치 사상의 뿌리였기에 베네트와 니버와는 달리 사회 복음과의 끈을 놓지 않았으며, 오히려 그 정신을 기독교 현실주의자적 방식으로 중재하여 현 시대의 사회 속에 적용시키려 노력하였습니다. 베네트, 니버, 그리고 라우센부쉬의 공통점은

역시 교회에 대한 관심을 갖고 교회를
사회 복음에서 말하는 하나님 나라를
실현시킬 수 있는 중재자로 제시하고 기독교 공동체의
역할에 대한 중요성을 강조하였습니다.

이천 년을 내려오는 기독교 공동체인 교회의 사회적 역할의 중요성은 소위 진보 보수의 현대 정치적 논쟁 이전에 항상 확인되고 점검되어야 한다는 근대의 신학자들이 내세웠던 논제들과 더불어 공통적으로 제시해 주고 있다는 점에서 중요한 의미가 있습니다

2-4-3. 홍익인간 사상과 기독교 세계관의 접목

서울의 영락제단에서도 교훈으로 삼고 있는 홍익인간 사상을 실천적으로 그 의미를 살릴 수 있는 장소가 기독교 센터입니다. 기독교 센터에서 펼쳐질 사회 구제 사업들, 교육과 사회적 공공기관으로서의 역할과 전통적인 풍습과의 조화를 발전시켜 홍익인간 사상과 기독교 세계관을 함께 연결하여 이해할 수 있는 사상을 만들어 갈 수 있는 곳

이기 때문입니다. 한국 사회에서 살아 움직일 수 있는 사상을 만들어 내면 일상 생활에서 기독교인들이 활동하기에 많은 도움이 될 것입니다. 적어도 반기독교적인 언론인들에게 말과 행동을 대중 미디어에서 함부로 할 수 없는 상황을 만들어 줄 것입니다. 홍익인간 사상은 "인간을 널리 이롭게 합니다."는 뜻으로 우리 나라의 건국 이념이며 교육 기본법 제2조에 해당하는 교육 이념입니다. 단군신화에 의하면 "널리 인간을 이롭게 한다는 것이 천신 환웅이 이 땅에 내려와서 우리의 시조 단군을 낳고 나라를 연 이념으로 여겼다." 합니다. 홍익인간에서

'인간'은 오늘날처럼 '사람'을 뜻하지 않고,
'사람들이 사는 세상'을
뜻한다고 학자들은 봅니다. 즉 세상을 이롭게 하는 것은
세상을 구하는 것이고 하나님의 사랑의 대상인
그의 백성들의 세상을 구하는 것입니다.

우리나라 고대 신화라고 볼 수 있는 단군신화는 13세기 말엽에 저술된 삼국유사와 제왕운기 그리고 15세기 전반기에 편찬된 세종실록에도 소개가 되어 있습니다. 지금까지 한국 사람들에게 박혀 있는 사상으로 종교와 상관없이 인정하는 설화입니다. 이 사상은 대한민국 임시정부 시기의 건국 정신으로 현재의 공교육에서 민족적 가치관으로서 가르치고 있으며 관습법상 국시라고 여기고 있습니다. 한국의 교육 이념은

"교육은 홍익인간의 이념 아래 모든 국민으로 하여금

인격을 완성하고 자주적 생활 능력과 공민으로서의
자질을 구유하게 하여 민주국가 발전에 봉사하며
인류공영의 이상 실현에 기여하게 함을
목적으로 합니다."라고 돼 있습니다.

어떤 교육을 받느냐에 따라 형성되어지는 세계관에 큰 영향을 준다는 것을 우리는 너무나 잘 알고 있습니다. 공산주의 국가와 민주주의 국가에서의 교육 내용은 서로 다를 수 밖에 없고 또한 종교적 신념에 따른 교육은 종교에 따라 교육 내용이 만들어져 있습니다. 우리의 교육 이념은 민주국가의 이념 아래 자유로운 교육을 받아 인격을 완성하고 스스로의 능력을 향상시켜 국가 발전에 기여하고 세계가 함께 잘 살 수 있도록 교육하자는

홍익인간의 사상은 바로
소금과 빛의 역할이라고 할 수 있습니다.

소금이 되기 위해서 기독교적 신념을 담은 교육을 받아 기독교 세계관을 바로 세우고 어디서나 빛의 역할로써 함께 하나님 앞에 나아가자는 것입니다. 하나님은 이 세상을 사랑하십니다. 이 세상의 하나님의 백성에게 쏟아부어 주시는 하나님의 은혜에 보답하는 방법은 하나님 믿는 것입니다. 따라서 하나님은 온 인류가 하나님의 피조물이고 사랑의 대상이지만 하나님의 백성에게 특별한 은혜 즉 사랑을 부어 주십니다. 즉 하나님의 백성이 사는 이 세상을 살기 좋은 세상으로 만드는 데 유익이 되게 한다는 것이 홍익인간 정신입니다. 하나님의

사랑을 전제조건으로 한다면 홍익인간의 정신을 모든 사람에게 적용하는 것은 곧 소금과 빛의 역할로 인하여 하나님의 사랑을 실천하여 하나님 나라를 만들어 가는 것입니다.

　우리 민족의 홍익인간 사상으로 교육하는 목적이 민주국가의 발전과 인류 공영의 실현으로 돼 있습니다. 이는 더불어 함께 잘 사는 나라를 만들어 열방으로 퍼져 나가서 그 영향을 미치자는 것입니다. 잘사는 민주국가를 만들려면 정치, 경제, 사회, 문화, 등 다방면에서 능력이 있어야 되고 인정받아야 됩니다. 민주국가라고 해서 모두가 행복한 것은 아니라는 것을 우리는 압니다. 하지만 헐벗고 기아에 허덕이며 독재 정권하에서 압제를 받으며 인류 공영에 기여할 수는 없습니다. 즉 이념은 변하지 않는다 해도 현실의 상황에 따라 적용하는 방법과 대상이 바뀌는 것입니다. 반면에

홍익인간 사상은 현실의 상황을 기독교 세계관으로
이해하고 같은 신념을 가진 교인들이 협력하여
하나님 나라를 넓혀 나가는 과정인 것입니다.

　사랑의 기준은 절대 불변의 하나님의 사랑입니다. 사람의 생각과 행동은 변할 수 있지만 하나님의 생각과 행동은 변함이 없습니다. 세상에서 홍익인간의 사상을 확장하여 절대 불변의 그리고 온 인류의 구원을 위한 그리스도 사상을 근본으로 한다면 더불어 함께 이웃 사랑을 행하는 사회가 될 것입니다.

홍익인간 사상을 좀 더 실천적이고 세밀하게 표현하는 것이 경천애인입니다. 경천애인의 사상은 기독교 센터의 이미지를 나타냅니다. 일단 하나님을 사랑하는 사람들이 모여 단체를 만들고 이들이 이익을 내어 이웃과 함께하며 약하고 어렵고 힘든 삶을 살아가야 하는 가난한 사람들과 함께할 수 있는 단체로 활동하기 때문입니다. 이 세상에 유익이 되는 단체로 탄생하기 위해서는 정통 교회의 통제를 받아 세속적인 단체의 틀을 벗어 나야 합니다. 종교적이면서도 사회 통합을 위한 단체가 되어 재물 때문에 이웃 간의 의를 헤쳐서는 안 될 것입니다. 센터의 핵심 운영 위원들은 젊고 창조적인 젊은 사역자들이 주축이 되고 일반 교인들이 합세하여 전체적인 운영 전략을 세워 실천해 나가야 합니다. 천주교에서 운영하는 병원에 가면 의사와 간호사들은 전문 교육을 받은 사람들로 이루어져 있고 대부분의 행정과 운영을 맡은 신부와 수녀들 또한 전문성을 갖추고 경영하는 형태를 갖고 있습니다. 종교의 기본적 종교적 신념을 지키기 위해서 조직을 이원화시켜 운영하는 모습은 기독교 센터와 같은 교회 밖의 기관의 운영에 있어서 교회가 중심이 되게 하기 위한 조직 체계입니다.

2-4-4. 지금부터 복선을 전개해야 합니다

오늘날, 교회의 많은 여건들은 어려워져 간다는 것을 교계 지도자들뿐만 아니라 일반 교인들까지도 체감하고 있는 실정이라는 것을 부인 못 합니다. 이를 극복하기 위해서 진행되는 교회의 많은 행사들은 교인들을 위한 행사들이고 교회 밖의 사람들이 보기에는 교회 사람들이 북치고 꽹과리 치는 자기들 잔치라고 여기고 자신은 교회 다니는 사람이 아니므로 관심을 가지지 않습니다. 항상 그렇듯이 세상과 교회는 함께하는 편보다는 서로 질투하며 편 가르기로 조용히 지냅니다. 그러다가 어떤 목회자의 탈선이나 공금횡령, 교인들 간의 갈등과 분쟁, 혹은 파당 같은 큰 뉴스거리에 온 나라가 시끄러운 사회의 문젯거리로 확산되는 경우를 종종 볼 수 있습니다.

그런데 어느 날 갑자기, 한국 기독교인이 삼천만을 넘어 사천만에 달하는 통계가 나왔다면 기독교인들뿐만 아니라 대부분의 사람들이 놀랄 것입니다. 교회 다니는 사람들이 그렇게 많은 줄 몰랐다며 정치, 경제, 교육과 방송과 관련된 어느 분야에서도 기독교에 대한 언급을 조심하는 경향이 생겼다는 것으로 체감하고 있고 이제 한국 사회가 변했다는 것을 깨달을 것입니다. 어딜 가나 교회가 있고 집에서 가까운 거리에 교회와 관련된 여러 서비스 기관들을 쉽게 발견할 수 있습니다. 각종 신문과 인터넷 뉴스와 공영 매스 미디어로부터도 기독교와 관련된 사건과 사고가 연일 보도되어 사람들은 일반 뉴스처럼 무감각 해 집니다. 비기독교인들조차도 이제 우리 사회에 기독교인들이 주류를 이루고 있다는 것을 인정할 수밖에 없습니다.

지난 20년간 기독교 지도자들과 교인들의 숨은 노력이 결실을 맺어오고 있음이 증명되는 것입니다. 각 교단의 총회와 노회가 공통된 목표를 가지고 초등학교에 대한 적극적인 교육 홍보와 각 사회 단체와의 연결은 기독교인의 저변확대에 밑받침이 되었고 기독교 센터와 같은 수많은 공영시설들이 각 도시마다 널려 있어 비기독교인들이 쉽게 교회의 편의 시설들을 이용함으로 적어도 기독교 문화가 일반화되었

다는 인식을 심는 데 성공하였기 때문입니다. 이것은 기독교 문화가
생활 속으로 스며들어 삶의 형태가 되어 가고 있었습니다.

　우리는 필리핀의 사례를 잘 알고 있습니다. 90%가 넘는 천주교 기
독교인들이지만 오랜 기간 동안의 군부 독재와 실생활과 동떨어진 신
앙생활로 온갖 사회 기관들에 침투한 부정부패와 현실 도피적인 종교
지도자들의 행태는 국가 전체의 발전을 도태시키고 몇몇 정치, 경제
와 종교 지도자들의 뱃속만 부풀리는 결과를 낳았습니다. 피폐된 경
제 체제는 서민들을 온갖 사회의 부조리로 내몰고 힘들게 나온 대학
교 출신임에도 젊은이들은 일자리를 찾아 외국으로 나가 허드렛일들
을 하고 있습니다. 우리도 한때는 비슷한 상황이었지만 극복하고 현
재까지 왔습니다.

　우리는 지난 60년대부터 21세기까지 온 세계가 주목하는 경제 성
장을 이루는데 가운데 여러 종교 가운데서 성장과 발전을 함께한 것
은 오로지 기독교밖에 없습니다. 경제 성장과 함께 기독교의 성장은
항상 함께하였습니다. 일제시대에는 나라의 독립을 위해 싸웠고 군부
독재 시대에는 민주화를 위해서 싸웠고 노동자들의 권익을 위해서 싸
웠습니다.

그러나 지금은 교인들끼리 싸우고 목회자끼리
싸우고 교회끼리 싸우고,
오로지 교회 간의 이권 다툼만 벌어지고 있습니다.

교회간의 빈부격차는 더욱 벌어지고 있고 내 교회에 사람들이 몰리면 옆에 있는 다른 교회는 비어 가고 있다는 사실에 대하여 목회자와 교인들은 관심이 없습니다. 오로지 내 교회만 번성하고 하나님의 은혜를 많이 받으면 되기 때문입니다.

이제 이 모든 것을 잊어버리고 주님이 우리에게 주신 사명을 깊이 묵상하여야 합니다. 교인다운 교인, 교회다운 교회의 모습을 생각하며 이 땅에 복음의 씨앗을 풍성하게 심을 방법을 찾아야 합니다. 빈 수레는 20년이 지나도 빈 수레입니다. 그러나 짐을 가득 싣고 낑낑대며 언덕길을 천천히 올라가는 짐수레는 언젠가는 똑같이 빈 수레가 되겠지만 큰 마당에는 온갖 귀중한 물건들이 가득 남아 있는 빈 수레입니다. 즉 사명을 감당한 빈 수레가 되는 것입니다. 무겁고 힘들고 그러나 꾸준히 나갈 수 있는 복음화 전략으로 앞으로 나간다면 이 땅에 복음화된 결실이 피어 오를 것입니다. 아직도 남아 있는 하나님을 믿지 않는 70%의 사람들을 하나님의 백성으로 전환해야 하는 기독교인들의 사명이 있는 것입니다. 반대로 교인들은 그리스도 예수를 아는 사람들이 이 땅에 70%가 넘치도록 하나님의 은혜를 받아 앞으로 20, 30년 후에 후손들이 기독교인임을 자랑스럽게 만들어 가는 사회가 되도록 정치, 경제, 산업, 교육, 문화, 등 모든 분야에서 방법을 연구하여 조용하게 내 가족에서 시작하여 내 이웃, 친구들, 직장, 지역 사회, 군, 시, 도, 전국적으로 확대되는 복음의 복선을 깔아 나가는 기독교인이 되기 위해서 노력해야 합니다.

2-5. 기독교 센터의 부설기관들

1. 기독교 센터 전략 연구소

2. 기독교 사상 연구소

3. 기독교 센터 중앙 감사원

4. 기독교 센터 중앙 사무소

5. 기독교 센터 파수꾼 모임

6. 기독교 이단과 사이비 종교 연구소

7. 기독교 센터 매스 미디어 광고 연구소

8. 기독교 민족문화 연구소

9. 무형 기독교 센터 중앙 사무소

10. 기독교 공연 행사 진행 센터

11. 기독교 찬양 선교단 지원센터

12. 기독교 센터 소그룹 지원센터

13. 기독교 센터 상인회

14. 전국 노인 복지 센터 연결센터

15. 기독교 센터 문화 사업부

16. 기독교 전통문화 연구소

17. 기독교 농악 지원센터

18. 교회 교육 연구소

19. 기독교 초등교육 지원센터

20. 기독교 고등교육 지원센터

21. 마켓 기독교 센터 운영회

22. 지역별 장마당 연구소

23. 무료 급식소 지원 센터

24. 노약자 지원센터

25. 노약자 정부지원 센터

26. 기독교 요양원 센터

27. 기독교 가정 상담소

28. 지적 장애자 센터

29. 신체 불구 장애자 센터

30. 암환자 도우미 센터

31. 병원 목회 지원 센터

32. 기독교 자살 방지 교육 센터

33. 기독교 센터 재활 센터

34. 기독교 병원 지원 센터

35. 기독교 센터 청년 실업자 지원 센터

36. 청소년 상담소

37. 청소년 지원 센터

38. 청소년 쉼터

39. 청소년 교도소 선교

40. 노숙자 지원 센터

41. 기독교 쉼터 안내소

42. 외국인 노동자 지원 센터

43. 직업 소개소

첫 번째: 대중선교의 전초기지: 기독교 센터
두 번째: 교회 공동체의 특별활동과 기독교 센터 부설기관들

세 번째:
기독교 센터의 중심은
강건한 교회 공동체

네 번째: 기독교 센터의 의무
다섯 번째: 기독교 센터의 일꾼: 청년들에게 선한 동기를
여섯 번째: 기독교 센터의 일꾼들의 이야기

세 번째:
기독교 센터의 중심은 강건한 교회 공동체

3-1. 한국의 학자들이 말하는 한국 교회

학자들과 많은 목회자들이 얘기하는 한국 교회의 현 상황은 밝지 않습니다. 비워 가는 교회와 감소하는 교인의 수가 단지 인구 감소의 원인만이 아니라는 것을 목회자들은 알고 있습니다. 수많은 목회자들이 자신들의 생업인 교회 공동체를 살리기 위해 평생을 바쳐서 사역을 나름대로 소명을 갖고 목회를 하지만 자신들의 교회 공동체를 벗어나 교회 밖으로 나가기에는 벅차고 타 교회와의 협력은 기대하기 어렵습니다. 교회 안에서 벌어지는 수많은 논쟁과 교인들의 입맛을 맞춰가며 목회를 해야 하고 지쳐 있는 그들에게는 활동 영역에 제한되어 있고 전체 한국 교회의 흐름을 바꿀 수는 없습니다. 어쨌든 한국의 교회 공동체는 학자들과 목회자들이 얘기하는 것을 귀담아 들어야 합니다.

이에 대해 김명혁 교수[35]는 90년대 한국 교회의 모습이 이러 이러하게 될 것이라는 '예언적' 성격과 아울러 90년대 한국 교회의 모습은 이러이러하게 되어야 할 것이라는 '소원적' 성격을 담아 얘기하였습니다.

첫째, 한국 교회는 대교회주의의 문제점을 인식하게 되면서 중소 교회 형태로 발전하며

둘째, 한국의 신학교는 학문 편중과 지식 전달 위주의 신학 교육의 문제점을 인식하게 되면서 목회편중과 인격 및 영적 감화 위주의 신학교로 발전하게 될 것입니다.

셋째, 기독교 선교 200년을 맞는 한국 교회는 외국 선교 단체 위주의 피동적 선교 사역의 문제점을 인식하면서 자주적 및 동반자적인 선교 정책을 모색하고

넷째, 한국 교회는 교회의 세속화의 문제점을 인식하게 되면서 삶의 개혁을 모색하고

다섯째, 한국 교회는 급진적 정치 신학의 문제점을 인식하면서 건전한 사회 참여를 모색하고 시도하게 될 것입니다.

한국 교회들의 나아갈 길을 연구하는 중에 김명혁 교수의 한국 교회 공동체가 앞으로 중소 규모의 교회로 나아갈 것이며 선교 방향에 있어서도 자주적 성격의 선교가 있을 것이며 교회의 세속화의 문제점을 극복하기 위하여 교인들의 삶의 개혁을 모색하며 건전한 사회 참여의 길을 모색해야 한다고 했습니다. 교회 공동체의 양적 성장보다는 질적인 성장을 촉구한 것입니다. 이를 위해서는 교인들의 참여가 필요하며 이들을 뒷받침할 교회 공동체의 전략과 정책적인 방향을 세워 노회와 교단 총회의 차원에서 방향을 세우고 같은 소속의 목회자들이 일심단결하여 목표를 세우고 진행하여야 합니다.

기독교인들이라면 1907년 평양 대부흥회에 대한 이야기를 한 번

쯤 들어 봤을 것입니다. 현재의 교회의 위기를 1907년 평양의 분위기로 돌아가서 극복해 보자는 주장도 나오지만 1970년대와 80년대에 한국의 기독교는 수많은 부흥회와 초대형 교회의 등장으로 이미 성과를 보았습니다. 이에 박상원 교수[36]는 "1907년과 오늘의 상황은 다르며 1907년 대부흥운동은 카이로스적 사건으로 보았습니다. 중요한 것은 오늘의 교회가 오늘의 시대의 징조를 하나님의 결정적 개입이 필요한 카이로스로 인식하고 있느냐가 중요하고 그런 인식이 영성의 눈을 새롭게 열고 하나님 앞에 진술하고 오늘의 교회의 부족한 모습을 고백한 후 하나님의 응답을 기다리는 자세입니다."라고 얘기하고 있습니다.

김세윤 교수(2008)는 올해도 종교개혁 491주년을 보내면서 한국과 미주 한인 사회의 많은 개신교 교회들의 강단에서 목사들은 금년에도 어김없이 중세 가톨릭 교회의 신학적, 영적, 윤리적, 그리고 정치적 부패를 규탄하고 16세기의 종교개혁의 정당성과 의의를 소리 높여 설파하고 있습니다. (중략) 그러나 한국의 개신교 목사들 중 상당수가 간과하고 있는 것은 한국의 개신교가 지금 중세 가톨릭 교회의 부패상으로 회귀하고 있다는 사실입니다. 종교 개혁자들은 신학과 교리를 스콜라 철학과 교회 전통으로부터 해방하여 오로지 성경의 가르침 위에 새롭게 세우려 하였습니다. 그러나 개신교 근본주의자들은 역사 비평을 비롯한 여러가지 비평 방법들을 거부하고 성경을 자신들의 교단의 전통에 종속시키는 우를 범하고 있습니다. 성경을 문자주의와 율법주의적으로 해석하고 적용하게 하여 깊은 신학적 이해, 올바른 영성, 그리고 성화의 삶을 추구하도록 돕지 않고 있습니다.

다수의 한국 교회는 형식적으로는 성경의 권위와 진리를 최고로 존중하고 성경주의의 태도를 보이지만 실제로는 성경을 자신들의 교리나 전통에 맞게만 해석하고 성경 본문의 인용도 자신들의 선호하는 사상, 가치, 행동 양식 등을 뒷받침하는 증거 본문들로만 사용하는 경향을 보이고 있습니다. 또한 성경을 자신들의 상황에 맞추어 해석하는 경향을 보이고 있으며 이러한 현상은 교인들이 온갖 이단자들에게 가장 쉽게 미혹되기도 하고 그들의 가장 좋은 온상을 제공하여 너무나 많은 성도들이 이단자들에 의해 희생되고 있는 것입니다.[37]

종교 개혁가들은 설교와 신앙이 오직 그리스도 곧 그의 죽음과 부활을 통하여 이루어진 하나님의 구원의 사건에 집중되어야 함을 강조하였습니다. 그러나

> 한국의 개신교 강단에서는 맘몬(재물)의 복음이
> 선포되고 있고 샤머니즘적
> '축복'론을 복음으로 선포하고 예수 믿고 복 받기,
> 헌금, 전도 등 여타 교회 섬기기 많이 하여 더 많이
> 복 받기 등의 설교가 이른바
> '교회 성장'의 긴요한 도구로 전락한 지 오래되었습니다.

중세 교회에서 유럽의 여러 민족들에 전래적 이교도 전통들에 의해 기독교 신앙이 왜곡되었듯이 한국도 한국의 무속신앙에 의해 기독교 신앙이 심각하게 왜곡되고 있습니다. 우리의 종교적 또는 도덕적 공로에 의해서가 아니라 그리스도 안에 나타난 하나님의 구원의 은혜와

그것을 믿음으로 구원을 얻는다는 성경의 가르침이 종교 개혁의 시발점이었는데 개신교 목사들은 형식적으로 가르치고 그리스도의 은혜를 싸구려 은혜로 전락시키고 있으며 중세 가톨릭 교회의 공로주의 신학으로 회귀하는 경향이 있습니다. 중세 가톨릭 교회의 면죄부 판매를 성토하면서 오늘날 많은 한국 교회들은 사기꾼들, 악덕 사업가들, 부패 관리들도 교회에 헌금을 많이 낼 수 있는 사람들을 장로로 세워 주기도 하고 그들의 사업을 축복하여 주기도 합니다. 특히 '대형 교회병'이 깊이 든 한국 개신교 교회들이 대규모 교회 건축을 위한 모금을 위해 유명한 부흥사들을 초청하여 많은 헌금으로 교회 건축에 공로 세우면 하나님께서 몇십 배 몇백 배로 갚아 주신다고 설교하게 하는 것은 레오 10세가 베드로 대성당 건축을 위하여 면죄부를 판 것과 다른 것이 없습니다.[38]

만인사제론은 모든 성도들이 은혜의 전달자 노릇을 하도록 부름을 받았다는 바울의 가르침을 재발견하여 중세 가톨릭 교회의 사제주의 폐단을 극복하는 것인데 개신교 목사들 상당수가 가톨릭 교회의 사제주의로 환원하고 있습니다. 구약의 제사장 직에서 자신들의 목사직에 대한 이해를 도출하고 하나님과 평신도 사이의 사제적 중보자들로 내세우며 축복권과 저주권을 주장하고 권위주의적으로 행세하고 있습니다. 심지어 목사의 설교는 내용과 상관없이 하나님의 말씀 자체로 주장하는 목사들도 간혹 있어 거짓 선지자의 메시지를 분별하지 못하게 하고 있습니다. 어떤 교회들에서는 까탈스런 장로들을 제압하고 목사 잘 섬기면 복 받고 목사를 거스리면 3대, 4대까지 저주받는다고 위협하기도 합니다. 어떤 목사들은 당회와의 갈등이 조장되자 당회를 없애기도 합니다.

가톨릭 교회에는 교황이 1명이지만 개신교 교회에는
교회마다 교황이 있다고 합니다.

사제주의의 권위주의의 타락은 일부 대형 교회들에서 제왕적 목회를 즐긴 목사들이 자신의 자리를 자식에게 세습하는 형태를 보여 주기도 합니다.[39]

중세 가톨릭 교회는 평신도들을 대체로 무지의 상태에 머물게 하였으나 종교 개혁자들은 성경공부를 시키고 학교들을 세워 교인들의 지적 수준을 높여 오늘날의 대부분의 개신교 국가들은 높은 교육 수준을 유지하고 있습니다. 한국의 개신교도 열심히 교육과 계몽을 통하여 조상들을 옥죄였던 '부뚜막 귀신, 장독 귀신, 측간 귀신' 등에 대한 공포로부터 해방시켰습니다. 그러나 근래에 교회 내에 무당 종교의 귀신론이 '영적 전쟁, 내적 치유, 가계 저주' 등의 이름으로 들어와 다시 한국의 교인들에게 귀신 공포증으로 몰아넣고 있습니다. 또한 한국의 선교 지도자들은 '땅 밟기 선교'의 형식으로 귀신을 쫓아내기 위하여 인적 물적 자원을 소비하고 있습니다.

신앙을 신비한 것으로만 가르쳐 이성의 건전한
비판 기능을 마비시키고
마술적 성령론을 내세워 '교회 성장'을 도모하고 있습니다.

많은 성도들의 영성이 미신적으로 되지 않을 수 없어 '의의 열매'를 맺는 기독교적인 영성을 기대하기 어렵게 되었습니다. 중세 가톨릭 교회가 교황을 중심으로 사제주의적 계급 구조를 만들어 교회 내에서 권력 지향적인 성향을 조장하여 폐단을 낳은 것은 잘 알려진 사실입니다. 그러나 한국 개신교 교단에서도 교권 다툼과 정치적 재정적 부패는 본질적으로 가톨릭 교회의 계급 구조와 다를 바 없습니다. 일부 목사들의 권력에 대한 비그리스도적 탐욕은 교회의 물량적 성장으로 동료 목사들에 대해서 서로의 양들을 빼앗기 위해서 약육강식의 경쟁을 벌이게 만들고 있으며 중간 크기의 교회들은 부교역자들과 성도들을 닦달하여 대형 교회가 되고자 갈망하고 있습니다. 한국의 개신교회가 여러 면들에서 중세 가톨릭교회로 환원하여 부패의 지경에 이르렀으니 한국에는 제2의 종교 개혁이 필요한 시기라고 봅니다. 새로운 종교 개혁을 위해서 개신교는 회개하고 신학을 제대로 세우고 목사들을 제대로 양육하여 올바른 복음을 선포하고 올바른 영성을 양양하고 복음에 합당한 삶(윤리)을 고취하도록 해야 합니다.[40]

박철수 목사(2015)는[41] "한국 교회에 변종 바이러스가 침투해 있습니다."라고 주장합니다. 신화화된 그리스도는 신주 단지처럼 되었고 교리로 박제된 예수님은 교회의 쇼윈도에 진열되어 있지만 살아 있는 예수님은 없습니다.

"교회 안에 예수님이 없습니다.",
"교회 안에 예수님의 말씀이 없습니다.",
"교회 안에 예수님의 정신이 없습니다.",

"십자가는 부적이 되어 버렸습니다.",

"예수님은 정통주의자들에 의해 오래 전에 죽으셨습니다.",

"그 자리에는 영광의 메시아를 향한 기복주의와 승리주의와 소비자 중심 교회만이 자리 잡고 있습니다."라는

뼈아픈 지적을 한국 교회에 대하여 말하고 있으며 한국 교회는 너무 멀리 성경의 길을 떠났습니다. 사람들의 말이 예수님의 말씀보다 더 큰 소리로 들려오는 것 같은 현실을 보고 있습니다.

한국 교회들이 껴안고 있는 문제들은 사실 목회자들로부터 오는 문제들이 주류를 이루고 있습니다. 누구나 교회에 대해 쓴소리를 할 수 있지만 쓴소리를 하는 사람들도 주로 목회자들이고 신학자들입니다. 따라서 현재의 사역 현장에 있는 목회자들은 외부에서 비난하는 교회의 문제에 대해서 알고 있습니다. 그러나 소경이 소경을 인도할 수 없듯이 교회 공동체를 목회하고 있는 목회자들은 사실 현재의 모습을 유지하고 싶어하지 교회에 분란과 소요를 일으켜 목회를 어렵게 하고 싶어하지 않습니다. 그러나 이제 갓 신학대를 졸업한 젊고 패기 있는 사명감이 있는 후보들은 경제적인 문제에 발목을 잡히지 않는 한 교회 공동체의 본래의 모습을 찾아갈 수 있습니다. 그들이 갖고 있는 비전과 사명감을 펼칠 수 있도록 현재의 목회자들이 협력하고 이끌어 줄 때, 한국 교회에 희망이 있는 것입니다. 또한 깨어 있는 교인들이 함께 해야 합니다. 교회 안에서 사치와 허영을 버리고 올바른 교인의 모습을 가질 수 있도록 노력해야 합니다. 교인들은 주로 담임 목회자의 영향을 많이 받지만 비전 있는 목회자들을 구별하여 섬길 수 있

니다. 목회자와 교인들의 변화가 교회 공동체를 새롭게 할 수 있는 것입니다.

3-2. 한국 교회가 나아갈 길

3-2-1. 예배의 의미를 되새겨 보자

예배는 인간이 하나님께 드리는 가장 아름다운 행위라고 생각합니다. 칼빈은 예배드리는 곳이 "하나님의 주권이 직접 행하시는 곳"이라고 했습니다. 하나님이 주권이 살아 숨 쉬는 듯한 분위기에서 경건하게 예배드리는 것은 기독교인들의 의무이면서 이 세상에서 하나님의 백성으로서 살아가기 위하여 세속과는 구별된 행위입니다. 사람마다 어떤 삶을 살았는지는 몰라도 적어도 예배드리는 마음에는 오직 한곳만 바라봅니다. 예배를 진행하는 목회자뿐만 아니라 참석한 모든 교인들이 하나님의 은혜와 은총을 아름답게 찬양키 위해 노력합니다. 강단의 단아하고 의미 있는 장식과 구조들, 깨끗한 옷차림의 안내 위원들, 조화로운 화음의 성가대, 교인들도 예배 순간만큼은 경건하려고 노력합니다. 교단에 따라 분위기는 달라질 수도 있겠지만 적어도 예배가 하나님께 드리는 인간의 행위라는 것은 지켜집니다.

시대가 변하고 세대가 바뀌어 하나님을 경배하는
방법도 변하고 분위기도 변하고 예배 형식도
변형되고 인간도 변하지만 기본적으로 예배를 통하여
하나님을 찬양한다는 것과
은혜에 감사하는 개념은 변하지 않습니다.
교회 공동체의 존재의 목적이기도 합니다.

천주교에서는 예배를 희생제사(미사)의 개념으로 여기고 있지만 개신교의 예배의 본래의 목적은 경배와 말씀의 선포입니다. 성례와 성만찬 역시 보이는 말씀의 선포로 여기는 것이 옳습니다. 예배에 대하여 신학적인 것은 여기서 논의하지는 않지만 예배는 하나님과의 교감을 통해서 신앙을 돈독하게 됩니다. 예배에 충실하다 보면 마음의 편안함과 위로 그리고 충전과 더불어 영감(미래에 대한 계획 동기부여 혹은 방법)을 얻을 수 있습니다. 날마다 반복되는 인간의 삶은 예배에서 출발합니다. 예배는 사람을 그리스도인으로 만들어 갑니다. 진실한 마음을 담아 드리는 예배는 마치 감당치 못할 정도로 드리는 예물과 같습니다. 경건한 예배를 통하여 든든한 후원자를 얻는 것입니다. 웨스트민스터 신앙 고백의 21장에 예배를 어떻게 드려야 하는지를 잘 가르쳐 주고 있습니다.

"인간 본성의 빛은 하나님의 존재를 보여 줍니다. 그분은 만물을
다스리는 통치권과 주권을 갖고 계시며,
선하시고 만물을 행하신다.
그러므로 마음을 다하고 성품을 다하고 힘을 다하여
그분을 경외하고, 사랑하고 찬송하고, 부르고
섬겨야 합니다."라고

하였습니다. 인간의 본성은 하나님이 아담을 만드신 후에 "심히 좋았더라." 하신 것으로 보아 아름답게 창조되었습니다. 바로 하나님을 사랑하고 섬겨야 하기 때문입니다. 그래서 인간은 마음과 힘을 다하여 하나님을 경배해야 하는 것입니다. 요한복음 4:24절에,

"하나님은 영이시니 예배하는 자가 신령과
진정으로 예배할지니라."

하셨습니다. 하나님은 영이시니 어디에나 계십니다. 그러므로 예배자의 마음을 아십니다. 예배자의 필요를 아시고 기도를 들으시고 응답하여 주시는 것입니다. 예배자에게는 오로지 신령과 진정으로 예배할 줄 아는 마음이 담아 있어야 한다는 것입니다.[42]

정병철 목사는 예배드리는 것은 기독교인의 특권이라고 했습니다. 특권은 누구에게나 주어지지 않습니다. 그렇지만 예배드리는 것이 하나님이 주신 특권이라고 하면 교인들은 알고는 있지만 느끼지 못하는 것이 현실입니다. 이 특권의 가치를 아는 것은 장자의 가치를 알고 있는 야곱과 모르는 형 에서의 차이입니다. 특권의 가치를 아는 것이 하나님의 축복을 받는 것입니다. 예배는 오직 하나님의 백성에게만 주어지는 은혜를 받을 수 있는 길이므로 특권인 것입니다.

예배는 하나의 목적을 위해 수많은 사람들이 모인 공동체 의식입니다. 의식을 통해서 교인들은 모두가 한 공동체의 구성원이라는 것을 깨닫게 합니다. 무엇을 하는 사람인지, 어떤 사회적 위치인지도 나이가 얼마인지도 상관없습니다. 어떤 고민이 있는지, 무엇을 바라는지는 몰라도 분명한 것은 모든 사람이 예배자라는 것입니다. 교회 공동체에는 자신과 같은 목적을 가진 사람이 옆에 있다는 것만으로도 가족 같은 느낌을 갖게 합니다. 한마음으로 한곳을 바라보는 예배를 드리면서 연대감을 갖게 합니다. 공동체에서 생긴 연대감은 서로 협력하며 기독교 문화로 이루어진 사회를 형성하는데 큰 역할을 한다고 봅니다.

예배 중에 하나님께 올리는 경배는 자기 확신과 영광에 대한 모든 것들을 버리고 자신의 가치에 대한 지각을 던져 버리고 두렵고도 겸비한 자세로 자신의 영광을 절대자에게 바치는 충성 맹세를 반복하는 것입니다. 따라서 맹세를 하는 대상에 따라 정신세계를 지배하고 많은 것이 영향을 받습니다. 로마는 황제를 숭배하기 위하여 황제에게 경배하게 했고 일본은 천황에게 경배하게 하였습니다. 이집트는 바알신에게 경배하게 했고 절대 충성을 하도록 사회를 통제하였고 거부할 시에는 황제의 모든 권한을 동원하여 탄압하였습니다. 경배를 통해 보여 주는 충성은 중세시대에 왕들의 충복들이 왕에게 하는 맹세로 자신의 안위와는 상관없이 오로지 왕을 위해 사는 것을 말합니다. 자신의 목숨이나 가족의 안위는 단지 충성을 위해 희생할 수밖에 없는 것입니다. 사람들은 이러한 사람들을 영웅이라 칭하고 기립니다. 충성의 대가는 보상을 받는 것입니다. 어떠한 보상을 받든지 더 큰 충성심을 갖게 하고 주위의 여건을 변화시켜 방해 요소들을 극복하게 합니다. 하나님에 대한 충성의 대가는 이 세상의 어떤 보상보다도 값진 것입니다. 존 웨슬리는 1738년 그의 저널에서

"의심을 버릴 때 하나님에 대한 사랑이
마음에 솟구쳐 오른다"고 했습니다.

솟구쳐 오르는 사랑이 곧 모든 방해 요소들을 제거하고 행동하게

만듭니다. 충성은 곧 불타오르는 뜨거운 경배입니다. 하나님은 절대 충성을 원하십니다. 우상 숭배를 용서하지 않으시고 하나님을 믿는 모든 인간은 오직 하나님에게만 영광을 돌려야 합니다. 값진 충성의 대가는 우리가 상상할 수 없는 것들임을 그리스도인들은 알고 있습니다. 하나님의 은혜 주심을 거론치 않아도 2000년 기독교 역사를 통해서 증명되어 왔기 때문입니다. 그리고 진실한 경배의 보상은 측량할 수 없는 하나님의 은혜입니다. 우리가 늘 하나님의 통치가 이루어지는 세상이 되도록 경배를 통해서 기도하지만 이 세상은 결코 그냥 이루어지지 않습니다. 하나님에게로 인간의 삶의 방향을 정한 그의 백성들이 신실한 마음과 진정한 예배로 솟구쳐 오르는 열정과 사랑으로 경배하였을 때 하나님의 나라가 이루어 지는 것입니다.[43]

예례미야 33:3절에, "너는 내게 부르짖으라
내가 네게 응답하겠고
네가 알지 못하는 크고 비밀한 일을 네게 보이리라."라고

하셨습니다. 부르짖은 기도는 어떤 것을 성취하기 위한 최고의 마음 가짐(결심 혹은 결단)의 감정적 표출입니다. 경배 중에 기도할 때 우리는 제일 먼저 하나님의 전능하심을 찬양하고 그 은혜에 감사드리고 우리들의 죄를 고백하고 사함을 받습니다. 하나님의 존재를 인지하고 의지하는 기도의 순서라고 봅니다. 나의 소망(욕망)을 들어 주실 분이 있어야 의지할 수 있기 때문입니다. 울부짖은 기도를 들어 본 적이 있거나 한 적이 있을 것입니다. 얼마나 간절하기에 저토록 매달리도록 만들었을까? 그 마음에는 하나님의 응답을 받거나 꼭 이루어야 하는

결심이 함축되어 있습니다. 병 낫기를 위해 기도하는 마음, 자녀의 잘됨을 위해 기도하는 마음, 개인의 성취를 위한 기도, 구국을 위해 기도하는 마음은 하나님에게 절대적으로 의지하게 만듭니다.

> 욕구가 강할수록 더욱 열심으로 경배와 기도가
> 많아지고 하나님의 응답을
> 받기 위해 행동을 하기 위한 다짐을 하게 됩니다.

응답은 인간의 모든 행동을 통해서 실행이 되고 증명이 되지만 하나님의 뜻은 인간들이 생각하는 범위를 띄워 넘습니다. 인간적인 측면에서 실패를 이루거나 가는 도중일 때 인간들은 더욱 더 강해지기도 합니다. 정복하지 못한 산의 정상을 바라보고 내려오는 산악인의 마음은 다음 기회에 더욱 더 강해지는 것처럼, 한 번 실패한 사업가의 새로운 도전은 한층 더 세밀한 준비와 계획으로 이루어 나아가게 하는 것은 기독교인들이 자신들의 기업을 통한 하나님의 뜻을 찾고자 하기 때문입니다.[44]

예배 중의 기도는 세상의 모든 고난과 핍박을 이겨 내고 하나님 나라에 대한 소망으로 살게 합니다. 세상의 권세를 이기려면 경배와 부르짖는 기도를 해야 합니다. 기도는 항상 투쟁 속에서 해야 한다 했습니다. 악한 세상의 권세들과 맞붙어 이기기 위해서 쓰는 강력한 방법은 매달리고 부르짖는 강력한 기도를 통하여 악한 권세와 정사들을 이기는 것입니다. 하나님의 백성을 도우시는 성령님께서도 우리의 약함 속에서 탄식하시며 기도하십니다. 기도 없는 사회적 행동은 영혼이 없고, 행동 없는 기도는 불완전한 것이고 하나님 나라는 기도를 통해 앞으로 나갈 수 있습니다. 기도는 하나님의 능력 안에서 불가능한 것까지도 기대하게 하는 힘을 갖도록 도와주는 것입니다.[45]

준비된 복음의 전도자들은 기도의 힘을 압니다. 기도는 마음으로 하는 것이고 그 마음이 하나님을 향하여 있는 기도의 힘은 결국 마음에서 우러납니다. 사도 바울은 우리 자신을 하나님의 참된 성전(고전 3:16)이라고 하였습니다. 하나님에 대한 참된 마음은 훌륭한 하나님의 백성들입니다. 이들이 교회에 헌신하고 사회를 발전시키고 건전한 사회를 형성하고 인간답게 합니다. 하나님은 인간들이 아무 생각없이 살기를 바라지 않으십니다. 하나님을 생각하고 그의 뜻대로 살기를 바라십니다. 기도는 하나님과 통하는 유일한 수단이고 여기에는 비밀이 담겨 있는 것입니다. 기도자를 충성되게 하고 마음의 결단을 이루고 이룰 수 있다는 강렬한 욕구를 일으키게 합니다. 이들의 마음의 훈련을 스파르타식보다도 더 강하게 받은 훈련자들입니다. 스파르타식 육체적인 훈련은 시간과 함께 사라져 버리지만 신령과 진정으로 드리는 예배 가운데서 우러 나오는 기도로 잘 훈련된 하나님의 백성은 시간이 지날수록 더 강해지고 주위를 변화시키는 힘이 있는 것입니다.[46]

기도의 능력을 보여 준 대표적 사례가 있습니다. 윌리엄 캐리(William Carey, 1761-1834)는 전 생애를 복음 전하는 데 바친 현대 선교의 아버지라 불리며 선교사의 선구자로 알려져 있습니다. 그의 비전은

큰 비전을 가져라 Great Vision
큰 기도를 하라 Great Prey

큰 기대를 걸라 Great Expect, 라는

그의 표어는 캐리를 주위의 조롱과 의혹과 반대를 물리치고 흔들리지 않는 해외 선교의 꿈을 키워 나갔습니다. 1793년의 인도 선교는 수많은 의혹과 반대를 물리치고 그의 비전을 실행한 영어권 선교사들의 해외 선교의 시작이었습니다. 그는 인도의 캘커타에서 160마일 떨어진 곳에서 34년을 사역하면서 23개 언어로 신약성서의 번역과 그의 제자들로 시작한 세람포르 대학의 개교, 수많은 악습들의 폐지, 농업 조합의 설립 등 인도인들의 권익을 위해서 헌신하였습니다. 그의 선교는 끊임없이 자기를 성찰하고 사랑에 근거한 자기 희생적인 삶을 통해서 기도하고 또 기도하는 삶의 여정이라고 평합니다. 인도에서의 힌두교도들의 온갖 핍박에도 불구하고 인도의 1억의 기독교인들이 지금까지 하나님에 대한 믿음을 지키며 신앙생활을 하고 있습니다.[47]

예배에 참석하는 공동체의 구성원들의 생각과 모습은 상황에 따라 달라집니다. 전날에 바로 몇 시간 전까지 치열한 전투를 치른 군인들의 예배에는 어떤 마음이 담겨 있을까? 불타 버린 교회를 뒤에 남겨 놓고 예배하는 교인들의 마음은 어떨까? 어린 나이에 에이즈에 걸려 앙상히 마른 자녀를 바라보며 드리는 예배를 보는 부모의 마음은 어떨까? 총구 앞에서 예배를 거부해야 하는 교인의 마음은? 탄압과 전쟁으로 살던 집을 떠나야만 하는 사람들이 드리는 예배는 어떨까? 어떤 위협도 없고 단지 소소한 집안 걱정만 하면 되는 겉으로 보기에 경건하고 편안함 속에 드리는 예배자는 아무 생각 없이 찬양과 경배에 참여할까? 예배의 본질만 보면 우리가 생각할 수 없는, 그러나 예배가 주는 보이지 않는 영향력을 다양한 인간의 삶 속에서 얻을 수 있습니다. 어쩌면 이런 것이 마음에 없던 예배의 본질을 이끌어 내는 동기가 되기도 합니다.

더욱 열정적으로 간절함을 담은 부르짖는 기도를 통해서
하나님께서 역사하시는 지혜와 편안함을 얻을 수 있습니다.

우리 대부분은 응답받지 못한 기도의 경험을 하고 우리 신앙이 부족하여 거절되는 것으로 생각하기 쉽습니다. 결코 실패를 두려워하지 않지만 실패도 이루어 가는 과정으로 보는 것입니다. 실패할 경우에도 결코 주저 앉지 아니하고 다시 일어날 수 있는 것이 기도를 통해 얻는 기독교인들의 강점입니다. 기도하며 예배드리는 사람들에게 기독교 공동체의 사명을 깨닫게 하는 힘이 있습니다. 예배 중에 행하는 기도는 형식적인 것이 아닙니다. 인간들이 줄 수 없는 지혜를 얻기 위한 특별하고 유일한 방법입니다. [48,49]

보통 기독교인들은 예배가 가장 중요하다는 메시지를 자주 듣게 됩니다. 그래서 하나님의 백성들에게 가장 중요한 예배는 남들에게 들어서 알고 있지만 실제 나 자신의 삶 속에서 일어나는 수많은 사건들과 연관을 갖기 어렵습니다. 항상 예배와 일상적인 삶과는 별개로 여겨지기 때문입니다. 준비된 복음의 전도자는 기도의 힘을 알기에 예배와 함께하는 기도에 전적으로 의지합니다. 비록 사역자나 전도자가 아닐지라도 모든 사람들이 생각과 삶의 형태가 다를지라도 예배하는 마음은 하나되어 있으며 이 세상을 주관하시고 이끄시는 하나님 앞에서 겸손히 자기를 낮추어 의지하는 마음이 필요한 시대가 바로 이때 입니다. 이 시대는 하나님에 대한 강렬한 믿음을 갖고 복음의 사명을 위한 절대적 충성, 솟구쳐 오르는 열정, 부르짖는 기도, 끊어지지 않는 기도로 무장한 용사들의 예배를 위해서 모든 생각과 마음 그리고 간절한 기도를 해야 할 때입니다.

3-2-2. 큰 조직력으로 큰 사업을 해야 합니다

교회는 각 교단별로 잘 갖춘 조직 체계를 가지고 있는 공동체입니다. 이 공동체는 오직 한 가지 성경을 근거로 하여 세워진 교단과 노회의 방침과 교리는 곧 교회 공동체의 모습이며 목회, 교육, 행정, 치리, 사업계획과 진행, 미래 비전에 대한 연구와 투자 등 여러 분야별로 그룹을 나누어 공동체 조직을 이끌고 있습니다. 로마 가톨릭의 조직은 국가 체제로 이루어져 있어 전 세계를 누비며 선교의 기초인 학교와 병원 그리고 교회를 세우는 큰 사업들을 추진해 나갑니다. 한국의 교단들도 나름대로의 조직을 갖추고 대학교 운영, 병원 설립과 개척 교회 지원 등 큰 사업을 계획하고 추진하고 있습니다.

큰 사업을 하기 위해서는 조직의 체계가 갖추어지고 각 구성원의 각 업무는 전문화되어 있듯이 공동체의 각 업무는 분업화되어야 합니다. 일반적으로 조직이란 공통의 목적을 달성하기 위하여 여러 구성원이 모여 있으며, 공동의 목적을 달성하기 위하여 의도적으로 체계화된 구조화에서 구성원들은 서로 협력하고 상호작용을 하고 있는 사회 집단을 말합니다. 조직에는 구성원들이 목적을 달성하기 위해서는 역할이 주어집니다. 조직의 규모에 따라 사업 내용에도 적용이 됩니다. 조직을 운영하기 위해서는 누가, 무엇을, 어떻게 하여야 할 것인가를 결정하여야 합니다. 즉, 수행되어야 할 과업, 과업을 수행할 구성원의 역할, 그리고 구성원 간의 역할 관계 등을 규정하고, 이의 수행에 필요한 절차를 만들어야 합니다.

큰 조직력으로 큰 사업을 하는 곳에는
교회 설립과 학교 설립, 병원
그리고 전 세계적으로 펼쳐 있는 선교와
구제 사업이 있습니다.

그중에서도 학교 설립은 많은 의미가 있습니다. 세계적 추세로 접어든 인구 감소와 노인 인구의 증가에 따른 교인의 감소에 대비해서 미래를 위해 준비해야 하는 과정인 것입니다. 한국의 기독교 교육 실태를 알아보면 한국 기독교 학교 교육 연구소(박상진 소장)에 따르면 전국 234개 학교 법인과 496개 미션스쿨은 전체 초중고 121,700여 개의 4.1%로 확인할 수 있었습니다. 실제로 학교 내에 채플이 있거나 목사 선교사가 설립된 학교 그리고 기독교 정신에 입각한 교육을 한다고 본 학교를 개신교 사학으로 본다면 서울에 153개로 가장 많았고 비수도권 지역에 140개로 학교들은 대부분 선교사나 독립 운동가가 세웠거나 개신교인 사업가가 설립했습니다. 교사나 목사가 직접 여러 개의 학교를 세운 경우도 있었습니다. 이것이 지난 200년의 기독교 역사와 1,350만의 기독교인들을 갖고 있는 한국에서 선교 결과입니다.

또한 기독교 센터의 유형 건물의 설립도 큰 사업으로 볼 수 있습니다. 건물의 위치와 크기, 건축과 은행과의 협상 등과 상업성에 따른 정부 허가 부분에 대해서 전문가의 조언과 이에 따른 재정에 대한 준비와 진행은 큰 사업이라고 볼 수 있습니다. 타당성 검토와 건축 과정이 아마도 오래 걸릴 프로젝트이기에 많은 준비 과정을 거쳐야 될 것입니다. 이러한 큰 사업에는 강력한 추진력과 재정적인 뒷받침이 있을 때에 힘을 받습니다. 로마 가톨릭의 바티칸 교황청이 해외 선교를 하는 곳에는 항상 학교와 병원이 먼저 세워지는 과정을 보면, 그들에게는 예수회라는 사명감을 지닌 선교 단체가 오로지 계획된 곳에 학교와 병원을 세울 모든 준비를 갖추어 놓고 이들을 교황청에서 재정적으로 지원받아 일사천리하게 진행함으로 선교의 기초 출발지를 세워 놓습니다.

경제계에 전경련 즉 전국 경제인 연합회라는 단체가 있습니다. 보통 대기업의 재벌들의 대표들로 구성되어진 경제계의 최상위 단체로 정부와의 단체 교섭이나 앞으로 전개되어질 나라의 경제현황과 세계 경제와 한국 경제의 상호관계 등 큰 이슈에 대해서 어떤 의견을 내고 때로는 기업에 직접 적용하기도 하고 미래 방향을 제시하는 역할을 수행합니다. 이들은 업계에서 대표가 될 수 있는 자격이 있는 사람들이고 능력을 검증받아 평생을 자신들의 기업 성장을 위해서 몸 바친 인물들로 구성됩니다. 이들이 국가 경제에 영향을 줄 만한 큰 사업을 계획하고 실행할 수 있는 것은 거대한 기업들이 뒷받침하고 있기 때문입니다. 교회 공동체 또한 1,300만명의 기독교인들이 함께하고 있어 뜻을 모아 시작한다면 큰 비전을 이룰 수 있는 힘이 있는 것입니다.

개신교의 교단들과 천주교는 한국 기독교의 큰 미래를 바라볼 수 있습니다. 각 교단 대표들은 현재의 기독교인들이 무엇을 해야 하는지를 제시하여 줄 수 있습니다. 꽉 막힌 듯한 현재의 상황에서

헤쳐 나가는 방법을 찾아서 전체 기독교인들이
마음과 힘을 합하여 한국
기독교의 미래를 준비할 수 있습니다.

큰 조직력을 갖추는 데 필요한 사항으로 각 교단의 조직을 세밀하게 연결하여 하나의 큰 조직으로 움직이는 시스템을 만들고 일사불란하게 전체적인 목표를 향하여 마음과 힘을 합할 수 있는 공동체의 형태로 발전시켜야 합니다. 공동체에서는 교인부터 목회자와 교단의 모든 리더들이 헌신하는 마음이 있고, 또한 리더와 교인들 간의 지속적으로 상호 협력하고 교단에서 안내하는 다양한 정책의 변화에 적응함으로써 공동체의 공동 목표를 향하여 모든 교인들이 체계적으로 나아가도록 되어야 합니다. 교회 공동체의 조직은 갓 태어난 유아들까지도 주일학교를 통해서 연결되는 세밀한 조직을 갖고 있습니다. 가족 같은 수평적 관계 속에서 미래를 위한 활동과 현재의 복음적 사업을 위해서 열심히 하고 있습니다. 이들을 조직적으로 활동할 수 있도록 이끄는 것은 목회자들의 역할입니다. 목회자들은 교인들을 교육하고 설득하고 독려하는 자세로 보상도 바라지도 않는 이타적이고 자주적인 마음으로 참여하려는 성도들을 이끌어 줘야 합니다.

현대까지 로마 가톨릭의 기반을 닦은 중세 가톨릭의 조직력은 탁월

하였습니다. 세계에서 가장 작은 국가인 바티칸 시국은 교황을 중심으로 정치, 경제, 교육, 문화 전파와 군사적(치안과 경비위주)인 등 국가의 모든 역량을 모아 선교에 집중하고 역사와 전통 그리고 종교적 충성심이 투철한 예수회라는 조직과 함께 온 세계에 걸쳐 선교 사업을 펼쳐 왔습니다. 이들은 정치적 권력과 막강한 재원을 바탕으로 가난한 국가에 학교와 병원을 설립하면서 선교를 펼쳤습니다.

초대형 교회들도 쉽게 하지 못하는 학교와 병원 설립을
바티칸 시국은 국가적 선교 차원에서 실행한 것입니다.

황제보다 더한 권력을 쥐고 있는 교황을 중심으로 정치와 선교를 왕과 왕족들을 복종시키고 다스리는 모든 백성이 기독교인이 되게 하였고 백성들을 위해서 각 나라에서 거두어 들인 헌금으로 교회, 학교와 병원 그리고 수도원을 지워 서민들을 포섭하였습니다. 교황으로부터 인정받은 왕과 왕족들 그리고 로마 교황청이 보낸 최고의 교육받은 사제들은 유럽 사회의 약탈을 해서 먹고사는 해적들 그리고 농민들을 교육시키고 기독교 문명을 발전시켰습니다. 인본주의를 내세운 르네상스의 강력한 도전과 수많은 전쟁 중에도 가톨릭의 포교가 1,000여 년 동안 지속적인 것은 막강한 교황의 권력으로 뭉친 교회 조직에 대하여 누구도 정복할 수 없는 힘이 있었기 때문입니다. 그러나

로마 가톨릭의 조직은 하나님 아래에 교회가 있고
이 교회가 세상의 정치와 경제, 교육, 과학, 예술 그리고
가정까지도 통제하는 것이었습니다. [50]

이에 따라 교회는 국가 권력 이상의 힘을 갖고 사회를 통제하여 세속화되었습니다. 세속화되고 기독교의 참된 복음을 숨겨 온 로마 가톨릭에 대항하여 일어난 16세기 종교개혁은 중간에 교회의 통제력을 없애고 하나님이 직접 통치하시는 교회 공동체를 만들고 정치와 종교를 분리하는 국가체제를 갖추었습니다. 종교개혁으로 개신교가 탄생하여 수많은 전쟁을 치렀지만 여전히 로마 가톨릭은 교황을 중심으로 오랜 역사 동안 진행되어 온 큰 사업들이 그들의 체계를 지켜 오고 있는 것입니다. 그들이 세계 각국에 세운 교회에 사제들을 파견하고 학교와 병원 같은 공공시설들을 이용한 조직적 선교체제는 단일 종교로서 세계 제1위의 가톨릭 신도들을 가지고 있습니다.

공동체는 특정한 그룹으로 어떤 목적을 위해 잘 구성된 조직과는 달리 구성원들이 생존을 유지하기 위해 함께 노력해야 했던 가족이나 촌락에서부터 두레나 계 모임 같은 전통적이고 역사가 있는 형태로 사회 계층별, 지역 혹은 어떤 유익을 얻기 위하여 시작되었습니다. 어떤 특별한 목적을 위하여 함께하는 조직과는 달리 전통적인 공동체는 주로 규모가 작고 함께 마을을 형성하고 사는 동종의 업계 위주로 농어촌에서 구성원들 간의 화합과 농사를 짓는 데 필요한 인력을 제공하는 형태로 가족, 씨족, 지역에 바탕을 둔 공동체라고 할 수 있습니다. 인구가 증가하면서 공동체의 범주와 규모가 확장되기 시작했으며, 공동체의 내용도 다양해졌습니다. 공동체의 조직과 운영 규범 또한 오랫동안 변화되고 시대에 맞게 발전되어 왔습니다. 그러나 혈연과 지연이 닿지 않는 도시형 생활에서는 새로운 공동체 형태를 만들어 왔는데 이것이 종교적 신념을 바탕으로 한 교회 공동체였습니다.

한국 민족 문화 대백과 사전에 의하면 공동체는 특정한 사회적 공간에서 공통의 가치와 유사한 정체성을 가진 사람들의 집단으로 혈연과 지연을 비롯하여 시대적 상황에 따라 생성되고 소멸되기도 하는 공동사회를 말합니다. 많은 학자들은 지역과 상호연대를 공동체의 핵심 요소로 보는데 오늘날에도 상호작용과 연대를 중심으로 소공동체 형태의 다양한 형태의 공동체적 집단들이 존재합니다. 예를 들면 가족이나 친척들로 집단 재생산을 위하여 서로 협력하는 혈연과 지연 공동체가 있고 전통적인 공동체로 촌락, 두레, 계 등이 전통사회의 규범과 질서를 유지하고 서로 상호 연대를 통하여 협력하는 공동 사회로 일제강점기와 같은 혹독한 시절에도 밭농사와 모내기 같은 노동력 수요가 정점에 달할 때, 농민들이 함께 일하는 합리적인 노동 활용법으로 공동체적 농민 문화와 생존을 위한 공동 사회로 협력하며 이겨내어 왔습니다.[51]

조직력을 갖춘 공동체는 농어촌의 공동체에서 시작되었습니다. 그러나 필요에 따라 생겨나고 소그룹 형태이며 지도자가 없었던 농어촌 공동체는 시대가 변화하기 시작하면서 쇠퇴하였고
잘 갖춘 조직력으로 공동 사업을 할 수 있는 교회가 늘어나고

거대한 교회 공동체가 형성되면서
대도시로 유입된 인구와 함께 새로운 환경을 만들고
도시 공간 속에서 도시 공동체 문화가
만들어지기 시작하였습니다.

도시인들에게도 상호작용이나 연대에 기반을 둔 공동체는 그들의 삶에 여전히 중요한 역할을 하게 되었습니다. 대도시에 거주하는 사람들은 공유하는 가치, 신념, 목표 등을 기반으로 집합적 감정과 공동의 연대를 형성하면서 공동사회는 구성원들 간 관계가 긴밀하고 결속력이 강해져서 새로운 공동체를 발전시켜 나갔습니다. 도시 생태학자들이 연구한 결과 도시 공간 속에서 여전히 도시에서도 공동체가 여전히 중요한 역할을 한다는 연구 결과가 나오기도 했습니다. 일반적으로 도시에서 지역은 전통사회에서 수행했던 절대적인 역할을 하지 못하여 같은 동네나 아파트에 살면서도 서로 잘 알지 못하고, 무관심해지는 것이 일반적인 도시의 생활의 범위로 여겼습니다. 한국 사회에서 산업화와 정보화가 급속히 진행되면서 전통적인 공동체는 자취를 감추게 되었습니다. 촌락, 문중, 두레, 계 등과 전통적인 공동체는 해체되어 일부 농촌 지역을 제외하고는 그 모습을 찾아보기 어렵고 되었습니다. 그러나 사회적 존재로서의 인간은 공동체적인 경험에 대한 욕구를 가지고 있으며, 그 관계망 없이는 살 수 없기 때문에 따라서 전통적인 공동체와는 다른 방식의 공동체를 만들어 내고 있습니다. 새로운 공동체에서 강조되는 것은 상호작용에 기반을 둔 신뢰, 규범, 연대와 같은 가치들입니다. 이러한 가치를 기반에 두고 현대에 사회적 존재로서 공동체적인 경향을 가진 사람들이 쉽게 모인 곳이 교회 공동체를 이루고 있습니다. 같은 이념과 목적을 위하여 공통된 의식과 방법으로 도시에서 모일 수 있는 공동체 역할을 수행하고 있는 것입니다. 전통적 공동체의 모습이 현대의 교회 공동체의 모습으로 발전한 것입니다.

소멸해 가고 있는 여러 공동체의 역할을 이어받은 교회 공동체는 공동체로서 기본 이념이 있고 정기적으로 만나고 항상 미래를 지향하는 단체이고 큰 조직력과 큰 사업을 할 수 있는 다방면의 재주를 갖고 있습니다. 우선은 교회 공동체는

통제된 경제력을 갖추고 있고 이 경제력을 기반으로
공동체가 모일 수 있는 공간을 제공할 수 있고
무엇보다도 경험이 많은 일꾼들이 포진되어 있고 이것을
조직적인 큰 힘으로 추진할 수 있는
비전을 갖고 있는 지도자가 있습니다.

지도자는 개인의 역량은 물론이고 공동체의 목적을 확실히 알고 어떻게 인도할지를 매일 고민하고 연구하고 학습을 합니다. 이들에게는 하나님의 인도하심에 대한 지식과 이해 그리고 비전이 있습니다. 큰 조직력으로 큰 사업을 하기 위한 기본 준비가 항상 되어 있는 것입니다. 이러한 공동체의 모든 여건을 견실히 갖춘 교회 공동체가 많을수록 현대에 아주 중요한 사회 기반이 되는 것입니다. 자연스럽게 모든 사회 구성원들이 기독교 문화에 걸친 삶을 살아가게 하는 방법은 조직력이 있는 공동체가 전 국가적인 사회를 만들어 간다고 봅니다.

3-3. 순환

순환

아이들은 부모 때문에 따라왔고 선생님의 인도에

고개 숙여 눈 감았고,

신나는 율동, 어색한 율동, 끝나면 뭔가

기대치 않았던 간식, 과자들.

그나마 공동 모임 후에 갖는 짧은 내 시간에

친구들과의 공놀이.

점심은 엄마가 챙겨 줘서 먹지. 시간이 없다.

갈 때까지 놀아야 되니까

이젠 나이 먹어서 남들이 청소년이라 부르고,

교회에서 뭐든지 귀찮고 그저 빨리 끝내고 내 방에 가서 게임을 해야겠다는 마음뿐.

부모들은 사춘기 애들이 그나마 교회에 가서

친구들을 만나는 것에 안심하고.

어느덧, 수능이 끝나고 대학생, 혹은 재수생이라는

타이틀을 갖고,

인생의 극적인 재미를 찾고 있지만 돈이 없다. 가진 것은 건장한 체구와 시간뿐.

같은 또래의 젊은이끼리는, 서로 연인도 되고, 친구도 되고, 도와주고 위로받고…

취업, 대학은 내 뜻대로 되는 것 하나도 없고

날마다, 가족들, 친구들, 너무나 친한 교인들의 눈치 속에서

시간은 나두 모르게 흘러가고

그나마 만나는 주일학교 때부터 만나서 즐겁고

부담 없는 몇 또래들은

그중에 몇은 서로 결혼도 하고 가정을 이루고 아이들도 낳고, 그 아이들이 다시

주일학교의 주 멤버들이 되었네,

아!

우리는 교회를 벗어날 수가 없구나.

믿음, 소망, 사랑이 있는 곳

하사모, 하나님을 사모하는 사람들의 모임

바로 교회입니다.

믿음, 소망, 그리고 사랑으로 만들어진 공동체.

믿음은 일단 교회 다니니까 있는 것으로 생각하고

처음에 착각하여 내가 하나님을 믿는다고 생각했는데

알고 보니, 믿음도 하나님이 주시지 않으면 가질 수 없다 하여

너무나 감사한 마음으로 교회에 다니지 않는

사람들과 비교하니

또 감사하게 되네.

소망은 그 누구도 줄 수 없는 보이지 않는 미래에 대한 환상을 목적

으로 하여

사는 것 같지만 우리의 소망은 예수 그리스도께서 말씀하신

그대로이니

복음을 모르는 사람들이 이해할 수 있을까?

"회개하라! 천국이 가까이 왔다."는 것을

사랑은 정말 좋은 것입니다. 모든 걸 덮어 주고 이해하여 주고 먹어 주고

가르쳐 주고 사는 이유에 대해 묻지를 않습니다. 이미 안다고 생각하니

자기 중심에 빠진 수많은 사람들을 사랑이라는 끈으로

묶어 방주에 태워 하나님에게로 노 저어 가네.

가는 이유도 알고 목적도 알고

다만 열심히 노 저어 오늘도 내일도 가네.

소금과 빛

소금은 하얀색이고 짠 맛을 가집니다.

스스로 녹을 수 있고, 녹으면서 자기 색을 만들지 않고 자기 맛을 주위에 퍼뜨립니다.

소금 주위에 아무것도 없으면 소금은 제 역할을 못 합니다.

소금 주위에 소금 맛을 내지 않는 것들이 풍성하여야 풍성한 맛을 창조합니다.

소금이 소금 맛을 내지 못하면 다만 버려져 흙 속에 묻힙니다.

소금이 가야 할 곳은 세상입니다.

주께서 분명히 너희는 '세상의 소금이니' 세상으로 가야 한다 하셨습니다.

세상에는 가족도 있고 친구도 있고 모르지만 매일 만나는 이웃들도 있고 스쳐 가는 수많은 모르는 사람들도 있습니다.

세상에는 재능이 뛰어난 자도 있고 돈이 많은 사람도 있고 명예가 넘쳐나는 사람도 있고

세상에는 인생 초보도 있고 부하도 있고 상사도 있고 재벌 회장, 의원 그리고 대통령도 있습니다.

나는 어디로 가서 녹을까? 하는 걱정을 해야 할 시기입니다.

빛은 자기 색깔이 없고 다만 주위를 밝게 비추는 역할.

밝은 빛을 얻은 사람들은 색깔이 없으므로 누가 비추었는지 모릅니다.

빛은 혼자서는 아무 역할을 못 합니다.

그래서 빛 주위에는 세상이 있습니다.

세상은 빛 없이는 어두운 세상입니다. 어두운 세상에서

더 많은 주위를 빛나게 하기 위하여 집안 제일 높은 곳에 올려 놓습니다.

더 많은 세상에 닿기 위하여 빛은 산 위로 향합니다.

높은 산 위에서, 산 아래의 모든 마을을 비춰야 합니다.

빛은, 내 가족, 내 이웃, 내 민족, 내 나라 그리고

저 멀리 나라 밖으로 빛이 없는 세상으로 나아갑니다.

빛에 비추어지는 세상은 밝은 세상이요 사랑이 넘치는 곳이요

하나님에 대한 찬양과 경배가 날마다 넘쳐나는 곳이요

하사모가 넘쳐 나는 곳이요

빛들이 함께 모여 내일을 위해 더욱 밝게 되는 곳.

바로 교회입니다.

사랑이란?

세상에서는 혼자서도 살 수 있습니다.

세상에는 혼자 태어난 사람은 없지만 홀로 사는 사람은 많이 있습니다.

수많은 이유와 사정이 있겠지만 홀로 사는 사람들은 사랑을 나눌 이웃이 없습니다.

그냥 홀로 살다가 병들고 약해지면 병원에 누워 홀로 세상을 등지면 됩니다.

그래서 사람들은 가족을 만듭니다. 최소한의 사랑을 나눌 수 있는 곳, 이유없이

사랑할 수 있지만 세상만사 그렇게 쉽게 만들어

지지 않았습니다.

온갖 이유로 서로 다투고 헤어지고 삶에 지치고 원수가 되기도 하고, 그러다가

다시 사랑하고 슬퍼하고 애물이 되어, 있는지 없는지 모르는

끈적한 사랑 때문에 온 인생을 보내게 됩니다. 그러다가 교회에 나가면서

사랑에 대한 새로운 개념에 눈이 확 밝아집니다.

홀로 살면서 더 많은 시간을 자유롭게 주님을 위해서 쓸 수 있다는 것을 알았고

홀로 살면서 아플 때에 잘 모르는 교인들이 방문하여

위로하여 주고

홀로 살면서 자녀가 없지만 자녀 있는 집안들의 복잡한 사정들을 겪지 않아 다행이고

그저 나가고 싶을 때에 교회에 나가 좋은 소식, 아름다운 말들을 들으며 신앙 생활하면 됩니다.

목사님과 많은 교인들의 축복 받으며 결혼하여 가정을 만들고

사람들의 사랑과 신의 사랑으로 웃음이 넘쳐나는 가정이 되어

다툼이 일어날 때마다 인내와 절제하는 마음으로 달래고

헤어지고 싶고 삶에 지칠 때마다 기도하고 기도하고

원수같이 여기고 싶은 사람들을 만나도 불쌍히 여기는 마음이 생겨나는 것은

그동안 교회에서 오랫동안 교육받고 설교 듣고 감명받았던 덕택이었을까?

아닙니다. 예수 그리스도를 통해서 하나님의 사랑을 알았기 때문입니다.

그래서, 눈물이 납니다.

하나님의 사랑을 우리는 감당할 수 없기에 눈물이 납니다.

구원이란?

하나님의 은혜입니다.

하나님만이 주실 수 있습니다.

세상에서 주는 구원은 재물을 요구합니다.

잘난 인간들이 주는 구원들은 내가 가진 모두를 요구합니다.

그러나 하나님의 구원은 아무것도 요구하지 않습니다.

오로지, 마음으로 믿고 입으로 시인하기만 하면 구원받을 수 있습니다.

그러면, 성령님이 인도하여 주십니다. 그리고

하나님의 백성이 되는 것입니다.

구원받은 백성은 매주 주일예배를 통해서 경배합니다.

구원받은 백성은 이 세상의 삶에 만족하지 않습니다.

그들에게는 영원한 영적 미래가 있습니다.

교회에서 왜 그렇게 행복하냐구요?

미래가 보장되어 있다는 확신이 있으니까요.

그 증거가 있나요?

예, 있습니다! 예수 그리스도의 부활하심이

증거입니다.

신앙 생활

하나님이 베풀어 준 은혜 때문에 사람들은 희망을 가졌습니다.

만나서 반갑고 즐거운 인사들이 넘쳐 나는 곳!

교인들은 산속의 자연인처럼 살지 않고

자신의 유익이나 명예를 위하지 않고 신앙이라는 강한 정신적 유대
감으로 뭉쳐 있습니다.

이 유대감은 이타적이고 자발적인 봉사자들에 의해서 형성되어 있
습니다.

이들의 목적은 단 하나, 하나님 은혜에 감사하는 마음을 갖고 찬양
하는 것.

그러나 이들에게도 어려운 일들이 있습니다.

허영과 사치를 버리고 사랑과 겸손함을 담아야 되고

생업과 별도로 교회의 많은 일들을 감당해야 되고

생업으로 얻은 수입의 일부를 헌금해야 되고 많은 축일마다 헌물과
헌신이 있어야 되고

직분을 임명받아 책임이 더해지는 부담을 안고

이기적인 교인들의 선도를 이끌어야 합니다.

또한 많은 공동 모임이나 예배에 시간을 만들어 참석해야 되고

자기 의견도 만들어 내어 기여를 해야 합니다.

그래서 따져보니, 내가 소비한 재물이나, 친구들과 같이 하지 못한
시간들, 그리고 잃어버린 취미 생활, 등은 회복할 수 없지만

설명할 수 없는 기쁨이 생겼고 가족들은 건강한

신앙생활로 중심이 잡혔고

건강한 정신, 건강한 이웃 관계, 건강한 몸과

비전이 덤으로 생겨

하나님께 감사할 수밖에 없네요.

성도의 길

오늘도 교회에 갑니다.

집안의 모든 무거운 짐을 안고

그냥 교회에 갑니다.

교회에 가면, 잠시나마 온갖 시름을 잊고

예배에 집중하고 나면 마음이 가볍습니다.

기도하고, 경배하고, 찬양하고, 헌금하고, 헌신하고, 회의하고,

감동받고, 봉사하고, 교육받고, 토론하고 등등등 할 일이 너무 많습
니다.

목사님 설교에서도 작은 깨달음을 얻지만

예배가 끝나면, 시원하게 모두 잊어버립니다.

반가운 교인들끼리의 대화도 잠시, 믿음이 성장하여 맡겨진 직분에
따라

성가대에도 가야 되고, 소그룹 모임에 가야 되고,

제직회에도 가야 되고, 구역장 모임, 교사 모임 등등등

매주 같은 일과 같은 사람들과 만나지만

이 길을 45년 동안 해 오면서

아! 우리 주님이 예비 해 주신 곳으로 가기 위한
성도의 길이란 것을 알게 되었습니다.

3-4. 기독교인의 준비 I: 기독교 윤리와 함께하는 생업

건강한 생업은 모든 교인들에게 건강한 신앙심을 가질 수 있는 바탕이 됩니다. 생업과 관련이 되어 가정과 교회에 어떤 영향을 주는지 우리는 알고 있습니다. 하지만 우리 사회는 지나치게 개방화된 것과 아직도 뿌리박고 있는 전근대적인 가치관으로 통제되고 있는 것이 우리 사회 현실의 한 단면입니다. 기독교 세계관이 이 사회에 펼쳐 있다면 기독교 윤리관이 중심이 되겠지만 사회 윤리에 대한 개방화와 가치관 사이에는 직업 윤리의 부재로 나타나는 현상이 현 사회를 부정부패하게 만들고 있습니다. 우리 사회의 미래를 개척하기 위해서는 올바른 직업과 관련된 윤리적인 가치관을 정립할 필요가 있는데 여기에 기독교 세계관을 펼쳐야 하는 교회의 사명과 기독교인의 역할이 있습니다. 세상의 빛이 되고 소금이 되어야 할 교회가 관심을 갖고 바른 가치관을 제시하며 직업의 현장에서 구체적인 지침을 제공해 알려주고 기독교인들이 실천하면 직업 윤리관이 되는 것입니다.[52]

생업에 있어서 가장 중요한 것은 선택하는 사람이 자신의 특성과 재능 그리고 목적에 맞는 직업을 구하거나 앞으로의 전망을 보고 갈 길을 전하는 것이 일반적입니다. 아무리 좋은 직업일지라도 자신의 능력이 못 미친다면 선택의 여지가 없습니다. 하지만 기독교인들에 있어서 자신의 생업 즉 직업이 하나님의 뜻에 맞는지의 여부를 결정하는 것은 신앙심에 큰 갈등을 주기도 합니다. 그러나 도덕적(윤리적)으로는 구별할 수 있습니다. 또한 직업을 선택한다는 것에 기독교인들이 쉽게 빠지는 오해가 있습니다.

첫째는 종교적인 편견으로 종교적인 직업은 거룩한 것이며 일반 직업은 속된 직업이라고 생각하는 것입니다. 기독교인이 된 지 얼마 안 된 초신자들에게 쉽게 오는 갈등입니다. 성경에서 골로새서 3:23에 "무슨 일을 하든지 주께 하듯 하라."고 하신 말씀에는 직업을 구분하여 거룩한 것과 속된 것을 가리지 않습니다. 즉 어떤 직업인지가 아니라 직업에 임하는 마음가짐을 말하는 것입니다.

두 번째는 사회적인 편견으로 인한 오해가 있습니다. 그러나 하나님은 세상에서 천하고 멸시받는 사람들을 택하셨습니다. 다른 사람이 뭐라고 해도 자기 직업에 대해서 자부심을 가질 수 있는 것입니다. 기독교인들이 하나님의 뜻에 맞는 직업을 선택하는 기준은 윤리적인 가치관입니다. 본인이나 다른 사람들, 나아가서는 사회 전체에 해악을 끼치는 일은 해서는 안 됩니다. 법으로 금하고 있는 것은 물론이고 비윤리적이며 사회적으로 부정적인 영향을 끼치는 직업은 단호히 거절해야 합니다. 일반 직업에서 얻을 수 없는 경제적인 유익을 얻을 지라도 기독교적인 양심에 어긋난다면 과감히 좀더 바른 길을 찾아야 되며 반면에 좀더 적극적으로 자신에게나 이웃에게 나아가서는 사회 전체에 선을 이루며 유익을 끼치는 직업을 선택해야 합니다.[53]

직업 활동과 관련한 윤리적 가치 기준은 성경에 나오는 다양한 교훈을 기준으로 합니다.

시편 15: 2 - 5절에

"정직하게 행하며 공의를 일삼으며 그 마음에

진실을 말하며 그 혀로 참소치 아니하고

그 벗에게 행하지 아니하며 그 이웃을

훼방치 아니하며 그 눈은 망령된 자를 멸시하며

여호와를 두려워하는 자를

존대하며 그 마음에 서원한 것은 해로울찌라도

변치 아니하며 변리로 대금치 아니하며

뇌물을 받고 무죄한 자를 해치 아니하는 자니

이런 일을 행하는 자는 영영히 요동치 아니하리라."

라는 말씀에서 기독교적인 직업 윤리에 대한 기준을 알 수 있습니다.

직업 윤리를 적용할 구체적인 영역은 첫 번째로 행동과 관련되어 "정직하게 행하며 공의를 일삼으며" 라고 했습니다. 자기 직업에 대해서 자신의 가족과 사회 그리고 국가에 대한 의무를 다할 수 있는 것에 최선을 다해야 하는 것입니다.

두 번째로 말과 관련되어 "그 마음에 진실을 말하며 그 혀로 참소치 아니하며 그 마음에 서원한 것을 변치 아니하며"라고 하는 것은 일하는 자세와 태도를 말합니다. 남들보다 더 희생하며 동료들을 위하며 다른 사람에게 피해를 주는 말과 행동을 조심해야 한다는 것입니다. 이는 직장과 사회 그리고 교회에서의 대인 관계를 말하며 모두가 한 공동체에 속해 있다는 것을 인식하는 것입니다.

세 번째로 대인관계와 관련되어 "그 벗에게 행하지 아니하며 그 이웃을 훼방하지 아니하며 여호와 두려워하는 자를 존재하며"입니다. 동료들 간이나 까다로운 상사일지라도 서로 존대하며 순복해야 하는 것입니다.

네 번째로 돈과 관련되어 "변리로 대금치 아니하며 뇌물을 받고 무죄한 자를 해치 아니하는 자니"라는 말씀대로 뇌물이나 횡령, 사기 등 각종 사회 범죄로부터 깨끗해야 합니다. 현대사회에서 직업윤리를 얘기할 때 가장 크게 떠오르는 이슈는 세금에 관련된 뇌물의 문제입니다. 당연하다고 생각했던 소소한 탈세와 부정직하고 비윤리적인 관행으로 변질된 뇌물수수 행위로 타인에게 피해를 주는 우리 사회의 뿌리 깊은 불법적인 행위는 기독교인들이 특히 조심해야 됩니다.[54]

기독교인들의 생업은 신앙 생활 초기의 신자들에게 많은 갈등을 주고 어떤 삶이 신앙적인 삶인지 구별하려고 노력을 합니다. 우리가 살고 있는 거대하고 체계가 정립된 있는 교회와 사회는 개인으로서 자신은 취향대로 선택할 수 없습니다. 그러기에 기독교인들은 어디에 있든지 어느 정도의 자신의 희생을 감수해야 된다는 것을 알아야 합니다. 그럼에도 하나님의 백성들은 이 세상에서 비윤리적인 일들에 대해서 비둘기같이 순결하고 뱀같이 지혜로워지기 위해서는 하나님이 이 땅에서 이루시기 원하시는 하나님의 뜻을 분별하고 실천해야 합니다. 세상 밖으로 나가기 위해서는 죄악 된 세상의 현실을 인정하고 죄에 대한 갈등을 가지고 싸워 나가야 합니다. 때로는 하나님의 백성으로서 변혁을 시도하고 십자가를 지는 자세로 개인적인 결단을 필요로 하는 자세를 가져 하나님 나라를 만들어 가야 됩니다.[55] 건전한 신앙은 건전한 생업에 따른 화목한 가정에서 출발한다는 것이 믿음의 선배들의 조언입니다.

3-5. 교회 공동체의 위기 탈출

한국 기독교는 역사가 벌써 100년을 훨씬 넘어 이제 200년을 넘어 지속적인 전도 활동으로 교세의 확장을 하여 한국 최대의 종교 공동체로 나아가고 있습니다. 지금은 여러 가지 요인으로 기독교인들의 증가는 기대하기 어렵습니다. 한국의 교회는 25시 교회라고 할 정도로 구제와 전도와 성도의 올바른 삶을 위하여 바쁘게 열심히 하고 있지만 최근의 방송이나 매스컴에서는 부정적인 뉴스만 보입니다. 구제 불능의 교회가 되어 기복주의, 성공주의라는 이름으로 복음을 값싸게 만들고 모든 것이 만사형통 된다는 사이비 종교에서나 강조하는 맘몬주의에 기분은 좋을지 몰라도 점점 미신화, 심리화와 탈역사회, 비윤리화의 길을 가고 있다고 비난을 합니다.[56] 교회와 기독교인들의 줄어드는 것은 사실 한국만이 아닙니다. 전 세계적으로 젊은이들의 생각과 생활 그리고 사고 방식의 변화에 따른 시대적 흐름이라고 할 수 있습니다. 아무리 신앙에 신실한 부모들이 아이들을 어려서부터 교회에 열심히 출석했더라도 자라면서 접하는 변화된 사회 분위기에 따라 성장한 아이들은 스스로 결정한 선택의 폭이 부모의 기대를 저버리는 것이 일상적입니다. 더우기 인구 절벽 또한 시대적 흐름입니다. 급격한 인구의 감소는 어떤 특별한 이유만으로는 해석이 안 되고 사회의 전반적인 요소가 어울려져 온 나라를 위태롭게 만드는 현상이라고 볼수 있습니다. 비어 가는 거대하고 웅장한 예배당은 미래의 교회의 모습을 보여 주기도 합니다. 한국의 기독교 지도자들이 서양의 비어 가는 교회들을 보면서 우리는 다를 것이라고 기대했지만 그것은 단지 그들만의 안일한 생각이었습니다.

마치 구약시대의 이방나라들이 이스라엘을 침공하여 하나님의 제단을 무너뜨리고 이방신들을 전파하여 이스라엘이 타락에 빠지는 계기를 주는 듯한 현대의 신계몽주의는 21세기를 사는 사람들의 개인주의를 바탕으로 한 삶의 형태입니다.

교회 공동체는 이러한 개인주의에 익숙해진
젊은 세대들이 자리를
차지할 것입니다. 이들이 교회 안에서 오직
하나님의 주권 아래 개인의 특성과
교회 밖에서 누리는 세상적인 재미와 성공을
향한 욕망을 억누르며
신앙 생활하리라고는 생각지 않습니다.

이들과 함께하는 공동체를 이루며 서로서로 협력하며 격려하며 살아가는 교회의 삶과는 함께하기 어려운 것입니다. 각 개인의 특성을 중요시하고 다른 사람들이 침범을 하거나 관심을 가질 때는 경계를 합니다. 사람들의 주거 형태는 작게 그리고 편리하게 변하고 있고 그 안에 혼자서도 즐길 수 있는 문화 시설을 갖추고 외부와의 접촉을 줄이고 있습니다. 회사에 가서도 자기 일에 충실하고 대인 관계가 좋고 업무에 탁월할 때는 넉넉한 수입과 함께 정말 부족함이 없습니다. 그들은 적게 벌고 자신들의 인생을 즐기려고 노력을 합니다. 경제적인 것과 미래의 안락한 삶에 목적을 두고 살게 됩니다. 회사에 얽매이지 않고 남에게 간섭받지 않는 집에서 개인적인 삶을 즐기고 여행을 합니다. 이런 사람들에게 매주 정해진 시간에 정해진 시간 동안 그리고 같은 사람들끼리 교제하면서 같은 주제로 공통의 대화를 하는 것은 교회의 기성세대들의 이기적인 요구라고 생각됩니다.

교회 공동체가 이들을 수용하기 위해서는 변해야 합니다. 세속의 개인주의는 인본주의의 바탕이 되지만 기독교에서도 기독교 신앙 그 자체가 개인주의이며 하나님과의 관계 속에서 발전하게 됩니다.

하나님과의 관계에 있어서 과거가 현재가 되고
현재가 과거가 되듯이
하나님과의 관계를 현재에 맞추어
새로 만들어 가는 것입니다.

기독교 신앙 자체가 개인적인 고백을 통하여 이루어지기 때문에 교회 밖에서의 개인주의는 교회 안에서의 개인주의와 분리하지 말고 교회 안에서 더욱 존중해 주고 특성을 살릴 수 있는 길을 교회 안에서 찾는다면 교회는 젊은이들이 모일 것입니다. 포스트모더니즘의 젊은이들은 개성을 중요하게 생각하고 그들의 외모와 행동을 유행에 따라서 적응시킵니다. 더 이상 교회 공동체에서도 젊은이들의 개성을 문제 삼지 않습니다. 이들과 기성세대는 서로 이해하기 위해서 많은 시간과 노력을 함께해야 합니다. 서로의 인격을 존중해 주는 방법은 별개의 공동체 혹은 조직으로서 활동하는 것입니다. 가끔 특별한 활동을 함께 연합하여 진행하는 것으로 만날 수 있는 기회는 있으나 성격이 다른 두 조직을 하나로 만들려는 헛된 노력은 교인들을 지치게 할 뿐입니다.

매주 얼굴을 보고 매주 같은 교회에 있지만 신앙의 견인을
해 주어야 할 대상들이 가득한 곳이 바로 교회입니다.

교회에 친화적이지 않은 사람들과 정반대의 사람들이 함께 어우러
져 있고 개인과 개인간의 경계가 없는 교회 공동체의 장점이면서 약
점이 되기 때문에 갈등과 분쟁은 소리없이 요동치고 있는 곳 역시 교
회 공동체입니다. 즉 너무나 개인적으로 행동하는 교인들은 소극적
이고 친화적이지 못하고 경제력이 약하고 대인 관계를 갖지 않는 개
인주의에 따른 생활 형태는 교회 공동체로서는 바라지 않고 서로 어
울려 함께하는 사회를 만들어 가는 곳입니다. 교회에는 혼자만의 이
기적인 개인주의 사상을 가진 교인들이 들어설 자리가 없습니다. 하
지만 교회 공동체는 많은 무리 중에서 각 개인의 개인주의 능력을 키
우고 가르치고 성장시켜 조화를 이루어 하나님의 영광을 위한 곳입니
다. 만약 개인의 능력과 재능을 살리지 못하고 많은 사람들이 모인 가
운데 내가 얘기를 나눌 사람도 없고 귀찮고 자신이 왜 이런 자리에 있
는지 불편한 사람들에게는 교회에 올 이유가 없는 것입니다. 그래서
교회 공동체는 모임의 성격을 넓혀 비슷한 성향의 교인들을 함께 얽
혀 주는 작은 소그룹을 활성화시켜야 하는 이유입니다.

3-6. 세상의 발전을 이끌어 온 기독교인들

3-6-1. 산업혁명과 기독교인들

여기 코람 데오(Coram Deo)란 말이 있습니다. 기독교인이라면 한번 쯤 들어 본 말인데, '하나님 앞에서'란 뜻으로 기독교인으로서 모든 삶의 영역에서, 모든 삶의 주관자로서 하나님 앞에서 말씀대로 살겠다는 각오를 할 때 사용되어집니다. 코람 데오를 모든 행동의 지침으로 삼고 생활을 한 모델로서 칼빈주의를 따르는 영국의 청교도(Puritan)와 프랑스의 위그노(Huguenot)를 들 수 있습니다. 프랑스의 루이 14세의

풍텐블로 칙령은 위그노들의 학교를 폐쇄하고
위그노 목사들을 추방하고 예배를 금지하였습니다.
이 시기에 20만에서 50만의 위그노들이
프랑스를 탈출하여
영국, 네덜란드, 덴마크, 스위스 등 유럽으로 망명하였는데

그들 중 대부분이 실크직조, 유리제조, 가구 제조와 은 세공업에 종사하던 솜씨 좋은 기술자들이었습니다. 이들이 방직기계가 없던 영국에 방직 기계를 만들고 산업혁명의 기틀을 만들었습니다.[57] 수많은 생산 기술자들을 쫓아낸 프랑스는 산업혁명의 주도권을 영국에게 빼앗기게 된 것입니다.

산업혁명 시기에 존 웨슬리(1703)의 영적 각성 운동이 활발히 전개되어 안정된 수입을 받는 근로자들의 삶은 더욱 종교적으로 바뀌어

갔습니다. 신실한 종교적 생활은 안정과 편안함 그리고 미래에 대한 비전을 제시해 주기 때문입니다. 정말 어렵게 살았던 존 웨슬리는 엄격하고 따뜻한 어머니로부터 헌신적이고 규칙에 따라 순종하는 법을 배웠고 아버지로부터 경건한 신앙의 중심을 평생 배웠고 자신의 목회에 적용함으로 그를 따르는 신자들의 모범이 되었으며 영국의 사회를 이끄는 주역이 되었습니다.

> 척박하고 힘든 작업장에서 프랑스의 개신교
> 박해로 영국으로 이주한
> 가난한 노동자들로 구성된 풍부한 인적자원은 신앙심으로
> 정직과 성실로 잘 무장된 노동자들이었으며
> 개신교인들이 주류를 이루었습니다.

더욱이 영국은 근대 초기의 경제 발전으로. 철, 석탄과 목재 그리고 동력 산업의 발전과 함께 국가의 생산력이 크게 향상되어 산업 발전을 위한 노동자, 기계, 자본 그리고 소비를 해 줄 식민지가 있었습니다.[58] 그리고 산업혁명은 뜻하지 않게 대량 생산 체계를 시작한 것은 의료계의 신흥 면공업 생산에서 시작되었습니다. 인도산 캘리코 면직물과 경쟁할 수 있는 면제품을 제조하는 일이 18세기 초의 국민적 과제가 되었고 이것이 모직물 대량 생산으로 발전되어 본격적인 산업혁명이 시작되었습니다. 이 과제를 해결하도록 추진시킨 것은 전래의 지배 계급인 지주나 전통적인 직물업자가 아니고 주로 상인과 요먼이라고 부르는 자영 농민층이었으며, 그들 대부분이 비국교도이자 국가의 원조도 없이 스스로 기업을 이룩한 사람들이었습니다. 이들이 성

장하여 의식이 있는 시민계급을 형성하여 근대의 사회를 형성하였습니다.[59]

바이킹이 활발히 활동하던 시절에 웨섹스(잉글랜드)의 높은 생활 수준과 문명은 바이킹의 약탈의 대상이었습니다. 이러한 영국의 문명은 1세기부터 받아들인 기독교 문화의 유산이었으며 전통적인 유럽 사회의 모습을 만들어 왔습니다. 산업혁명이 일어나기에 적합한 조건을 갖춘 영국은 유럽의 다른 나라들보다 먼저 산업혁명을 일으켜 국력을 발전시켰습니다. 당시 영국은 1차 산업 혁명(2차는 전기의 발견, 3차는 인터넷, 4차는 AI라고 구별)이라고 하는 증기 기관의 발명과 더불어 산업에 있어서 가장 중요한 요소 중의 하나는 인적 자원이 풍부하였습니다.

아무리 농업, 공업과 상업이 활발하여도 그 주체는
사람인 것입니다. 노동자들의 일하려는
의식이 없이는 불가능합니다. 노동자들의
의식 구조는 그들의 일상 생활 중의 신앙에서 출발합니다.

존 웨슬리와 같은 시대의 사명을 가진 지도자들이 국민을 계몽하고 신을 위하여 잘 살아 보자는 그들의 종교적 신앙심은 그들은 활발한 신앙 생활을 통하여 독려하고 그들의 생활 수준을 높여 근면 성실함으로 무장한 기독교인들은 산업혁명(1760-1820)의 기틀을 마련하였습니다. 영국의 산업혁명이 세계적 역사의 흐름을 주도하면서 영국을 세계 최강의 국가로 만들어 준 것입니다. 그러나 그 과정 속에서 수많은 농민 노동자들의 피와 눈물의 희생이 있었고 이를 감내한 것이 바로 종교의 힘이었습니다. 종교 개혁(1517)의 정신을 가진 시민 계급은 현실의 힘든 시절을 이기게 하였고 영국 사회의 중산층의 의식 개혁에 공헌하였으며 산업혁명의 실재 일꾼들이었습니다. 그들 중의 일부는 영국 성공회와 로마 가톨릭의 개신교에 대한 박해로 종교의 자유를 찾아 신대륙을 찾아 목숨을 건 대서항 횡단을 통해 지금의 아메리카 대륙에 정착한 개척자들도 개신교의 정신을 가진 청교도들이었습니다. 시민의식을 가진 중산층의 증가는 신앙심을 갖기에 충분한 환경을 만들었고 실재 18세기 영국 사회가 세계를 리드하는 힘을 갖게 한 것입니다.

세계 최초의 공업화를 이루고 관련 산업과 함께 성실과 근면으로 생활하여 온 기독교인(기업가)들은 자유 민주주의 체제에서 급성장한 자본주의 시장의 주역으로 떠오른 것입니다. 17세기 중엽 절대 권력을 무너뜨린 것은 기독교의 세계관 속에서 시민의식의 발전과 상업 경쟁이 중상주의를 발전시키고 18세기 산업혁명의 기초가 되었습니다. [60]

산업혁명이 한참 진행되던 1740년 이후에 감리교 복음전도자 존 웨슬리(John Wesley, 1703~1791)와 조지 휫필드(George Whitefield, 1714~1770)가 왕성히 활동하던 시대였습니다. 영국은 농업국가에서 공업국가로 전환될 산업 혁명의 시작이 되는 시기이기도 합니다. 이러한 산업 혁명의 영향 역시 기독교에 미치는 합리주의의 영향을 가속화시켰습니다. 그러나 18세기 초는 경건한 복음주의 운동이 영국에서 일어나는 시기이기도 하였습니다. 영국은 산업혁명뿐만 아니라 대각성 운동이 1726년 뉴저지의 네덜란드 개혁교회를 중심으로 시작되어 스코틀랜드와 아일랜드 장로교회로 점화되었고, 1740년대에는 뉴잉글랜드 전역과 미국으로 확산되었습니다. 존 웨슬리는 88세를 살며, 5천 마일 (지구 전체 길이의 4분의 1)을 50년 넘도록 전도를 위해 다녔고, 135,000명을 전도하여 영국의 전국을 복음화 시켰고 로보트 레이크스의 주일학교 운동, 윌리암 윌버포스의 노예 폐지 운동, 기독교의 보편화를 이룬 옥스퍼드 운동 등이 18세기 초에 일어나 대영제국의 모습을 바꾸어 왔고 식민지 개척으로 인한 해외 시장도 장악하여 산업혁명의 시장을 확대하는 데 기여하여 왔습니다.

대영제국의 개신교인들이 산업혁명으로 여러가지 산업 특히 농업, 공업과 상공업의 발달로 생활이 안정되는 분위기는 기독교가 번영과 번창하는 계기가 되었으며 그들의 의식이 높아지자 사회가 변화가 시작하였습니다. 중세부터 시작 된 시민혁명이 일어나 봉건 체제가 해체되고 교역의 증가와 풍부한 농업 생산물의 증가가 이루어집니다. 이는 농민층들을 부유하게 하여 자유 농민층을 형성하게 합니다.

기독교의 사상적 기반을 가진 자유 농민층들과 상인 계급은
18세기에 들어서면서 자본주의적 생산 관계가
형성되면서 유럽의 다른 나라에 비해서 산업화가
순조롭게 진행된 것이었습니다.

여기에 영국은 공업 생산이 지속적으로 증가되고 식민지 전쟁에 승리하여 해외시장이 개척되고 국가 기반 시설들이 확장되어 국내 소비 시장 또한 형성되어 산업혁명의 모든 조건을 갖추게 됩니다.

사도 바울이 성령의 인도하심을 받아 유럽의 관문인 마케도니아를 시작으로 한 유럽의 기독교화는 마틴 루터와 존 칼빈 그리고 존 녹스, 쯔빙글리와 같은 복음의 선교자들을 곳곳에 심어 기독교 세계관으로 사회를 만들어 놓고 국가를 발전시켰습니다.

신앙으로 정신 무장한 성실한 기독교인들은
중상주의의 성장과 함께
시민의식을 높이고 서구의 발전의 엔진이 되었습니다.

그러나 기독교인임에도 불구하고 여전히 종교적 갈등으로 구교인 가톨릭과 신교인 성공회와 개신교의 전쟁으로 핍박과 탄압을 받았습니다. 그러나 종교개혁을 받아들인 영국의 기독교 지도자들의 노력은 대영제국의 개신교를 다양화시켰고 이들은 대영제국의 구석구석까지 복음화시키고 의식을 개혁하여 시민으로 성장시키고 봉건체제의 사고방식을 개혁하여 안정된 신앙생활을 할 수 있도록 변화시켰습니다. 또한 잦은 전쟁으로 인한 재정이 궁핍해지기 시작한 왕들은 재정을 늘리는 데 중산층을 형성하고 있던 상인들, 부유한 농민층들과 결탁하여 해결했습니다. 이는 중산층의 성장을 만들었고 시민 계급을 이루고 중산층 초기 자본가들의 등장으로 나타났습니다. 영국에서는 농민촌 분해와 함께 농촌 모직물 공업의 발달이 초기 자본주의적 생산관계가 그 밖의 유럽 여러 나라에서 보다 순조롭게 나타나게 되었으며, 17세기 중엽 절대권력을 일소한 시민혁명과 해외시장 식민지 획득, 외국 특히 네덜란드와 프랑스와의 상업 경쟁에 대한 유효한 중상주의적 정책이 서로 작용하여 자본의 축적이 현저하게 이루어지는 결과를 낳았습니다. 이 시민혁명의 주체는 바로 신실한 종교적 생활로 의식을 높인 기독교 중산층이었던 것입니다.

3-6-2. 미국의 대각성 운동

세계는 항상 미국을 바라보고 있습니다. 정치는 어떤 성격의 대통령이 나올까? 경제는 월 스트리트의 주식 경향을 체크하고 산업은 세계적 미국 대기업들의 나아가는 방향과 정책을 눈여겨보고 있고 국방은 자국의 안전을 위해서 필요한 군사 장비들을 미국으로부터 도움받는 경향이 있습니다. 이러한 미국의 영향력은 바로 미국 국민들이 만들어 왔다는 것은 누구도 부인하지 못할 것입니다. 바로 그 미국 국민들의 70%가 기독교인들로 구성되어 있고 모든 분야에서 최선을 다해 일하고 있는 것입니다. 그들은 이슬람도 아니요, 불교도 아닌 기독교적인 생활 방식을 하고 있는 것입니다. 종교가 그들의 문화를 만들고 사회를 만들고 국가를 만들어 정신적 세계를 지배하고 있습니다. 미국의 이러한 시작은 미국 대륙이 발견되어 개척 당시부터 시작된 청교도 문화였지만 시대적으로 시간이 흘러가면서 일어난 기독교적인 역사적인 사건들이 있습니다.

1730~1750년대를 미국의 기독교 역사에서 '대각성(The Great Awakening Movement)'의 시대라고 합니다. 조나단 에드워드(Jonathan Edwards, 1703~1758)가 활동하던 시대였습니다. 미국 전역에서 모든 사람이 회개와 부흥을 체험했던 시기였습니다. 청교도 사상으로 잘 무장되어 성실하게 실천하는 삶을 산 조나단 에드워드는 탁월한 변증

가이면서 학자이기도 했습니다.[61] 1720년 에드워드가 첫 목회를 하던 시기에 영국에서는 존 웨슬리(John Wesley, 1703~1791)와 조지 횟필드(George Whitefield, 1714~1770)가 왕성히 활동하던 시대였습니다.

성공회 사제였던 조지 횟필드(1714~1770)는
감성적인 설교로 유명하였는데 1740년 2차 미국 방문 시
조지아에 보육원을 설립하고, 순회 설교로 많은 사람들에게
전도하였습니다. 목회자들을 회개시키고 들판에서
옥외 설교를 하고 미국 전역에 복음을 전하였습니다.

존 웨슬리와 함께 개혁주의적 감리교 신학을 주장한 신학자이면서 설교자였는데 그는 미국에서도 교단과 관계없이 복음 전도에 힘을 썼습니다. 특히 존 웨슬리 목사는 노예 해방 문제에, 조지 횟필드는 아동 복지 문제에 관심이 많았습니다. 실제로 존 웨슬리는 신자인 윌리엄 윌버포스의 노예 해방 운동을 격려하였고, 조지 횟필드는 미국에서의 순회 설교 시 보육원 기금 마련을 위한 설교를 주로 하였고 미국 전역에 대각성 운동의 분위기를 미국에 마련하였습니다.

요란한 밴드 음악과 각종 악기를 사용하여 마치 광신자들처럼 부흥 성회의 분위기 속에서 진행되는 부흥 운동은 미국 동부 지역에서는 제1차 대각성 부흥 운동(1735~1755)에서의 분위기였습니다. 이때에 왕성하게 활동한 조나단 에드워드 목사는 위대한 학자이자 변증자이면서 회중교회 목사였습니다. 에드워드 목사는 오직 믿음으로만 의로움을 얻는다고 설교하여 큰 호응을 얻었습니다. 에드워드 목사의 설

교의 힘은 그의 한결같은 주제와 함께 '솔직한 감정과 마음 속의 진심, 굽히지 않는 논리'가 '점증적 효과'를 창조해내는 것이라고 역사가 조지 말스덴은 평했습니다.

제2차 대각성 운동(1790~1840)에서는 찰스 G. 피니는

이성보다는 감정에 치우쳐 흥분과 열광주의적으로
개인의 결심을 유도하는 신앙을 벗어나 좀 더
사회적 문제에 대한
각성으로 교회의 적극적인 간섭을 유도하였습니다.

2차 대각성 운동은 주로 정통 신앙의 확립, 도덕 생활 확립, 국가 사랑, 노예 폐지, 선교 등을 강조하는 분위기였습니다. 참고로 이 운동에 이어 1875~1914년에 일어난 운동을 제3차 대각성 운동이라 부릅니다. 아무튼 이런 신앙 부흥 운동의 결과 많은 성도와 목회자들이 헌신하게 되었고, 이 여파로 많은 사람들이 해외 선교를 자원하게 되었습니다.

한국에 온 미국 선교사들 중에도 2차 대각성 운동의
영향을 받은 선교사들이 많이 있었습니다.
제2차 대각성 운동의 일부분으로
노예 해방 운동에 적극적으로 참여하는 분위기에 기여하여
남북전쟁의 정치적 사상으로까지 발전하였으며
많은 선교 협회들이 조직되어

아시아와 아프리카로 파견되었습니다.

제3차 대각성 운동(1850~1900)은 대공황과 세계 제2차 대전에 중대한 영향을 미쳤고 공항을 극복하기 위해 만들어 낸 미국 32대 프랭클린 루스벨트 대통령의 뉴딜 정책도 같은 시기에 일어났습니다. 경제 부흥과 함께 사회가 활발해지고 또한, 부흥 운동과 더불어 대학 등을 포함한 여러 교육기관이 설립되어 발전하였고 이 기간 동안 켄터키주에서도 야영 집회 방식의 부흥운동이 시작되어 19세기 내내 미국 개척지로 번져 나갔습니다.[62]

남부 지역에서의 감리교와 침례교의 성장은 식민지 시대에 성공회와 장로교의 숫자를 뛰어넘어 제2차 신앙 부흥 운동 기간에 신앙 부흥을 통하여 사회 문제를 기독교의 교육과 활동을 통하여 개선하고 복음을 전하는 방법으로 교회가 19세기 후반 사회 복음주의의 시작이 되었습니다. 미국 사회는 19세기 중반까지 점차 다양한 사회로 분화 발전하면서 미국 개신교 내에서 점차 커져 가던 세대들 간의 차이점들이 이 다양성을 통하여 한편으로는 반영하고 한편으로는 미국인들의 의식을 국가 의식을 고취시키며 미국 역사에 많은 영향을 끼쳤습니다.[63]

3-6-3. 서유럽의 기독교인들

대부분의 기독교 역사를 품고 있는 서유럽 국가들이 선진국의 위치를 갖기까지 수많은 전쟁과 탄압 그리고 핍박을 거쳐서 이루어 낸 결과라는 것을 우리는 알고 있습니다. 선진국들의 기독교를 번영신학으로 해석하는 것은 수없이 많은 사람들의 희생과 고난 그리고 핍박을 받아 온 그들의 역사를 왜곡하여 결과론적으로 주장하는 것입니다.

근대 시절에는 이성과 합리주의를 바탕으로 한 과학은 유럽을 정치, 경제와 문화 그리고 과학 기술에 있어서 기독교와 대립하면서 발전되었습니다. 경험론과 합리주의를 주장한 데카르트 등을 비롯하여 철학자와 사상가들이 출현과 갈릴레오와 뉴턴 등을 필두로 근대 과학의 발달이 17, 18세기에 걸쳐 이루어지고

17세기 계몽주의의 등장은 유럽인들의 인권과
개인 의식을 깨웠으며, 프랑스 혁명은
이들을 확정하였습니다. 근대사가 본격화한 시기에는
보편적 인간 중심, 산업혁명과 자본주의의 발달,
민주주의와 시민사회의 성립 등이
이루어졌으며, 개인 존중이 전 유럽적으로
일어나게 된 것입니다.

기독교의 신본주의가 약해지면서 인류애를 앞세우고 인본주의가 온 세계를 지배하면서 마치 하나님이 없는 세계가 만능인 것처럼 보이지만 기독교의 세계관은 여전히 살아 있어 세계 곳곳에서 빛을 발하기 시작하였으며 아시아와 아프리카로 복음의 열정이 번져 나갔습니다.

두 차례의 세계대전을 거치면서 제국주의 열강과 식민지배 시대는 막을 내렸으며 소련을 중심으로 한 공산 진영과 미국을 중심으로 한 자유 진영 간의 냉전 시대로 1980년까지를 말합니다. 서구 유럽의 계몽주의의 특징을 발전시킨 신계몽주의가 등장하게 되고 감성과 감정을 중요시하는 개성을 더욱 강조되는 시기로 접어들면서 기독교는 여러 가지 변화와 위기를 맞이하게 됩니다. 마치 유다와 북이스라엘이 멸망하기 전에 일어났던 왕들의 타락과 하나님의 진노하심이 이방인들의 강력한 칼 앞에 무너지듯이 기독교는 무너져 가고 있음을 기독교인들은 느끼고 있었습니다. 그러나 중세의 암흑 시기에 사람들은 흑사병과 전쟁으로 희망을 잃어 가고 있었지만 하나님은 인간들을 위해서 성경을 완성시켜 주시고 복음을 전세계적으로 펼쳐 주셨습니다. 시대가 어렵고 혼란스러워질수록 교회 공동체는 더욱 강해지는 모습을 보인 것입니다.

스코틀랜드 장로 교회는 존 녹스(John Knox, 1572)에 의해서 시작되었습니다. 존 녹스는 칼빈의 제자로 제네바 아카데미에서 공부를 한 후 스코틀랜드로 돌아와 스코틀랜드 종교개혁을 하였습니다. 지금까지 스코틀랜드 교회로 남아 있는 장로교는 국민 43%를 차지하고 있으며 로마 가톨릭은 16% 정도, 감리교를 포함하여 다른 기독교 교파는 8%로 전체 67%의 기독교인으로 구성돼 있는 기독교 국가입니다.

스코틀랜드에서는 종교개혁을 유지 발전시키는
과정에서 혼란에 빠진 영국의
종교개혁에 큰 도움을 주면서 영국의

종교개혁가들과 함께 예배개혁의
핵심 요소인 웨스트민스터 교리문답의 작성이라는
공동 기도서를 완성합니다.

공동기도서는 영국의 엘리자베스 1세가 중앙 집권적이고 국가 주
도적인 종교 정책을 펴기 위하여 예배 형식이나 모든 가르침의 내용
들을 일치되게 하기 위하여 만든 예배 시나리오입니다. 종교 개혁가
들은 이 라틴어 공동기도서를 영어로 개정하여 가톨릭의 미사에 익숙
하던 신자들을 개신교 예배로 돌리는 데 유용하게 사용하였습니다.
그러나 세월이 흐르면서 잘 짜여진 예배 형식은 고착되어 예배 개혁
을 하는데 방해가 되었습니다. 공동기도서는 신자들을 다시 로마 가
톨릭 신자들처럼 구경꾼으로 만들고 우민화되어 갔습니다. 또한 여왕
이 만든 것을 변경한다는 것은 국가에 대한 반역이었습니다. 찰스 1세
때는 공동기도서에 교묘하게 국가 통제의 종교로 이용하였습니다. 스
코틀랜드 종교 개혁가들은 공동기도서가 성공회 주관으로 청교도 말
살 정책으로 시행되고 있음을 알고 개정하고자 웨스트민스터에서 영
국의 개신교 지도자들과 함께 총회를 주관하였습니다. 이것을 웨스트
민스터 총회라고 하며 이 웨스트민스터 총회는 1643년 영국의 찰스 1
세가 의회와의 내란 중에 교회의 규례와 권리 그리고 권징의 기준을
정하기 위해 영국과 스코틀랜드 교회 총대들과 정치인과 위원들을 성
공회 성당인 웨스트민스터 성당에 소집한 총회입니다. 이 총회는 5년
동안 계속되었는데 이때에 웨스트민스터 신앙 고백서가 만들어 지면
서 예배에 대한 개혁이 본격적으로 일어나고 그 과정에 스코틀랜드
총대들의 영향력이 아주 크게 작용하였습니다. 총회는 예배의 모델을

제시하는 것이 아니라 이런 식으로 예배하는 것이 바람직하다고 설명하는 일종의 안내서 혹은 가이드북을 제공하며 예배의 요소들(설교, 성례, 성가, 찬양 등)을 정리해 주고 그 의미를 분명히 가르친 뒤 당회의 지도하에 따라 자유롭게 예배하도록 하였습니다. 현재의 대부분의 장로교 예배 형식에까지 전해 내려오고 있습니다. [64]

일반적으로 현재 프랑스의 종교 현황은 가톨릭 85%, 기독교 2%, 이슬람 10%, 불교 1%, 유대교 1% 기타 1% 정도로 구성돼 있습니다. 프랑스는 종교개혁의 존 칼빈이 태어난 나라이지만 개신교도인 위그노에 대한 성바돌로매 축일의 대학살(1572년, 성 바르톨로메오 축일에 계획적으로 일어난 위그노 학살 사건으로 3만~7만 명의 위그노들이 살해됨.)로 인하여 약 40년간의 위그노 전쟁으로 이어졌고

1685년에 선포된 퐁텐블 칙령은 위그노의 대한
더 강력한 핍박으로 인하여 프랑스의 산업혁명의
주류를 이루고 있는 수십만의 개신교인들인 중산층의 위그노들이
영국과 미국으로 대이주를 야기합니다.

이로 인해 프랑스는 산업혁명에 뒤쳐지고 위그노들이 영국, 스위스와 네덜란드로 이주하여 프랑스 경제와 산업에 큰 타격을 주고 세금을 일반 서민이 떠안게 되자 시민 혁명이 일어나 왕과 왕비, 귀족들이 단두대에서 처형되는 결과를 나았습니다. 종교 개혁의 주도자인 칼빈이 태어난 프랑스는 개신교가 왕성하게 일어났지만 로마 가톨릭과의 갈등 속에서 칼빈은 스위스의 제네바에서 종교개혁을 완성하게 됩니다. [65]

종교개혁의 마틴 루터의 나라 독일은 1871년에 독일 제국이 사상 최초로 독일의 통일을 이룬 근대 국가 되었습니다. 독일은 역사상 최악의 전쟁으로 손꼽히는 1914년 프란츠 페르디난트 대공이 사라예보에서 살해되면서 제1차 세계대전이 발발하고 패전국으로서 독일 국민에게 너무 가혹한 조건으로 합의한 베르사유 조약에서 독일은 가혹한 화의 조건을 강요 받은 데다 마침 대공황까지 닥쳤으며, 불안정한 정부들이 세워지고 무너지기를 거듭하자 독일 사람들은 점차 의회 민주주의 정치 체제를 극우 세력들(루터교, 국가주의자, 나치)의 난립으로 더 이상 신뢰하지 않게 되고 체제를 철폐하기 위한 혁명을 원하는 분위기 형성되었습니다. 정권을 잡은 아돌프 히틀러는 중앙 집권적인 전체주의 국가를 세우고 군사 재무장에 역점을 두고 독일의 외교 정책은 더욱 공격적이고 확장적인 방향을 취하여 폴란드 침략을 시작으로 제2차 세계대전이라는 세계적 대재앙을 일으키기에 이릅니다.[66] 전쟁이 끝나자 처참한 패전국에서 1950년부터 시작된 '라인강의 기적'은 급속한 경제 성장을 이루고 1990년 10월에 베를린 장벽이 무너지면서 독일은 완전한 주권을 되찾고 독일 연방 공화국으로 재탄생하게 됩니다.

현재의 독일 연방 공화국은 유럽 국가 연합(EU)의 수장국으로 정치, 경제, 군사적으로 프랑스와 영국과 함께 유럽을 이끌고 있으며 독일 국민의 대부분이 기독교(개신교 39%와 로마 가톨릭 39%과 루터 교회)를 신앙하고, 일부는 이슬람교와 유대교, 기타 신흥 종교를 믿습니다. 칼 바르트와 디트리히 본회퍼, 프리드리히 슐라이어마허, 디트리히 본회퍼, 루돌프 불트만 등 수많은 종교의 역사에 길이 남을 개신교의 석학들을 배출한 독일은 기독교 민주당이 한동안 강력한 여당으로서 국가의 대부분의 정책을 실행하여 왔으며 자유 민주주의의 자본주의를 표방한 서독의 산업 발전은 공산 정권의 동독이 무너지면서 생긴 경제적 손실과 난민을 모두 수용하며 한국이 통일되었을 때를 대비하는 좋은 본보기로 여기고 있습니다.

3-6-4. 위기로 몰아 넣는 유럽의 철학 사상들

19세기에 들어서서 역사학에 있어서 신학과 철학은 학문적으로 분리되어 많은 사상가들을 양성하였습니다. 기독교적인 관점에서 생각을 해 보면 철학은 철학을 연구하는 사람들은 동의를 안 하겠지만 신학의 한 부분으로 보여집니다. 철학은 철저하게 세계와 인간을 주인공으로 삼아 주제를 이어 가지만 (때론 초인적인 힘을 가진 신을 도입하는 경우도 있지만) 신학은 하나님을 중심으로 하여 세계와 인간을 주제로 삼기 때문에 근본적인 대상의 차이가 있습니다. 또한 철학은 주로 신을 안 믿는 사람들이 대상이고 신학은 신을 믿는 사람들을 대상으로 하기 때문에 받아들이는 정도가 큰 차이를 보여 줍니다. 즉 신을 중심으로 한 신본주의의 신학적 사고방식과 인간을 중심으로 한 인본주의 사상은 서로 충돌할 수밖에 없지만 결국 하나님이 창조하신 인간에 대한 모든 인본주의 사상들, 즉 철학은 인간을 설명하는 것입니다. 인류에서 가장 뛰어난 학자들이 2000년 동안 연구해서 주장해 온 신학은 아직도 그 범위를 정할 수 없고 무한합니다. 하지만 철학 역시 인류의 역사와 같이 하면서 발전과 위대한 인물들을 많이 배출하고 인류의 문화를 바꾸어 왔지만 지속되지 못하고 시대와 시간에 따라 변하는 세상과 인간의 욕구에 따라 생성과 소멸을 반복하여 왔습니다. 철학은 사람들이 받아들여서 자신의 행동을 합리화시키고 나아가 나라를 통치하는 이념으로 발전하기도 하였습니다. 동서양을 막론하고 철학적인 사고방식이 인류의 생존과 발전에 많은 관련이 있다는 것과 세계의 역사의 흐름을 바꾸어 놓은 종교개혁과 같이 지대한 영향을 끼쳤다는 것은 많은 사람들이 인정하는 학문적 사고방식입니다. 하나님의 섭리에 의한 인류의 역사의 흐름 속에서 실재 주인공은 인간들인데 신을 빼고 나면 인간이 주체가 되어 인류도 다스리고 모든 만물을 통치할 수 있다는 생각들이 인간의 가치와 능력을 과대 포장하게 되고 신의 섭리에 대해 반항적이고 피조물인 인간의 능력을 극대화시켜 세상을 지배하는 듯 보이게 합니다.

에덴 동산에서 하와가 뱀의 유혹을 따라 선악과를 따먹는 과정 그리고 그 이후의 아담의 행위는 정확히 인간의 철학 사상의 탄생을 보여 줍니다. 또한 철학이 하나님이 창조하신 인간과 더불어 함께 하였다는 것을 나타내어 줍니다. 철학의 궁극적 목적은 인간의 가치를 높여 인간이 만물의 주체가 되는 것입니다.

21세기에 사는 우리 주의의 문명화 된 현대인들의 모습을 보면 인간의 존재와 가치는 세상의 그 무엇과도 비교할 수 없는 존엄과 능력과 가치를 느끼게 하면서 다른 한편으로는 극단적인 혐오의 대상으로 여겨지는 모습을 보면서 그 중심에는 철학적인 사고가 있다고 봅니다. 세상의 이치를 일깨워 준 그리스 자연철학과 과학 문명의 꽃을 피운 합리적인 이성주의, 고정된 인간관계의 틀을 깬 계몽주의와 많은 사람들이 모이는 심리를 분석한 관념주의와 구조철학은 인간들의 역할과 가치를 한층 더 높이는 데 기여를 하였습니다. 반면에 철학자들의 사고는 당시의 살고 있던 시대적 상황에 따라 변합니다. 서양 철학의 핵심을 이루는 소크라테스는 그리스의 상황에서 정치가들에게 소피스트 변증가가 필요했던 시기에 모든 자연철학과 사상가들을 비판하며 단숨에 가장 뛰어난 정치 변증가로서 두각을 나타내었습니다.

소크라테스는 철학 사상을 얼마나 잘 정치가의 입맛에 맞게 설파하는 소피스트들을 비판하며 진리를 돈으로 사고 파는 장사꾼으로 비난하였으며 진리를 아는 것 자체가 커다란 보수인데 철학을 돈으로 팔아서는 안 된다는 논리를 펼칩니다. 끝없는 질문으로 상대방을 곤경에 처하게 하여 포기하게 하는 식입니다. 철저히 대화를 통하여 뜨거운 토론을 벌이고 결론은 너는 모르니 나도 모른다 하는 무지를 알아야 하고 진리에 대한 양파처럼 껍질을 하나하나 벗기어 가며 진리에 도달해야 한다는 것입니다. 결국 소크라테스는 몸으로 진리를 추구하는 데에 가치를 두고 삶에 연연하지 않고 무지를 깨우쳐 나가야 한다는 것입니다. 플라톤은 소크라테스의 제자로 스승과는 달리 끝없는 질문으로 문제를 제시하고 플라톤은 풀 수 없는 문제에 대해서는 이데아의 세계로 설명하였으며 기독교의 천국의 개념을 벗어나 다른 진리의 세계를 갈망하였으며 보이지 않는 세계 즉 이데아를 갈망해야 한다는 것입니다. 플라톤이 현실의 세계에서 극복하지 못한 인간의 한계를 이상적인 세계를 상상하여 나아가도록 사상을 전개하였지만 그의 스승인 소크라테스의 죽음을 보고 현실 정치에 참여하여 변증법적인 정치적 사상을 전개하며 입지를 넓히게 됩니다. 아리스토텔레스는 플라톤의 제자로 스승의 모든 질문에 대하여 해답을 제시하였습니다. 스승인 플라톤이 찾던 이데아의 세계는 보이지 않는 저 하늘에 있는 것이 아니라 지금 현재 우리에게 있다는 식입니다. 그래서 현실에서 보다 큰 실현을 위해 알렉산더 대왕의 스승이 되어 세계 정복의 사상적 기반을 가르치기도 하였습니다.

인간에게 있어서는 영역이라는 한계가 있습니다. 공간이라는 3차원의 세계를 비롯하여 모든 과학 문명의 발달, 의식주에 필요한 산업의 발달의 한계, 그리고 보이지도 않고 만질 수도 없는 뇌의 활동의 한계는 인간계의 범위 안에서 모든 일이 일어나고 없어 집니다. 기독교인들이 생각하는 하나님에게 있어서 영역은 없습니다. 피조물이 하나님의 영역을 피조물의 지혜와 지식으로 제한할 수 없기 때문입니다. 만약 하나님의 영역을 피조물의 지식으로 제한한다 해도 그 한계는 분명히 인간의 범위를 넘어서는 무언가를 끌어들여 설명할 것입니다. 자연철학자들이나 소크라테스, 플라톤 그리고 아리스토텔레스와 같은 서양 철학의 원조라고 하는 위대한 사상가들의 활동은 인간의 삶의 문제들을 풀어 나갔지만 결국 인간계의 한계에서 기억되어질 뿐입니다.

자연철학이 융성하던 그리스 시대는 농경업이 안정되어 사람들이 먹고사는 걱정을 벗어나 세상을 바라보기 시작하던 시대였습니다. 이런 사상가들을 자연철학자들이라고 하며 이들은 자연에서 절대 불변이라고 보는 태양, 거대한 동식물과 물, 바다, 별자리를 사용하여 보이지 않는 무언가에 대해서 위대함을 부여하여 신으로 섬기면서 자신들의 일상생활의 복을 기원하기도 하고 세상의 이치를 해석하려고 노력하였습니다.

　서양의 정신적 지주로서 시대와 더불어 천재적인 학자들에 위해서 제기 된 철학 사상은 서양 사람들이 사고방식과 생활, 문화, 문명 그리고 과학기술과 예술, 시대를 이끌었습니다. 르네상스는 신에게 종속된 인간의 가치를 높이는 데 기여하였지만 몇몇 천재적인 예술가들의 삶을 세상에 들인 것 이외는 일반적인 인간의 생활의 변화에는 크게 미치지 못합니다. 그들의 문명화된 도시와 풍족한 의식주 생활 그리고 과학 기술과 산업 시설의 발달이 뒷받침하고 있습니다. 발전되고 진화되어 많은 세월이 지나는 동안 수많은 사람들이 모여 사는 사회를 통하여 증명되어 오고 필요를 인정받아 온 다양한 철학 사상들의 등장은 마치 그들을 세계에서 가장 우수한 민족이라는 자존감을 세워 주고 그들이 개발해 온 신 무기를 갖춘 군대를 동원하여 온세계의 질서를 무시하고 자신들이 가진 힘으로 세계를 재편성하여 유익을 취하기 위하여 전쟁도 불사하고 다른 민족과 땅 그리고 문화를 편성하고 오랫동안 유익을 취할 수 있도록 만들어 왔습니다. 이는 철학적 서양 사람들의 사고방식이 각 시민 개개인의 능력과 성취욕구를 자극하여 주고 개인과 속한 그룹 그리고 사회와 국가에 까지 영향을 주고 문화와 문명을 만들어 왔습니다. 이는 철학 사상의 변천이 서양의 절대 왕정시대의 봉건제도에서 시민사회를 거쳐 민주주의 체계로 변해가는 과정과 함께 어울려져서 철학사상들이 사회와 국가에서 일어나는 사회적 배경이 결국 개인의 사고 방식에 따른 변화의 과정을 함께하였다고 봅니다. 시대를 대변해 주는 철학 사상들은 당시 사회의 환경을 반영하도록 되어 있습니다.

서양 철학의 뿌리는 그리스 신화와 그리스 문화에서 시작된다고 봅니다. 그리스 문화에서 자연철학의 탄생과 함께 소크라테스, 플라톤과 아리스토텔레스가 등장하면서 철학이 문명에 영향을 주고 문화를 형성하면서 철학이라고 하는 학문의 영역이 생겨 나기 시작합니다.

유럽의 정신적 지주라고 할 수 있는 칸트에 의해서 인간의 존엄성은 극에 달할 정도로 올라갔고 인간을 위한 인본주의가 창조와 우주의 운행과 인간 삶의 통치를 신에게 의지하는 신본주의가 약화된 것은 인간들이 만든 세상의 모습이었습니다. 전통적 신앙 속에서 자란 인간은 현재의 삶에서 신의 위치에서 내려다보는 인간의 가치는 비천하고 보잘것없는 존재로 인간은 신의 영광을 위해서 살았을 때 인간의 가치가 있다고 봅니다. 무엇을 위해 사는지에 대한 인간의 삶의 목적이 있고 미래에 어떤 심판에 임하는지에 대해서 준비하고 고민합니다. 그러나 인본주의의 계몽사상은 인간세계, 자연, 인생에 관한 지혜와 교양을 지향하며 현실의 과제를 인간 철학을 이용해서 해석과 적용을 하여 대부분의 인간들이 행복하는 사회를 만들기를 원합니다. 개인의 행복은 개인의 의사와 주권을 존중하여 주고 남의 것을 침범하지 않으며 개인의 삶의 방식에 대해 비판, 비난하지 않습니다. 그냥 그 자체로 존중하여 줄 뿐입니다.

자유란 무엇일까요? 자유에는 두 가지 종류가 있습니다. 인간들이 주는 자유와 하나님이 주시는 자유가 있습니다. 두 가지 다 공통적으로 책임이 주어지는 것 자체도 같습니다. 인간들이 주는 자유에는 법으로 책임을 져야 하며 강제적인 구속력이 있습니다. 그러나 하나님이 주시는 자유는 인간들이 만든 법조차도 구속할 수 없는 자유함이 있고 법보다도 훨씬 위에 존재하는 '사랑'이라는 보이지 않는 힘으로 그의 백성들을 통치하였기에 인간들에게 더 큰 자유와 인간의 가치를 높여 주셨습니다. 유럽 사회는 이것을 알았기에 각 인간의 가치를 높여 시민사회를 만들었고 문화를 만들고 사회와 국가를 만들어 왔기에 그 결과를 누리고 있는 것입니다. 위대한 철학자들에 위해서 인간의 가치를 높인 것 같지만 실제로는 하나님의 세상이라는 틀 안에서 인간의 가치를 증명한 것입니다.

유럽은 지금 온갖 철학사상의 결과물인 동성애, 성소수자들, 인종주의와 이슬람교와 포스트모더니즘의 자유분방주의와 탈기독교화 정책으로 고통받고 있습니다. 우리가 보기에는 유럽의 전성시대는 끝났다고 보는 경향이 날로 더해 가고 있습니다. 그러나 현재의 유럽인들은 구약의 이스라엘이 출애굽 후에 어떻게 살았는지를 잘 알기에 지금의 위기 상황을 극복하기 위해 싸워 나갈 것입니다. 그들의 선조들이 하나님의 통치 아래 번영과 번창을 이루어 온 자신들의 역사를 지키기 위해 노력할 것입니다.

3-7. 교회 민주주의가 잘 정착되어야 합니다

자유 민주주의 나라에 살고 있는 우리는 민주주의 나라가 어떻게 사는 것인가를 잘 안다고 할 수 있습니다. 간단한 정의를 말한다면 나라의 주권을 특정 개인이나 집단이 아닌 국가에 속한 모든 국민에게 있음을 확인하고 개개인의 권력을 기반으로 한 현실 정치를 구현하는 정치체제로 권위주의, 전체주의, 군국주의와 대립되는 정치체제를 말합니다. 자유 민주주의는 모든 사람이 평등하고 자유롭게 행복을 추구할 수 있는 권리를 보장해 주기도 합니다. 복잡한 민주주의 체계를 설명하기란 학자들조차도 어렵습니다. 다만 우리가 아는 것은 정치, 경제, 문화, 종교 등에서 자유롭게 참여할 수 있고 계획할 수 있고 목표를 이루어 갈 수 있다는 것입니다. 독재적이고 강압적인 정책을 강요하는 공산당이 지배하는 사회주의 국가와 특정 종교 아니면 국민으로서의 삶을 어렵게 하는 이슬람 나라들과 비교하면 우리는 자유 민주주의 국가의 모습을 비교할 수 있습니다.

교회 밖에서의 자유 민주주의는 각 개인의 책임을 수반하는 자유가 보장됩니다. 사회적으로 자유로운 활동을 할 수가 있고 선택할 수 있는 권리가 있지만 철저히 법에 따른 활동과 이익 추구로 타인에 대한 권리 또한 보장됩니다. 반면에

다수로 인해 소수가 피해를 당할 수 있으며 소수에 의해
다수가 희생당하는 것도 자유 민주주의가
보여 주는 단면입니다.

또한 자유와 평등이라는 체제는 정치, 경제, 종교 때로는 문화가 다르다는 이유로 지켜지지 않는 경우도 우리가 보아 온 민주주의의 모습입니다. 특히 재물은 능력에 따라 얻을 수 있지만 민주주의 사회에서 사람의 등급을 정하여 계급을 구분 짓는 요소로 삶의 질을 결정하게 됩니다. 자유 민주주의는 철저히 인간에 의한 인간들이 만든 인간들을 위한 법을 기준으로 인간들을 통치하는 것입니다. 인간들이 만든 법은 항상 부족하고 문제가 있어 언제나 필요에 따라 수정할 수 있으며 때론 특정한 집단의 유익을 구하기도 하고 온 인류를 전쟁에 빠뜨리기도 합니다. 이 법을 부정하거나 반하는 행위는 공권력이라는 강력한 힘에 의해서 다스림을 받습니다.

교회 안에서의 민주주의는 하나님의 법이 인간들이 만든 법보다 위에 있습니다. 하나님의 법을 성경이라고 하면 성경은 교회 안과 밖에서 같은 역할을 하지만 교회 안에서 절대적 역할을 합니다.

성경과 법은 종종 대립되는 경우도 있습니다. 교회 안에서
교인들은 성경과 법, 모두를 준수해야 합니다.

민주주의 체제에서 주는 자유와 평등은 하나님이 그의 백성들에게 주신 혜택(은혜)이라고 할 수 있습니다. 재물에 따라 차등 되는 자유와 평등은 교회 안에서 하나님의 법에 따라서 모든 사람이 나이, 지위, 재물에 관계없이 동등하게 예배를 볼 수 있습니다.

교회 민주주의는 교회법에 의해서 시행되고 특별히 교회 행정과 인

사 그리고 재정에서 잘 정비되어 있습니다.

오랜 기간 동안 수많은 목회자들이 노력하여
오늘날의 교회법을
잘 정착시켜 교회에서 교인들이 자유롭고
평등하게 하나님을
경배하는 예배와 수반되는 모든 행위에
적용하여 발전시켜 왔습니다.

담임목사 청빙하는 것에서 시작해서 제직회와 공동의회에서의 의사 결정 과정과 교회 재정의 적합한 사용처와 용도 등에 대해서 교인들의 적극적인 의사 표시를 할 수 있고 토론과 협의를 거쳐 결정할 수 있도록 되어 있습니다. 교회 내에서 치러지는 모든 선거에는 교회법에 따라 시행되어집니다. 교회법이라도 교회 안에서 잘 지켜진다면 교회 공동체가 본래의 사명을 다하는 공동체가 될 수 있지만 온갖 사람들이 자신의 이익대로 움직이기 때문에 항상 문제가 많이 일어나는 경우에는 형사법이나 민사법에 저촉되지 않는 한 교회 안에서 해결하도록 노력하고 있습니다.

교회 민주주의 실행의 핵심은 교인들입니다. 교인들의 참여가 있어야 법이 실행될 수 있습니다. 그리고 교회는 신앙생활을 위한 곳입니다. 교인들의 생계에 직접적인 영향을 주는 생업에 따라서 신앙 생활은 영향받을 수밖에 없습니다. 생계가 최우선인 교인들이 교회의 주요 행사인 제직회와 공동의회에 대해서 의결권을 타인에게 의지하는 것은 교회를 약화시킵니다. 교인의 참여도가 낮은 단면을 보여 주는 것이 교회의 공식적인 회의 시간입니다. 보통은 "목사님과 장로님들이 알아서 잘 하시겠죠." 하고 묵시적으로 위임하는 것으로 일반적인 관례로 되어 있습니다. 또한 목회자들도 길고 지루한 회의 시간을 빨리 끝내고 싶어 하는 것은 서로가 묵시적인 타협으로 되어 있습니다. 교회 일에 적극적인 소수의 교인들만이 회의 참석하여 끝나는 것이 보통입니다. 대형 교회들에게서는 항상 논쟁이 발생하기 때문에

시끄러운 제직회와 공동의회를 없애고 소수의 위원회를

구성하여 교회를 운영하는 모습으로 변하여
교회 민주주의 체제의
존재 의미를 어렵게 합니다. 대형교회에서
재정에 있어서 불법과
횡령이 일어나는 주요 원인이기도 합니다.

소형, 중형과 대형 교회의 분류는 교인의 수에 의해서 분류되어집니다. 보통 교회 민주주의는 대형 교회보다는 중형, 소형의 교회에서 잘 지켜집니다. 작은 교회에서 재정이 어려울수록 어려움을 나누려는 마음에서 서로 의지하는 것입니다. 처음 시작할 당시를 개척교회라고 하는데 교인의 수는 50명 이하의 작은 모임으로 시작되어지기 때문에 재정적으로 어렵습니다. 하지만 진솔한 신앙을 찾는 교인들에게는 개인의 신앙을 발전시킬 수 있는 시간이 되기도 합니다. 목회자와 직분자, 교인과 교인들 관계, 그리고 목회자와 교인과의 활발한 소통이 있

는 곳이 개척교회입니다. 이들의 재정적 어려움에도 아마도 교단별로 이들 목회자에 대한 지원 대책이 있는 것으로 압니다. 대형 교회는 교인들에게 안정함과 자부심 그리고 세상에서 필요한 많은 시설들을 갖추고 있다고 알려져 있습니다. 교회의 선택에는 여러가지 사항이 있지만 신앙심으로보다는 사회적으로 주어지는 이미지와 편리함에 따라서 결정하게 되는 경우가 많고 목회자의 영향에 의해서도 좌우됩니다. 또한 어떤 교인들은 대형 교회의 교인이라는 것 자체가 좋은 교인이라는 신분으로 여기고 행동하는 교인들도 있습니다. 교회 민주주의는 별로 도움이 되지 않습니다. 그러나 여러 가지 장점으로 인하여 한번 정착한 대형 교회를 이동하는 것은 쉽지 않습니다. 각 교단별로 교인의 수에 따라 교회를 나누기보다는

한 교단 안에서는 한 교회라는 인식을 주고
한 몸으로 움직이고
일관성 있는 정책으로 한 체제로 연결시켜 주는 것이
교회를 강건하게 하는 길이 될 것입니다.

교회의 민주주의를 위해서는 담임목사의 위임 제도와 청빙, 강단에서의 강론, 직분자들의 선출과정, 재정 운영의 투명성과 감사제도, 다양한 위원회의 구성 비율(직분자와 교인, 남성과 여성의 비율, 나이별 대표 제도 등), 소그룹 의견수렴과 결정과정 등 교회 공동체의 특성을 나타내고 기독교 윤리를 지켜 내기 위한 절차와 제도에 대해 많은 검토와 연구가 필요한 시대입니다. 앞으로의 세대들은 지금까지 관습적으로 이행해 오던 교회법과 제도들에 대한 의구심을 갖고 변화를 요구할 것입니

다. 이들의 의견을 경시하는 것보다는 합당한 절차를 거쳐 모두의 의견이 될 수 있도록 서로 협력하여 나갈 때, 어느 교인이나 교회의 크기에 상관없이 행복하게 하나님을 섬기는 일에 매진하는 할 것입니다.

교회 민주주의는 교인들이 하나님이 주신 자유와 평등의 개념을 잘 이해해야 합니다. 어느 초대형 교회에서 교인들이 담임 목사 출근 길에 마치 대통령 공식 행사의 등장처럼 정장 차려 입은 경호원들이 무전으로 호위하는 모습은 절대로 평등하게 보이지 않습니다. 담임 목사의 카리스마적인 힘에 눌려 교회 인사권을 자신의 충성파로 채워 교회를 운영하는 것 또한 우리가 교회에서 보아 온 모습입니다. 교인들이 담임 목사에 대해 존경하고 함께 협력하여 교회 생활을 하는 단계를 넘어서서 거룩한 능력의 소유자로 섬기는 대상이 되면 교회 민주주의 실행보다는 독선과 아집에 의한 체제가 될 것입니다. 목회자와 모든 교인들이 평등한 관계 속에서 하나님을 경외하며 서로 사랑을 나누는 관계가 올바른 교회의 모습일 것입니다. 목사님으로부터 안수를 받은 직분자라 할지라도 신분상의 상승이 아니라 교회에서 봉사의 영역을 나눌 뿐입니다. 대통령이 장로가 되기 위해서 목회자로부터 안수기도받는 모습 또한 교인들에게서는 자연스러운 모습으로 여겨지는 것입니다. 하나님이 주신 자유와 평등은 하나님이 주신 법 아래에서 모두가 평등한 하나님의 백성일 뿐입니다.

3-8. 기독교인의 준비 II: 교회 공동체의 직분의 속성

교인들이 교회 공동체에 속하여 살아 갈 때는 교인들이 직분자가 되어야 하는 것은 교회 공동체가 하나님의 은혜에 감사하는 뜻에서 이타적이고 자발적인 자원 봉사에 의해서 유지되고 공동체의 특성에 따라 만들어진 신앙 공동체이기 때문입니다. 교회 공동체의 자원봉사는 믿음의 현실 참여이고 교회를 지키는 성도의 길입니다. 만약에 교회 운영에 대하여 서로 참여를 안 한다면 교회 공동체는 운영이 되질 않을 것입니다. 따라서 교회의 직분자들은 사역에 있어서 자발적이고 이타적으로 참여하지만 책임이 있고 다른 사람들의 유익을 위해서 헌신과 봉사하는 마음의 준비가 돼 있는 교인들입니다. 성경적으로도 원활한 사역을 위해서 구분이 되어 있고 그 자격에 대해서도(디모데 전후서) 자세하게 정해져 있습니다. 봉사를 하는 목적은 단 하나 즉 그리스도의 몸 된 교회를 바로 세우기 위함입니다. 목회자를 제외한 대부분은 봉사직으로 사례를 받지 않습니다. 봉사를 하는 교인들도 당연히 자기 유익이나 명예를 구하지 아니하고 대가를 받기를 원하지 않습니다. 일반적으로 순수한 마음으로 있어 서로가 감사하며 기꺼이 자발적으로 참여를 합니다. 신앙의 연륜이 쌓이게 되면 교회의 책임 있는 자리에 오르게 되고 공동체의 구조에 참여하게 되면 맡은 일에 따른 더 많은 책임과 헌신을 필요로 합니다. 그럼에도 교인들은 직분을 맡아 책임감으로 열심히 섬겨 교회의 전반적 운영에 관여하는 주체가 되기도 합니다. 교회의 목회를 제외 한 대부분의 일들은 집사님들의 참여와 협조에 위해서 운영이 됩니다. '교인'이라 하면 교회에 속한 모든 사람들을 통칭해서 부르는 용어이지만 교회 공동체에 속한 사람들을 목회자를 제외하고 '성도, 신자, 교인'이라고 부르기도 합니다. 하나님의 백성이기도 하지만 세상과 '구별된 사람들'이란 뜻으로 세상과 교회를 위해 헌신하는 사람들을 구별해서 신앙적으로 부르는 호칭입니다.

고린도후서 5:18절 말씀에
"모든 것이 하나님께로 났나니 저가 그리스도로 말미암아 우리를 자기와 화목하게 하시고 또 우리에게 화목하게 하는 직책을 주셨으니." 하는

말씀은 교인들로 하여금 세상과 함께 살아가는 방법을 제시하여 줍니다. 열심을 갖고 하나님을 사랑하는 순수한 마음으로 기쁘게 교인들을 마주 대하며 교회에 오면 행복할 것 같은데 목회자나 주위의 20년 이상 된 교회의 직분자들에 의해서 마음에 상처받는 일을 경험할 때가 있습니다. 다른 교인들과 화목하지 못하고 점점 교회에 대한 불평과 불만이 늘어나고 시험받는 일이 생기기 시작하면서 교회 공동체 생활이 힘들다고 느껴지게 되는 순간에 교회의 조직이나 계층의 구조에 대해 회의적 시각을 갖게 되는 것입니다. 교회의 조직과 행정의 속사정을 알게 되고 적극적으로 나섰을 때 누군가에 의해서 마음에 상처받는 일이 생깁니다. 대부분의 교인들은 주중에 직장과 가정에서 세상과 협력하며 부딪치며 즐겁게 때론 힘들게 살아갑니다. 그래도 희망을 갖고 기쁜 마음으로 교회에 와서 공동체 의무인 예배를 보고 친교를 하고 필요한 일에 기꺼이 봉사를 합니다. 교회 공동체 생활을 하면서 교회 예배에 참석하고 설교를 듣고 교육 프로그램에도 참석하

여 얻은 지식과 경험 그리고 주위의 교인들의 상황을 통하여 조금씩 신앙의 틀이 견고해지고 처음에 가졌던 열정과 순수함을 잃지 않도록 해야 됩니다. 이렇게 다져진 신앙심은 직분을 통해서 이웃에게 다가 갈 수 있는 동기가 되기도 합니다. 그리고 신앙을 통해서 사회적 약자의 위치에 있는 사람들을 돌아볼 수 있는 기회를 만들기도 합니다.

우치무라 겐조라는 일본의 기독교 학자는 교회 공동체에서 '노사 관계'를 잘해야 한다고 설명합니다. 노사 관계란? 목회자와 장로의 관계를 통해서 교회 운영에 깊은 관계를 말하는 것인데 교회가 화목하고 건전하게 성장하는 원동력을 노사 관계에서 비롯되기도 하고 교회의 갈등과 분열도 이 관계에서 나온다고 얘기하고 있습니다. 교회가 대형화되면서 세속화되고 권력화되면서 주도권을 둘러싸고 나타나는 부정적인 현상이 나타납니다. 때로는 노사가 한편이 되고 교인들과 갈등하는 경우가 자주 있는데 이는 노사가 원로원 또는 과두정치처럼 모든 교회의 일을 좌지우지하는 것에 대한 일반교인들이 반발하는 것입니다. 또한 목회자들은 교회의 주도권을 교인들에게 준다면 그들이 교회의 미래를 책임질 만큼 신앙적 훈련이 되어 있다고 생각지 않는 게 목회자들의 생각입니다. 평소에는 이들의 갈등이 수면에 떠오르지 않고 있지만 교회적으로 신앙, 목회, 윤리, 재정과 행정에 문제가 발생하면 교회 분열의 원인이 되기도 합니다.[67] 교회 공동체의 분열을 막고 교회 운영의 중심을 잡기 위하여 목회자들은 신앙과 연륜이 있는 교인들에게 직분을 주어 교회에 대한 더 큰 책임을 갖게 하기도 합니다.

교회의 직분과 직제는 예수님의 12제자 이후에 시작된 사도들로부터 시작됩니다. 사도시대(주후 1새기경까지)에 들어서면서 예수를 믿는 자들을 '그리스도인(사도행전 11:26)'이라고 부르기 시작하였고 이는 그리스도인들이 예루살렘과 사마리아 그리고 로마뿐만 아니라 소아시아 지역과 유럽 지역과 사바나(스페인 지역), 아프리카까지 그리스도인들이 퍼져서 복음을 전하고 목숨을 다하였습니다. 사도시대가 끝 날 무렵에 등장한 것이 성경에서 말하는 감독(지금의 목회자로 봄)들입니다. 이들의 기원은 모세의 장인 이드로(출애굽기:18장)가 수많은 군중들을 이끄는데 모세가 너무 피곤해 보이자 모세를 돕기 위해서 십부장, 백부장, 천부장, 등 인구 수에 따라 조력자를 세우는 데서 시작되었습니다. 포로시대에 접어 들어 유대교 장로들이 점점 잃어져 가는 유대교 신앙을 유지하고 교육하는 역할을 하였으며 율법에 대한 자신들의 경험을 전하여 유대 공동체적 삶의 연속성을 전승하는 대변자로서 그들의 신앙을 지켰습니다. 신약시대에 들어서면서 사도들에 의해서 훈련되고 양육되어진 그리스도인들에게 새로운 지도자로 감독과 집사들이 들어서면서 각 지역에서 그리스도인들이 많아 지자 감독들을 돕기 위해서 스태반과 일곱 집사들(행 6: 1~6)이 였습니다. 이들은 예루살렘에 살고 있는 현지 그리스도인들 가운데서 자선과 봉사의 일을 감당하기 위하여 세워진 직분자들입니다. 직분과 은사에 따른 집사들의 수고가 복음을 전파하는 데 역할 분담에 따른 많은 결실을 맺었던 것입니다. 또한 그들의 수고가 있기에 사도들과 감독들은 본래의 사역에 전념할 수 있었습니다.

사도 바울은 고린도전서 12장 28절에서

"하나님이 교회 중에 몇을 세우셨으니
첫째는 사도요 둘째는 선지자요 세째는 교사요
그 다음은 능력이요
그 다음은 병 고치는 은사와 서로 돕는 것과 다스리는 것과
각종 방언을 하는 것이라."라고

　사도 시대에는 사도의 권위가 그리스도의 말씀을 전하는데 최고의 권위를 가졌다는 것을 사도 바울은 잘 알고 있었습니다. 사도 바울이 항상 편지의 서두에 자신이 '사도'인 것을 강조한 걸로 보아 이단을 제거하고 그리스도의 몸인 교회를 제대로 세우기 위해서는 혼돈돼 있는 교인들에게 자신이 정통적인 사도임을 강조해야 했습니다. 다음에 선지자라 한 것은 교회의 목회자들을 통칭하는 것입니다. 구약의 선지자는 곧 하나님의 말씀을 받아 백성들에게 전달하는 역할이었습니다. 선지자는 당시의 감독 혹은 장로들을 지칭하고 있는 것이고 교사들은 교인들을 가르치고 감독과 장로들에게 인도하는 역할로 지금의 집사의 직분과 같은 역할을 했다고 합니다. 첫 마디에 "하나님이 교회 중에 몇을 세우셨으니." 하는 것은 이 말씀이 일반 교인들을 통칭해서 부르는 것이 아니라 교회를 도울 직분을 수여할 대상을 선별해서 능력이나 은사를 받은 그리스도인들 중에서 택하라는 것입니다. 사도 바울은 또한 모든 능력과 은사보다도

"너희는 더욱 큰 은사를 사모하라 내가 또한 제일
좋은 길을 너희에게 보이리라. (31절)"에서

'제일 좋은 길'을 보이겠다고 말하면서 다음 장, 13장에서 '사랑'에 대한 구체적인 직분과 직제의 연결 방법을 제안하고 있습니다. 어떤 직분에서도 사랑이 없으면 공동체가 항상 문제가 생기고 분파가 생기고 교회가 분열되는 결과를 낳으므로 교인들 간에 서로 사랑하고 포용하라는 권면이 들어 있습니다.

개신교의 창시자인 존 칼빈도 장로교 직분을 확립하고 실제 자신이 목회하고 있던 제네바 교회에 적용하였습니다. 칼빈은 직분이 교회의 본분을 다하고 교회 공동체를 유지하고 말씀의 봉사에 있다고 보았습니다. 칼빈은 엡 4:11절에

"그가 혹은 사도로, 혹은 선지자로, 혹은 복음 전하는 자로,
혹은 목사와 교사로 주셨으니."의

성경 말씀을 근거로 삼아 직무와 직제는 하나님에 의해서 세워 진 질서임을 알았습니다. 위의 말씀에서 사도와 선지자는 시대의 변화에 따라 그 역할아 변하여 종교 개혁 당시의 교회의 구성을 위하여 목사와 교사가 지속적으로 필요하다고 보았습니다. 칼빈은 1542년 제네바 교회의 직제에서 '목사'와 교사를 한 가지 직분의 두 가지 기능으로 만들었습니다. 이 두 가지 기능은

로마서 12:9절의 "다스리는 자"와
디모데 전서 5:17의 "다스리는 장로"에
근거한 장로직과 가난한 자들을 돌보는 자에 근거한 직분이
지사적이었습니다.

장로는 목사와 함께 교회 내에서 치리권을 행사하며, 집사는 가난한 자들을 돌보는 책임을 지도록 역할 분담을 하여 원활한 교회 운영을 도왔습니다. 사도 바울이 장로직을 명시적으로 표시하지 않은 것은 처음 교회가 시작된 이래 존재한 직분이었기 때문입니다. 칼빈은 이러한 직분과 직제의 도입은 고대 교부들의 연구에서 발견하였습니다. 고대 교회의 장로들을 목사와 치리 장로로 구분하고 장로는 목사와 함께 치리하면서 목사를 돕는 자로 인식한 것입니다.[68]

칼빈은 교회 공동체의 구조에 있어서 직분과 직제의 중요성을 강조한 것은 그가 교회의 치리와 권징의 중요성을 강조한 것과 관련이 있습니다. 그러나 현대의 교회에 있어서 치리와 권징은 그 의미를 많이 쇠퇴한 듯 하나 교회 출석이 법으로 돼 있던 당시의 제네바 교회에서는 교회 내에서도 법을 집행할 수 있는 위치가 필요한 것이었습니다. 현대에는 치리와 권징이 필요한 소수의 경우를 제외하고는 대부분이 권면과 제적 혹은 제명으로 교회 공동체를 치리하고 있습니다. 칼빈은 교회의 직분을 그리스도를 선포하는 일(목사), 가르침의 순수성을 보전하는 일(교사), 교회 공동체의 규율 된 생활 방식을 보증하는 일(장로), 그리고 가난한 자들을 돌보는 일(집사)로 직분을 하나님이 세우신 것이라 이해하였습니다. 또한 강조한 것은

직분은 원칙상 위계적인 직분의 이해는 거부하고
모든 직분에 대해서
기능상의 차이로 봐야 한다고 가르쳤습니다.

목사와 집사는 교회 공동체의 구별된 지도자라는 면에서 차등이 없다고 보았습니다. 그는 직분의 권한이나 권위는 그 직무의 소유자가 자기에게 맡겨진 임무를 완수하는 데서 오는 것임을 분명히 하였습니다. 칼빈은 또한 선거에 의해서 선출하는 것에 대해 올바른 교리를 수호하고 지키는 데 불가피하다고 여겼으며 교회 공동체를 인간의 권한이나 권위보다는 성령께서 교회를 다스리시는 공정한 방법으로 보았습니다.[69]

교회 공동체에서의 목회자의 사역화 함께 직분자들의 역할 중에 가장 중요하다고 하는 것은 예배를 돕는 역할입니다. 예배를 돕는 조력자들은 직분이 있어 연륜이 있는 직분자들을 세워 목회자를 돕게 합니다. 직분자들이 예배 순서를 맡아 돕는 것은 예배자들에게 좋은 이미지를 주게 되며 매 주일마다 보게 되어 목회자로부터 신뢰를 얻게 됩니다. 직분자들에게는 교회 공동체에 대한 책임감이 있기 때문에 직분에 맞는 역할을 주어 본인들에게 신앙심과 협동심, 존재감을 보여 주고 있다는 자신감을 갖게 하는 것 또한 목회자들의 역할이라고 봅니다. 직분자들에게 있어서 예배는 마치 아침 식사와 같습니다. 바쁘다거나 여행 혹은 사정으로 인하여 참석치 못하였을 경우에는 기독교인들에게는 일주일의 가장 중요한 일을 빠뜨린 듯한 기분과 목회자와 하나님에게 미안한 마음으로 일주일을 보내는 후회하는 마음이 한쪽 구석에 자리잡아 불편한 마음으로 일주일을 보내는 교인들인 것입니다. 이들의 예배는 교인들 간의 여러 가지 관계를 이루어지게 하여 줍니다. 먼저 같은 신앙 안에서 만나는 동질감이 있고 같은 교회에 다닌다는 인식은 가족 못지않은 친밀함을 얻을 수 있게 해 줍니다. 교회 공동체에서의 직분자의 호칭은 능력과 재력에 상관없이 서로 동등한 위치를 인정하는 것으로 서로의 친밀감을 더해 줍니다. 성경대로 한다면 좀 서먹서먹하기 하지만 서로 형제 자매라고 부르기도 하는 이유가 가족과 같은 관계를 가지고 사랑과 용서로 서로를 위하고 교인 모두가 우리 몸의 한 지체로서 서로서로 얽혀 있기 때문입니다.

교회 공동체에서는 연중 행사로 혹은 침체된 교회의 분위기를 위하여 초대강사를 통해서 부흥 집회를 개최할 때 직분자들은 보통 때보다 더 바빠집니다. 성령 부흥 집회 혹은 사경회 등 많은 집회를 목회자들은 계획하고 실행하게 됩니다. 초청된 강사들을 대접하는 직분자들, 열정적인 찬양을 인도하는 찬양팀과 성가대의 수고는 집회를 더욱 가치 있게 만들어 주고 담임 목사의 수고를 덜어줍니다. 부흥집회의 목적은 평상시의 엄숙한 예배 분위기를 벗어나 마음에 성령 충만의 동기를 우러나오게 하고 갈급함을 가져 좀더 열성적인 마음의 자극적 충동과 함께 믿음의 촉매 역할을 해 주길 원해서입니다. 직분자들은 아무래도 직분이 없는 교인들보다 많은 집회를 참여하게 됩니다. 교회 내에서 어떤 행사가 진행되었을 때 참여하는 교인이 없으면 힘을 잃어 가지만 사람이 많아지면 담임목사와 진행자들을 고무시키는 일이 되는 것입니다. 기독교에 있어서 집회는 특별한 의미를 부여하며 일상적인 신앙생활의 활력소가 되기도 합니다. 많은 사람이 함께 모여 집회를 통하여 정신을 함양하고 신앙 생활의 권태를 이기기 위해서 모임을 통해서 신앙생활 가운데서 경험했거나 성취된 것을 다른 교인들과 함께 나누고 위로를 받게 합니다.

직분자들의 속성은 항상 자신들의 담당 영역뿐만 아니라 많은 교회 행사에 참여함으로써 발휘됩니다. 교회 공동체의 지도자들은 직분자들이 교인들과 함께 스스로 예배와 모임을 많이 갖도록 장려합니다. 교회 밖에서의 모임에서는 항상 간단한 예배 순서를 통하여 모임의 의미를 갖도록 직분자들을 교육하고 스스로 주관할 수 있도록 위임합니다. 교회 내에서 하는 헌신예배를 통해서 직분자들에게 새로운 각오와 출발을 다짐하도록 도와주고 서로 권면하며 소그룹 모임을 통해서 누군가가 체험이나 특별한 영적 경험, 혹은 삶의 고난을 헤쳐 나가는 이야기를 통해서 서로 위안이 되고 격려가 되기도 합니다. 열심으로 교회에 다니는 직분자들은 주일에 한번 보는 것이 아니라 수요예배, 금요예배, 정기 구역예배 모임, 토요일 성경공부, 매일 새벽기도예배를 비롯하여 연중으로 열리는 부흥회 등 각종 모임마다 얼굴을 맞대고 같이 행사 참여하고 봉사하다 보면 공동체의 유대관계를 확립하는 계기가 되는 것입니다. 수요예배는 주일을 보내고 나서 삼 일 후에 다시 한번 주일의 설교 말씀을 반복하여 성경 말씀에 따른 교인들의 생활을 뒤돌아보게 하고 때로는 특별한 강사를 초청하여 공연이나 전문 강연을 듣기도 합니다. 주중이므로 주로 일을 끝내고 저녁식사 이후에 마음 편히 참석할 수 있다는 장점이 있고 금요예배는 주로 헌신이나 기도회 같은 특별한 예배를 위해서 진행이 되고 구역예배는 3~5개의 가족단위로 구성되어 구역장의 리드 하에 담임 목사의 설교 내용이나 교재를 사용하여 소그룹 예배를 교회 이외의 장소에서 하도록 권장합니다. 구역장은 각 구성원의 사정을 소상히 알 수 있도록 배려를 하고 교회의 사정을 알리고 각 개인의 사정을 위한 기도 모임도 갖습니다. 구역장의 역할로 인하여 각 구성원이 공동체에 대한 유대

관계를 더욱 돈독히 하고 나아가 여러 구역들이 합쳐져서 교회 공동체를 형성하는 밑거름이 되고 있습니다. 이러한 모임들이 직분자들에 의해서 활성화되면 목회자의 사역에 더욱 힘을 주는 계기가 되는 것입니다. 목회자들은 자신이 시무하는 교회 공동체가 활발할 때. 보람을 갖는 것입니다.

3-9. 기독교인의 준비 III: 교회를 강건하게

교회를 강건하게 가꾸어 가는 일은 무엇보다도 기독교 신학적으로 접근해야 합니다. 여기에 목회자와 신학자들이 불철주야 노력하고 있는 것을 현재 교회들이 유지되고 있는 것을 보면 알 수 있습니다. 매년 수천 명씩 졸업하는 목회자 후보들과 날로 더해 가는 교회 숫자들을 보면 교회가 외적으로는 성장하고 있다는 것을 보여 줍니다. 또한 목회자들을 도와서 물심양면으로 활동하는 교인들이 함께하였을 때 더욱 큰 의미가 있습니다. 교인들의 협조 혹은 협력이 없으면 교회가 힘을 갖지 못합니다. 교인 각 사람의 적극적인 관심과 노력은 목회자에게도 큰 힘을 더 할 수 있는 것입니다.

교회를 강건하게 하는 일은 교회의 규모, 목회자와 부목회자(부교역자), 교인들, 교회 행정과 재정 그리고 선교 노력과 일반 사회와의 연결 등 많은 요인이 있습니다. 교회는 복음의 사명을 감당하기에는 규모가 상관없습니다. 아무리 적은 무리가 모였을지라도 복음을 전할 수 있고 배울 수 있고 깨달음을 얻어 날마다의 신앙생활을 견인할 수 있습니다. 그러나 교회에는 목회자와 부교역자가 있고 선교를 해야 하며 교회를 운영해야 하며 가르쳐야 할 아동들이 있고 구제해야 할 이웃들이 있습니다. 이런 것에서 교인의 수가 적은 교회와 많은 교회가 활동하는 차이가 있습니다. 현재의 대부분의 교회에서는 빈부의 차가 극명하게 나타나고 교인들이 적다는 이유만으로 가장 기본적인 목회자의 생계조차 지키지 못해 교회가 사라져 가는 현실을 알고 있습니다. 복음에 대한 열정은 있을지언정 가족을 부양해야 할 목회자의 생계를 보장 못 하는 교회는 목회자 없는 교회가 되어 사라져 가고 있는 것입니다.

아마도 한국의 각 총교단에서는 이러한 교회들을 돕기 위하여 많은 노력을 하고 있을 것입니다. 교단 내에서 자립이 안 되는 교회들을 위해서 매년 총수입의 1~2%를 회비로 걷어 협력기금으로 운영되기는 하지만 그것도 일부분만 지원하는 데에 한계가 있어 목회자의 생계에는 큰 도움이 되지 못하는 실정입니다. 심지어 목회자는 교회에서 지원하는 승용차와 집을 제공받아 생활하지만 부교역자들은 사회의 최저근로소득에도 미치지 못하는 사례비를 받고 담임 목회자의 온갖 잡일들을 도맡아 하고 있습니다.

이러한 교회와 사역자들 간의 빈부차를 없애고 교회를 강건하게 하기 위해서는 같은 교단 내의 교회끼리는 동등한 위치가 필요합니다. 목회자와 부교역자들의 생계를 교단의 법으로 보장해 주고 목회자들의 순환하는

목회지의 변경과 교단의 지침에 따른 모든 같은
교단 내의 교회의 움직임이 일률적으로 함께하여
힘을 갖는 것입니다. 필요하다면 교회의
이름도 같은 교단의 교회끼리 연결성을 갖도록 하고
시골의 작은 교회의 교인도 같은 교단의
대형 교회에 속한 교인이라는
의식을 가질 수 있도록 체제를 갖추고

교인들의 의식을 교육과 선교 방침으로 개조하는 것 또한
필요할 것입니다.

한국에서는 아시아에서도 몇 안 되는 초대형 교회들이 있습니다. 그들의 성공과 발전 그리고 수만의 교인들을 이끄는 교회 공동체의 체제와 직분자들의 경험은 아주 소중합니다. 특정한 목회자에게 집중되어 교회가 성장했다면 이제는 보편적인 교회로 발전해야 할 것입니다. 한국에는 영성이 뛰어난 목회자가 많이 있어 이들의 적극적인 활동이 교인들의 신앙생활을 견인해 주고 교회를 강건하게 하기에 큰 역할을 한다는 것은 우리가 지난 기독교 역사를 통해 경험하였습니다. 그러한 능력들이 이 어려운 시대에 절실히 필요합니다. 반면에 또한 목회자들의 사회적 범죄가 종종 일어나 대중들의 뉴스에 전면을 차지하는 것도 사실입니다. 그렇다고 기독교의 어두운 면만 보고 기독교의 미래를 편견하는 것 또한 옳지 않습니다. 앞으로는 기독교의 미래를 어둡게 하는 목회자들의 편향된 설교나 이단들은 의식이 있는 교인들에 의해서 설 자리를 점점 잃어 갈 것입니다. 교인들의 신앙이 이제는 목회자의 가르침과 성경을 비교할 수 있기 때문입니다. 기독교인들이 어떠한 이유 간에 교회를 떠나 줄어든다 해도 알차고 속 깊은 알곡 같은 교인들은 여전히 남아 있을 것입니다. 이들이 교회를 지키고 목회자들을 도와 교회를 강건하게 지켜 나갈 것입니다.

기독교인들은 이 사회의 어두운 그늘에서 약자들을
돕는 것에는 열심이 있으나 그들의 희생과
헌신 그리고 역할에 대하여 비기독교

사회로 알리는 것에는 그 동안 소극적이었습니다.

반면에 목회자의 불륜, 교회 재정 횡령, 무리한 교회 건물 건축과 미신과 같은 행위는 아주 자연스럽고 쉽게 전국적으로 혹은 전세계적으로 핫뉴스가 되어 전파하여 나갑니다. 사실 보편적인 교회들이 이 사회에 기여하는 바는 잘 알려지지 않습니다. 이제는 현대의 사회적 정서는 교회 공동체가 하는 옳은 일에 대해 매스 미디어를 통해 자주 알려서 비기독교인들의 사회적 편견을 제거해야 합니다. 온갖 TV 프로그램에 등장하는 연예인들은 그들의 어두운 뒷배경은 철저히 가리고 오로지 좋은 면만 보이려고 사생결단합니다. 하물며 보편적 교회들이 실천하고 있는 사회적 기여에 대해서는 일반 사람들이 당연하다고 생각하고 있는 사업들을 매스 미디어를 통한 홍보는 비기독교인들의 참여와 올바른 교회에 대한 이해를 도울 것입니다. 이는 교회를 또한 강건하게 할 것입니다.

교회를 강건하게 하기 위하여 초등학생들을 위한
올바른 교육 시스템은 많은 학부모들로부터
관심을 갖게 하는 것입니다.

현대의 젊은 부모들의 사회 활동은 자녀 교육을 하도록 시간을 주지 않습니다. 그래서 그들은 타 교육 기관이나 종교 기관을 통한 자녀 교육에 관심이 많이 있습니다. 더욱이 교회 같은 종교 기관의 교육은 수십 년간 검증을 받아 온 터라 좋은 평가를 받고 있지만 오로지 일요일에만 운영하고 있는 주일학교로는 한계가 있습니다. 만약 많은 교회들이 아동들과 청소년들의 학교가 끝나고 방과 후의 교육 시스템에 관심을 갖고 기능을 만들어 간다면 또 하나의 교회의 강점이 될 것입니다. 필요하다면 전문적인 인력을 확보하는 데 비용이 들어가는 것에 대하여 교육비를 부담해야 할 것입니다. 전국의 수많은 교회에서 실행되는 소규모 방과 후의 학습(혹은 체력, 재능, 지도) 등 다양한 분야로 확대하여 부모들의 경제적 부담을 줄이고 믿을 만한 교육기관의 역할을 해 나간다면 이것 또한 교회를 강건하게 할 것입니다.

교인들끼리의 단합대회와 각종 행사들은 신앙 생활에 윤활유 역할을 해 줍니다. 교회에서 일년 중에 많은 준비를 하고 진행하는 여러가지 행사들(찬양, 연극, 연주, 공연 등)을 교회 밖에서 행해지도록 노력해야할 것입니다. 교회를 어느 정도 다닌 교인들에게는 교회의 각종 행사들이 재미있고, 참가하는 것을 통하여 신앙생활의 활력을 얻기도 하고 이웃 간의 관계를 더욱 돈독히 하는 역할을 하기도 합니다. 교인들이 얻는 즐거움을 교회 밖의 사람들의 참가와 관람으로 확대해 나간다면 교회에 대한 사회적 인식을 바꾸어 갈 것입니다. 또한 정통성을 가진 보편적 교회들의 모습을 홍보할 수 있습니다. 우리는 얼마나 많은 사람들이 교회를 알지 못하고 이단이나 사이비 종교에 빠져 파멸하는 것을 보아 왔습니다. 올바른 보편적 교회에 대한 매스 미디어를 통한 대중적인 홍보는 교회 밖에서 이루어지는 비기독교인들에 대한 직접적인 선교 활동이 되어 교회를 더욱 강건하게 할 것입니다.

한국의 교회들의 재정은 각 교회마다 빈부격차가 너무 심하여 오로지 사역자들의 희생과 헌신에 의하여 교회의 존립과 운영이 이루어지는 경우도 많이 있습니다. 목회자들도 사람인지라 교인이 많고 수입이 보장되며 안정된 생활을 제공받을 수 있는 교회를 찾기 위하여 경쟁이 심해지는 것은 당연합니다. 또한 교회의 위임제는 여러가지 장점도 있지만 목회자들에게 한번

자리 잡으면 안정되게 은퇴까지 보장받을 수 있다는
생각을 갖게 하며 심하게 경쟁하도록 부추깁니다.

그렇다고 계약제가 해결책이라고 말하기는 어렵습니다. 담임 목회자의 잦은 교체는 교인들에게 불안감을 주고 소속감을 갖지 못하게 하는 경우도 있기 때문입니다. 어떤 교인들은 담임 목회자를 따라서 이동하는 교인들도 있을 것이고 이단들이 차지할 위험성도 커지게 되어 있습니다. 이러한 제도는 교회를 강건하게 만들지 못합니다. 소수의 위임 목회자에게서 본 바에 의하면 정착한 목회자가 카리스마적 설교와 정치 편향적인 설교에 빠져 있다면 교인들을 정치 선동의 앞잡이로 이용하는 경우도 있었고 이단으로 여겨지는 일도 있었습니다. 이러한 행위는 교회를 분열시키고 교회 밖의 사람들에게 교회라는 것이 정치인의 하수인으로 전락하게 된다는 인식을 심어 교회 존재의 의미를 완전히 상실하게 되는 것입니다. 목회자의 문제와 더불어 세계적인 인구 감소의 흐름 속에서 한국 기독교인의 수는 더욱 급속히 감소하는 사회적 분위기에서 현재 있는 교회 공동체들이 교회답게 가꾸어 가는 길은 무엇보다도 중요합니다. 사역자들과 교인들이 일심단결하여 개인의 편향이나 욕심을 버리고 복음적인 교회 공동체로 거듭날 수 있도록 체제를 바꾸고 담임과 부목회자의 차이를 줄이는 노력

을 해야 합니다. 이러한 것들을 위해서 우리가 해야 할 일들은

첫 번째로 성도로서 교회의 본질과 직분의 속성을 제대로 이해하려고 노력해야 하며 담임 목사의 사역에 적극 참여하려는 마음이 있어야 합니다. 강건한 믿음의 신앙생활은 건강한 가정을 만들고 자신의 사회적 가치를 갖게 하며 일상 생활에 활력을 갖게 한다는 것을 알아야 합니다. 다양한 교회 행사의 참여는 자신의 신앙의 연륜이 되고 목회자에게 힘이 됩니다. 나태한 신앙생활을 벗어나야 하고 솔직하지 못하고 오로지 보이는 형태와 형식만을 위한 교회 봉사와 부와 명예를 드러내기 위한 교회 참여는 다양한 부류의 교인들 사이에 유익이 되지 못합니다. 성도들은 실제적인 교회 생활의 어려움을 극복하고 주변에서 들리는 교회에 대한 비난과 탄압에 대한 하나님의 방법으로 대처하는 길을 교육받아야 합니다. 장기적인 교회의 복음 사역에 직접 혹은 간접적인 관심과 협력 그리고 지원할 수 있는 방안을 가지고 있어야 합니다.

둘째로 목회자들의 오픈 된 마음이 교인들을 가족 구성원으로 만들어 줍니다. 목회자와 교인 간의 벽을 허물고 목회자의 위치를 더욱 강성하게 하는 방법입니다. 보통 교인들의 불만이 설교의 편향, 횡설수설, 목적화된 본문 인용 등을 통해서 불만이 쌓여 가기 때문에 서로 대화가 되지 않습니다. 또한 교회에 대한 과도한 욕심과 마치 교회의 통치권을 부여받은 듯한 재정과 행정, 그리고 교회 운영에 대한 자만은 교인들의 신앙생활에 갈등을 줄 뿐만 아니라 교회 간의 빈부와 교인 수에 매달린 계급을 구별하는 수단이 되어 목회자 스스로를 힘들게

할 뿐입니다. 목회자의 오픈 된 마음으로 하는 사역은 교인들을 가족처럼 서로 이해하고 협력하는 자세를 갖게 할 것입니다. 천주교에는 교황 무오설이 있어 교황의 메시지에는 비난과 비판을 못 하지만 개신교에는 목사 무오설이 있다고 합니다. 목회자의 어떤 설교에도 어느 누구도 반박을 못 할 뿐더러 비난이나 평가 혹은 의견을 내지 못하는 것입니다. 목회자 혹은 담임 목사의 직은 사회적으로 보아도 결코 쉬운 직업은 아닙니다. 자기 관리가 철저해야 하고 모범을 보여야 하고 항상 누군가가 목회자와 그의 가정을 보고 있다는 의식 속에 살아야 합니다. 모든 교인들이 담임 목사에게 순종하는 것은 아니기 때문에 담임 목사는 이들 모두를 아우르면서 사역을 해야 하는 어려움이 항상 있습니다. 담임목사에게 직접적으로 불만과 불평을 하는 교인들을 다 쫓아낼 수는 없을 것입니다. 특별히 설교에 있어서 분쟁이 일어났을 때, 교인들의 의견을 일축하기 보다는 그들을 위해서 노력한다는 인식을 주면서 자신의 목회사상을 유지하는 오픈 되어 있는 마음이 교회를 강건하게 할 것입니다.

셋째로 노회는 개교회에 대한 관리와 정책을 현재의 수준보다는 높게 정하고 특히 이단에 의한 교회 피해를 막는 일에 적극 나서야 할 것입니다. 또한 미래 세대를 위한 목회 전략과 정책으로 각 개교회들을 이끌어야 할 것입니다. 이단 사이비 교주들에 대한 정보를 단지 몇몇의 목회자들의 노력에만 의지해서는 힘이 약합니다. 이제는 더욱 적극적으로 매스 미디어를 사용한 홍보와 대응책을 교인들에게 직접 전달해야 하며 또한 정통 교회들의 역할을 전 방위적으로 이 세상과 교회에 홍보해야 합니다. 따라서 노회가 단지 목회자들의 모임이 아니라 각 개교회에서 목회자들을 돕고 교인들을 계몽하는 역할을 앞장서서 주도해야 합니다. 또한 사역자들은 이단 사이비 교주들에 의한 교인들의 피해를 막기 위한 구체적이고 실천적인 방법을 교인들에게 정기적으로 교육하고 준비해야 합니다. 교회 내의 재정 문제와 담임 목사직 세습, 그리고 목회자들에 의한 성추행과 같은 반사회적 행위에 대한 반성과 회개하고 온전한 목회자 가정의 성립과 교회에 대한 비난을 통하여 문제를 서로 의논하고 함께 풀어 나가는 협력하는 관계로 만들어 가야 할 것입니다.

넷째로 목회자 위임제와 계약제의 장점을 살려서 목회자에게 안정을 주고 보다 능력 있는 목회자에게 교회 공동체의 발전을 줄 수 있는 기회를 더 하는 방법을 각 교단의 총회와 이에 속한 노회에서는 실질적으로 연구하여 그 방안을 찾아 실행했으면 합니다. 또한 교인들이 내가 속한 교회 공동체를 집처럼 여기며 어떻게 하면 개 교회를 강건하게 발전시킬 것인지를 고민하고 연구하고 시스템을 만들어 갈지를 기도하며 하나님께 부르짖어야 할 것입니다. 교회 간의 파벌과 재정에 의한 빈부격차, 교인의 숫자에 따른 교회 구분법, 결코 돈이 많은 부자 교회만이 노회와 총회의 주도권을 갖는 것이 아니라 미래를 만들어 가는 지도자들을 발굴하여 총회와 노회를 리드하며 정책을 내세우는 진정한 리더의 모습을 보여 줄 수 있도록 정책을 만들고 실천해야 하는 것입니다.

3-10. 기독교인의 준비 IV: 초대교회 정신으로 구역모임을

교회 공동체에서 구역모임은 공동체를 유지 발전시키고 탄탄하게 공동체를 잡아 주는 소그룹 활동입니다. 초대형 교회 조차도 수백 개의 소그룹으로 나누어져 조직을 이끌고 있습니다. 교회 공동체는 보통 공동체 운영을 위한 소그룹(예배부, 재정부, 교육부, 관리부, 등)과 신앙생활을 견인해 주는 역할을 하는 구역모임으로 구성돼 있습니다. 구역모임을 위한 소그룹은 3~5 가족들로 구성되어 거리가 가까운 지역별로 나누거나 상황에 따라 같은 구역으로 모일 수 있도록 도와줍니다. 또한 정기적으로 구성 인원에 변화를 주어 새로운 이웃을 만날 수 있도록 순환하기도 합니다. 따라서 구역모임은 교회 공동체의 가장 작은 단위입니다. 모임의 장소는 다변화 되어 있습니다. 요즈음 분위기로는 교인의 집에서 모이는 구역모임보다는 여러 가지 편의를 생각해서 식당을 선호하긴 하지만 제한이 많습니다. 구역모임은 가장 중요한 예배가 있어야 되고 찬양과 기도가 함께하여야 됩니다. 또한 모임에 있어서

식사는 쓴 약에 감초와 같은 역할로 예수님도
마지막 만찬에서 제자들과
떡과 술을 함께하면서 제자들에게 사명을 남겨 주셨습니다.

모임은 예배가 주도가 되어야겠지만 식사 또한 중요한 요소이며 모임의 동기부여도 될 수 있습니다. 모임의 의미를 살릴 수만 있다면 어디서 모이든 장소가 중요치 않습니다.

이러한 구역모임의 형태는 교회 밖에서도 발견할 수 있습니다. 우리의 전통에서 생존을 유지하기 위해 함께 노력해야 했던 가족이나 촌락에서부터 시작된 두레나 계 모임 같은 형태로 시작된 전통적 모임은 구역모임과는 다르게 어떤 유익을 얻기 위한 활동이 있었습니다. 이러한 전통적 모임은 어떤 특별한 목적을 위하여 주로 규모가 작고 함께 마을을 형성하고 사는 동종의 업계에서 주로 농촌 구성원들 간의 화합과 농사를 짓는 데 필요한 인력을 제공하는 형태로 가족, 씨족, 지역에 바탕을 둔 소그룹 공동체 활동인 것입니다. 이러한 소그룹 활동은 가족이나 친척들로 집단 재생산을 위하여 서로 협력하는 혈연과 지연으로 엮여 있습니다. 또한 전통적인 공동체로 촌락, 두레, 계 등은 전통사회의 규범과 질서를 유지하고 서로 상호 연대를 통하여 협력하는 공동 사회로 전쟁이나 혹독한 가난과 식량이 부족했던 시절을 견디어 냈습니다. 밭농사와 모내기 같은 노동력 수요가 정점에 달할 때, 농민들이 함께 일하는 합리적인 노동 활용법으로 공동체적 농민 문화와 생존을 위한 공동 사회로 협력하며 이겨 내어 왔던 것입니다. 그러나 인구가 증가하면서 공동체의 범주와 규모가 확장되기 시작했으며, 소그룹 공동체의 내용도 다양해졌습니다. 공동체의 조직과 운영 규범 또한 오랫동안 변화되고 시대에 맞게 발전되어 왔습니다. 많은 학자들은 지역과 상호 연대를 공동체의 핵심 요소로 보는데 교회 공동체가 그 역할을 하였고 구역모임은 이를 뒷받침하는 활발한 소그룹 활동인 것입니다.

보통 소그룹 공동체는 특정한 사회적 공간에서 공통의 가치와 유사한 정체성을 가진 사람들의 집단으로 혈연과 지연을 비롯하여 시대적 상황에 따라 생성되고 소멸되기도 하는 공동사회를 말합니다. 전통적 모임들이 시대가 변화하기 시작하면서 쇠퇴하고 인구가 대도시로 유입되면서 새로운 환경을 만들고 도시 공간 속에서 자연스럽게 만나는 공동체 문화가 교회 공동체를 통해서 실현되었습니다. 교회 공동체를 이끌고 있는 소그룹 구역모임은 도시인들에게도 상호작용이나 연대에 기반을 둔 공동체로서 여전히 중요한 역할을 하게 됩니다. 대도시에 거주하는 사람들은 공유하는 가치, 신념, 목표 등을 기반으로 집합적 감정과 공동의 연대를 형성하면서 공동사회는 구성원들 간 관계가 긴밀하고 결속력이 강해져서 새로운 공동체로 발전시켜 나갔습니다. 새로운 가장 영향력 있고 지속적인 모인 공동체가 교회 공동체이고 교회 공동체는 구역모임 같은 소그룹 공동체의 집합체인 것입니다.

도시 생태학자들이 연구한 결과 도시 공간 속에서 여전히 도시에서도 공동체가 여전히 중요한 역할을 한다는 연구 결과가 나오기도 했습니다. 일반적으로 도시에서 사람들의 취향에 따라 형성되는 모임은 전통사회에서 수행했던 절대적인 역할을 하지 못하여 같은 동네나 아파트에 살면서도 서로 잘 알지 못하고, 소소해지는 취미 생활 같은 것으로 감소되었습니다. 산업화와 정보화가 급속히 진행되면서 전통적인 공동체는 해체되어 일부 농어촌지역을 제외하고는 그 모습을 찾아보기 어렵게 되었습니다. 그러나 사회적 존재로서의 인간은 공동체적인 경험에 대한 욕구를 가지고 있으며, 그 관계망 없이는 살 수 없기 때문에 따라서 전통적인 공동체와는 다른 방식의 공동체를 만들어 낸 교회 공동체의 구역모임은 전통적 모임들을 대신하고 있습니다. 이 새로운 공동체에서 강조되는 상호작용에 기반을 둔 신뢰, 규범, 연대와 같은 가치들을 중요하게 여깁니다. 즉 신앙이라는 강한 정신적 유대감이 이들에게 신뢰를 주고 강한 연대로 공통적인 비전을 갖게 하여 도심에서 가장 결속력이 있는 공동체로 존재하는 것입니다.

구역모임의 핵심적인 활동으로 공통된 의식과 방법을 누가복음 10장과 사도행전 2장에서 잘 말해 주고 있습니다.

누가복음 10장에서는 우리의 참된 이웃을
예수님께서는 선한 사마리안인 비유에 비추어
육적인 생명과 영적 생명을 존중히 여기는 건전한 사회의
참된 이웃이 되는 것과 민족과 인종의 구별없이 인간의 인격과
권리가 존중받고 차별과 억압받지 아니하고 자유롭게 살수 있는
세상을 말해 주고 있습니다.

사도행전 2장에서는 성도들이 모이기를 힘쓰며
서로 교제하며 떡을 떼며 기도하기를 힘쓰라 하셨고 모든 물건을
서로 통용하고 재산과 소유를 팔아 각 사람의 필요를 따라
나누어 주고 날마다 성전에 모이기를 힘쓰고
기쁨과 순전한 마음으로 음식을 먹고 하나님을 찬양하며
예배하라 하였습니다.

이는 구역모임이 전통적 사회 활동과는 구별되어지고 인간이 사회적 존재로서 같은 공동체적인 연대감을 갖게 하는 요소입니다. 아울러 교인들은 구역모임에서 성경적 역할을 하고 있습니다.

구역모임의 구성도 현재의 사회적 분위기 맞추어 변화되어야 합니다. 전통적으로 지역과 가족 위주로 편성되는 것이 일반적이지만 직업, 나이와 재능에 따른 구성도 있어야 되고 비슷한 관심과 성향을 가진 그룹별 구역모임도 활성화되어야 할 것입니다. 자녀를 키우는 젊은 부모들은 교육과 부업 그리고 성인 남성들은 취미 활동과 스포츠 활동에 따른 소그룹 활동도 교회에서 적극 장려해야 할 것입니다. 구역모임에 참여도가 가장 낮을 것으로 보이는 젊은 세대들이 전통적 모임에서는 동기를 얻기 힘들지만 이들만의 특성을 살린 모임은 오히려 활동이 적극적인 것을 볼 수 있습니다. 청소년들(18세 이하)은 주로 교회 공동체의 주일학교와 수련회 혹은 야외 캠핑 같은 활동에서 조(작은 그룹)를 편성하고 조별로 준비를 하고 발표회를 갖고 준비하는 과정에서 친구들과 잘 화합하는 모습을 배워 갑니다. 그러나 이들의 활동을 자세히 보면 그 속에서도 끼리끼리 모이는 그룹들을 발견할 수 있습니다. 즉 어린 학생들도 비슷한 환경 속에서 같은 관심이 있는 소그룹이 형성되고 이들의 부모들과 접합이 되면 구역모임과 같은 정기적으로 모임을 가질 수 있는 소그룹을 만들 수 있다는 것입니다.

많은 교회에서 전도팀을 구성하거나 교회의 조직 구성원인 선교회를 통해서 길거리 전도를 해 오다가 대중으로부터 반기독교적인 반응이 나타나면서 줄어들었습니다. 그러나 대중 선교와 공동체의 활성화를 위해서 필요하다면 방법을 바꾸어서라도 지속적인 활동이 필요한 시기입니다. 성경에서는 모세는 가나안 정복을 위해서 12명의 정탐꾼들을 각 부족들로부터 1명씩 선별하여 보냈습니다. 그중에서 여호수아와 갈렙과 같은 미래를 볼 수 있는 탁월한 지도자들이 발굴되어 가나안 정복 전쟁을 성취하여 나갈 수 있었습니다. 교회 공동체에는 수많은 구역들이 있습니다. 이들 중에서 신앙심이 깊고 이해심이 많은 12명의 정탐꾼과 같은 팀을 만들거나 특별한 구역팀을 선정하여 이들로 하여금 구역과 병원 방문, 교회 밖의 전도, 신앙적 대립이 있는 곳, 등을 상대할 수 있는 구역 활성을 위한 전문 구역팀을 만드는 것도 교회 공동체의 힘이 될 것입니다.

구역모임의 활성화는 교회 공동체의 중요한 버팀목이기 때문에 목회자 입장에서도 항상 주시하고 구역장 같은 리더들을 교육시키고 독려하는 이유입니다.

구역모임은 교회 공동체의 틀을 벗어나 비기독교인들과도
함께할 수 있는 유연성이 있습니다.

다양한 형태의 구역모임은 다양한 직업을 가진 사람들을 선교할 수 있고 다양한 이웃들을 만날 수 있는 기회가 되는 것입니다. 현대인들의 도시 생활은 생활 반경이 넓지 못합니다. 집과 주변, 직장 그리고 교회 혹은 취미 생활 공간 이외에는 갈 곳이 없습니다. 다양한 가족 구성과 활성화 된 구역모임이 산과 바닷가, 그리고 쇼핑을 같이 갈 수 있는 이웃이 되어 이웃과 서로 교제를 하며 떡과 필요한 물건을 통용하는 초대교회의 모습과 같은 성경적 모임이 된다면 선교의 사명을 감당하는 전초기지가 될 것입니다.

첫 번째: 대중선교의 전초기지: 기독교 센터
두 번째: 교회 공동체의 특별활동과 기독교 센터 부설기관들
세 번째: 기독교 센터의 중심은 강건한 교회 공동체

네 번째:
기독교 센터의
의무

다섯 번째: 기독교 센터의 일꾼: 청년들에게 선한 동기를
여섯 번째: 기독교 센터의 일꾼들의 이야기

네 번째:
기독교 센터의 의무

4-1. 기독교 센터의 모든 유익은 이웃에게로

기독교 센터의 설립 취지는 기독교적 세계관 속에서 일어나는 상업적 이익을 이웃과 나누는 것을 목적으로 하는 것을 운영 방침으로 하지만 건물 내에서 상업적 행위를 하고 있기 때문에 해당 부분에 대해서 세금을 내야 합니다. 이 모습이 외부인들에게는 교회가 상업적 행위를 하고 있다는 인식을 줄 수 있으므로 기독교적 행위와 상업적 행위를 구별하여야 합니다. 기독교 센터 안에 상업 행위를 하는 업체가 들어 있는 것에 대한 홍보가 있어야 합니다. 그리고 외부에 교회에 다니는 교인이 운영하는 업체라는 것을 알려야 합니다. 또한 이들이 센터 운영과 여러 사회 복지 시설이나 비영리 단체에 기부와 운영에 참여한다는 것을 홍보해야 하는 것입니다. 또한

기독교 센터는 입주 업체들이 이익을 낼 수 있도록
기여를 해 주어야 합니다.

입주 업체의 선정과 지원 대책 그리고 사업의 철수와 센터에 대한 기여 등을 연구하여 입주만 성공하면 잘 된다는 인식을 심을 수 있도

록 시스템을 정착해 나가야 합니다. 활발한 사업 운영은 기독교 센터의 가치를 증가시켜 주고 발전시켜 줍니다. 기독교적 행위이지만 잘못된 선동과 이해로 교회의 이익을 위해서 행했던 역사적 사건 중에 천주교의 면죄부 판매가 있습니다.

6세기의 대 그레고리우스(Gregory the Great, c. 540-604)부터 시작된 로마 가톨릭의 연옥의 개념은 보속을 통하여 천국으로 갈 수 있다는 면벌부의 교리를 이끌었습니다. 면죄부(Indulgentia: 자비로운 용서)는 천주교에서 이미 용서받은 죄에 따른 벌 즉

남아 있는 죄를 탕감받기 위해서는 현세에서 행하는
속죄인 보속을 치러야 하는데 이를 일부 또는 전부를 감면해 주는
은사의 증명서를 말합니다.

천주교에서는 면벌부 혹은 대사부라고도 하며 천국의 열쇠를 받은 성 베드로 사도를 계승하고 있는 교황이 그리스도의 대리자로서 행사할 수 있는 권능이라고 합니다. 성경에서 사무엘하 12장에서 나오는 다윗의 이야기에서 기초하고 있습니다. 다윗이 우리아의 아내를 범한 죄가 남아서 속죄로 용서를 받았으나 그의 첫 번째 아이가 죽습니다. 천주교에서는 이를 잠벌이라 하여 현세에서 이를 보속해야 한다고 교리를 해석하였습니다.[70]

2018년에 나온 영화로 Taron Egerton과 Jamie Foxx가 주연하는 《Robin Hood: Rebellion》에서 보면 로마 가톨릭의 부정부패와 평민

들을 구제해야 할 교회가 평민들에게 끼친 영향을 상세히 알 수 있습니다. 십자군 전쟁에 참여했다가 반란군의 흑인 병사 아들을 구하다가 본국으로 쫓겨난 몰락한 영주, 로빈과 활의 명인인 흑인 병사의 만남은 로빈으로 하여금 정의에 대한 새로운 눈을 뜨게 합니다. 고향으로 돌아온 로빈에게는 폐허가 돼 버린 자신의 카슬과 약혼녀의 변심은 그렇게 만든 교회의 부정부패에 대항하게 됩니다. 가난한 평민들의 생활 모습들을 생생하게 보여 주고 통행세와 헌금을 받는 교회 그리고 동전을 쌓아 놓고 셈을 하는 관리의 모습을 통하여 당시의 분위기를 잘 보여 줍니다. 이들의 부정부패에 대항하는 반정부 모임이 생기고 주인공 로빈은 교회의 창고를 털어 가난한 평민들에게 나누어 주는 내용을 보면 교회가 해야 할 일들을 평민들 혹은 신도들이 하고 있는 것입니다. 교회는 구제하고 돌보아야 할 가난한 평민들을 착취하여 귀족들이나 정치가들, 권력자들과 협력하는 기반으로 삼아 그들의 탐욕을 이루어 가고 있는 교회의 타락한 모습을 알 수 있습니다.

면죄부는 11세기 이전부터 고인의 가족들을 위로하기 위해 지역 성직자들이 작성하여 널리 퍼져 관행으로 여겨졌습니다. 특히나 교황 우르바노 2세가 십자군 전쟁 참여를 장려하기 위하여 면죄부 판매를 공표하면서 공식화됩니다.

교황이 발행하는 면죄부는 가난한 사람들에게조차도
큰 권한이 있어 특권적 혜택으로 여겼습니다.

또한 군인들과 군부대에 지원금을 낸 후원자들에게는 교황의 권한으로 면죄부를 판매하였습니다. 16세기 종교개혁이 있기 전에 성 베드로 사원을 건설하기 위한 면죄부의 판매는 극에 달했습니다. 교황 레오 10세는 전쟁으로 인한 부채와 비용 그리고 교황청 건물 확장을 위한 대규모 공사 비용을 위해 대량으로 면죄부를 판매하면서 면죄부의 폐단이 시작이 되고 또한 교황과 사제들의 사치와 교황령의 권력 강화를 위하여 사용됐습니다. 당시의 종교적 의무는 도저히 감내하기 어려운 부담으로 신도들의 돈과 시간 그리고 수고를 성스러운 노역으로 참여하게 하였습니다. 유아세례, 첫 영성체, 결혼식, 종부성사와 영면식 같은 인생의 중요한 행사에는 큰돈이 들은 것이었습니다.

16세기 가톨릭 미사는 신실한 신도들에게는 삶의 종교적 의무로써 기꺼이 참여하게 돼 있습니다. 그러나 일상 생활의 중요한 행사들 유아세례, 결혼식, 새로운 신도의 첫 영성체, 장례나 묘시에서 행해지는 종부성사, 영면식 같은 행사에는 큰 재정적 부담이 들었던 것입니다.

시도 때도 없이 찾아오는 성 베드로 성금 모집원과
탁발 수도사는 적선을 요구했고 고해 성사하거나
성지 순례 때는 후대를 위해서
면죄부를 구입하는 것이 관례로 돼 있었습니다.

본인의 생일보다 더 중요한 수많은 축일과 행진에 참가해야 하고 토지세의 10분의 일을 내는 십일조는 수도사들의 수중으로 들어가 수도사들의 삶을 윤택하게 하고 신도들이 기부하는 재산과 토지는 지방에서 실권을 가진 주교에게 돌아가서 주교는 큰 저택과 토지를 소유하여 세속의 군주들에게 위협이 될 정도였습니다. 끝없이 벌어지는 종교 행사는 신도들에게 마음의 위안이 되기 보다는 불안감을 가중시키게 됩니다.[71]

> 당시의 면죄부는 송아지 세 마리를 구입할 수 있을 정도의
> 큰돈으로 일반 가정에서 부담하기에는 너무
> 큰 재정이었지만 이것을 식구들의 숫자대로
> 구매하도록 강요하였기 때문에

평민들에게는 힘겨운 부담이었던 것이었습니다. 뿐만 아니라 선한 기독교인들은 열심히 기부금을 내고 봉헌식에 쓰일 양초와 병자와 사망자를 위한 특별미사에 비용을 대면서 봉사를 하였고 수시로 찾아오는 베드로 성금 모집원에게 기꺼이 돈을 내어 주었습니다. 토지세의 10분의 1를 교회에 바치는 십일조는 교구의 가난한 사제에게 가는 것이 아니라 납세자의 영혼을 구제하는 일에는 관심조차 없고 그렇지 않아도 떵떵거리며 살아가는 인근의 수도사에게 돌아갔고 이 막대한 재정은 곧바로 교황청으로 집결되어 교황청의 권력 강화와 주교들의 사치와 방탕으로 이어졌습니다. 임종을 앞두고 재산과 토지를 교회에 기부되는 경우도 많아 지방의 실권을 장악한 주교에게 어마어마한 영지가 딸린 저택이 주어지기도 하였습니다.[72]

천주교의 부패한 면죄부 판매는 종교개혁의 시초가 되기도 합니다. 기독교 센터는 면죄부의 폐단을 이해하고 진행 과정이 결코 기독교 센터에 적용돼서는 안 되기 때문에 역사적으로 살펴보는 것입니

다. 이미 10세기 초부터 정치와 종교의 세력화로 여러 지역에서 지속적으로 개혁이 주장돼 왔습니다. 그러나 이미 유럽 사회에 뿌리 깊게 생활화된 천주교의 교리에 대항하기에는 너무 약했습니다. 권력과 지식인들조차 자신들의 생명과 모든 사회적 지위와 재산을 걸고 나서기에는 사회적 파장이 너무 컸던 것입니다.

16세기에 접어들자 서방교회 종교개혁의
도화선이 되어 찬성파는 개신교로
반대파는 천주 교회(로마 가톨릭)로 분열되었습니다.

마틴 루터와 칼빈에 의해서 종교개혁은 이루어 졌지만 천주교(구교)와 개신교(신교)는 전쟁으로 수많은 희생자를 내고 신교도들은 신앙의 자유를 위해서 아메리카 신대륙이라는 커다란 역사적 발견으로까지 이어지게 됩니다. 신교도(청교도)들은 신대륙에 정착하면서 개신교의 교리와 정신을 담은 메이 플라워(신교도들이 향해 하던 선박의 이름) 서약이라는 것을 통해 교회 공동체의 정착과 정신을 담은 학교 설립과 정치 세력화로 자신들의 신앙생활을 보장받고 새로운 국가를 설립하는 데 기반을 닦게 됩니다. 바로 자유 민주주의 체제를 기초로 한 국가인 세계 초강대국의 미국을 건설한 것입니다.

기독교 센터는 천주교의 면죄부 판매의 부적합한 행위를 잘 이해해야 합니다. 천주교의 황제인 교황에 의해서 강력히 실행이 되지만

기독교 센터는 사실 교황과 같은 권력의 힘은 없습니다.

오직 교회의 통제 아래 현시대에 맞는
방법으로 이웃과
유익을 나누는 방법일 뿐입니다.

면죄부 판매에는 신의 영광을 빙자한 인간적인 욕망과 탐욕 그리고 집행하는 사제들의 착취가 있었습니다. 기독교 센터 역시 재물이 있는 곳이기 때문에 탐욕이 있을 수 있습니다. 그래서 교회 공동체가 운영의 주체가 되야 하고 교회 공동체의 상위 기관의 감사와 교인들에게 보고하는 시스템을 잘 운영해야 한다는 것입니다. 또한 500여 년간의 역사를 갖게 된 면죄부 판매 역사는 천주교의 교리가 되어 누구도 반박할 수 없는 철의 법칙이 되어 모든 행위가 당연시 되었듯이 기독교 센터는 어떠한 교회법에 어긋나는 행위가 고착되어서는 안 됩니다. 기독교 센터가 이러한 면죄부의 실책을 철저히 연구하여 결코

교회의 가치를 깎아내리고 본래의 목적을 벗어나 교회에
해를 주는 단체가 되지 않도록 항상 경계해야 합니다.

교회는 지금까지의 역사를 보면 이익을 내는 어떠한 상업적 행위를 하지 않았습니다. 기독교 센터 스스로는 상업적 행위가 없지만 입주해 있는 업체들은 상업 행위를 해야 합니다. 그들은 사업적 수완과 기술, 자본, 능력으로 영업 이익을 내며 살아가야 합니다. 다만 기독교 센터가 이들을 하나님의 기업으로 만들어 가며 이웃에게 좋은 인상을 주는 선교가 이루어져야 할 것입니다.

4-2. 선한 일을 사모하도록 동기부여 하는 곳으로

디모데 전서 3장에 보면 교회 공동체의 직분자들을 세울 때에 어떤 사람을 세워야 하는지 기준이 나와 있습니다.

"미쁘다, 이 말이여, 사람이 감독의 직분을 얻으려 하면
선한 일을 사모한다 함이로다. 그러므로 감독은
책망할 것이 없으며 한 아내의
남편이 되며 절제하며 근신하며 아담하며 나그네를 대접하며 가르치
기를 잘하며 술을 즐기지 아니하며
구타하지 아니하며 오직 관용하며 다투지 아니하며
돈을 사랑치 아니하며 자기 집을 잘 다스려 자녀들로
모든 단정함으로 복종케 하는 자라야
할지며(사람이 자기 집을 다스릴 줄
알지 못하면 어찌 하나님의 교회를 돌아보리요)
(디모데전서 3장)"

라고 되어 있습니다. 예수께서 교회의 머리 되시고 목회자와 직분자들은 서로 도우며 역할을 담당하여 교회 공동체의 운영을 돕고 있습니다. 그러니 직분자들은 교회 공동체의 유지와 발전 그리고 비기독교 사회와의 원활한 소통을 위해서 필요한 자격을 요구하는 것은 교회 공동체의 성격상 필요한 일일 것입니다. 교회가 갖추어야 할 예배와 다양한 행사에 있어서 역할 분담은 참으로 교회 공동체의 존재의 의미를 담고 있습니다. 현대 종교 시설들을 볼 때 교회 공동체는 기

독교 신앙활동의 중심으로 관련된 교육, 행사와 선교를 통해서 이루어져 있고 사회의 일반 학교, 경찰서, 회사, 단체활동, 정부 기관들과는 완전히 성격이 다릅니다.

교회 공동체의 직분자에게 있어서 강한 동기 유발을 일으키게 하는 "선한 일을 사모합니다 함은" 선하신 하나님을 사모하고 그의 뜻을 행하고 알아 간다는 뜻이 있습니다. 또한 교회 공동체로부터 어떤 사례를 받지 않는 순수한 마음으로 참여하여 교회를 위해서 수고한다는 뜻이 있습니다. 선한 일은 기독교 신앙에서 복음적인 모든 활동들을 의미하는 것이지만 비기독교 사회에서는 좋은 사람을 의미하기도 합니다. 수고에 대한 사례를 받는 소수 사역자들(목회자, 교역자, 반주자, 지휘자, 등)도 있지만 장로 권사들을 비롯한 모든 직분자들은 신앙적으로 우러나오는 선한 것을 사모하는 마음에서 교회 공동체의 모든 일에 참여하고 책임을 갖고 있습니다. 교회 공동체에서는 그 역할을 하기 위해서 반드시 선한 일을 사모하는 사명을 가진 직분자들이 필요한 것입니다.

내가 수고함으로 유익을 얻을 수 없으나
나의 수고가 하나님의 영광을
나타내며 하나님의 사랑을 이웃에게 펼친다는 비전이 있는
직분자여야 한다는 것입니다.

따라서 선한 일은 사모하는 사람은 교회와 사회로부터 '책망할 것이 없는' 사람이어야 한다는 것입니다.

성경에서 '니고데모'를 살펴보겠습니다. 요한복음 3장에 나오는 니고데모는 선한 일을 사모하며 알아가는 좋은 예로 처음에 그의 사회적 신분은 유대교 경전을 가르치는 랍비이면서 산헤드린 공회원의 신분에도 불구하고 떠도는 소문을 듣고 예수를 찾아갑니다. 유대교 관원인 니고데모와 예수님과의 대화는 기독교인들에게는 하나님 구원의 과정에서 절대적 가치를 지닌 핵심적인 메시지임을 알려 주는 역할을 하는 인물입니다. 그를 통해서 바로 '중생' 혹은 '거듭남'이라고 하는 의미는 하나님의 백성들에게는 필수적인 과정이며 가장 중요하고 기본적이면서 해야만 되는 질문을 하게 됩니다. 그러나 니고데모와 같은 전통적인 유대인에게는 할 필요가 없는 질문이었습니다. 유대인의 역사를 통해서 그리고 선조들을 통해서 이어받고 교육받아 왔으며 하나님의 임재를 눈과 몸으로 실제 경험하고 율법을 지키기만 하면 그들은 천국에 들어갈수 있는 것으로 알고 있는 사람들입니다. 그럼에도 나사렛 예수님의 초창기 복음 활동 시기에 아직 12제자도 임명되기 전에 거리의 떠도는 소문을 듣고 유대인 지도자가 직접 찾아가서 질문을 하며 대화를 나누는 니고데모는 어떤 사람이었는가를 생각하게 되는 것입니다.

그는 정통적인 유대인이었고 율법을 가르치고
연구하는 랍비(선생)이었습니다.
유대인 사회에서 대제사장을 의장으로 한 최고
종교 기관이며 선별된
71명의 의원으로 구성된 산헤드린 공의회의
의원 중에 한 명이었습니다.

신약성경에 기록된 그의 외적인 모습으로는 그는 공부를 잘하는 수재였고 사회적으로도 성공한 인물로 부족함이 없는 위치였던 것 같습니다. 그러나 니고데모는 신앙심과 학문 그리고 대중에 대해서 고지식한 지식인은 아니었던 것 같습니다. 그의 사회적 위치로만 봐도 종교적 선한 일을 사모하는 인물이었고 유대교에 대해 박식하고 지도자적 위치이지만 열려 있는 마음으로 군중을 바라보고 많은 사람이 관심 있으면 자신도 관심을 갖고 현상을 파악하려는 탐구적 노력이 있었던 인물이었습니다. 그래서 니고데모는 군중이 몰렸던 나사렛 예수에 대해서 그리고 예수의 주장에 대해서 알려고 노력했던 것이 결국 그에게 영원한 생명의 진리에 대해서 깨우치는 계기가 되었던 것입니다.

니고데모의 직업으로만 보면 예수님의 제자들과는 여러가지 면에서 다릅니다. 그리고 유대교 측면에서 보면 예수님의 가르침과는 거리가 있었습니다. 교회 공동체의 교인인들은

니고데모와 같이 신분과 직업 그리고 삶의 우선
순위에서 항상 가족과 자신의 안정된 삶이
주된 목적이고 방법을 찾습니다.

그렇지만 진리를 깨우친 선한 일을 찾아 나서는 니고데모가 실제 행동으로 나서는 것처럼 직분자들은 자신의 사회적 활동 경험을 기반으로 더 나아가 교회 공동체의 발전에 목회자와 함께 많은 기여를 하고 있습니다. 교회 공동체에서 직분자들의 도움 없이 담임목사 혼자서 개척된 교회는 없습니다. 목회자 후보생들도 이를 알기에 목회를 시작하면 가장 먼저 직분자들을 임명하고 함께 교회를 세워 나갑니다.

목회자는 교인들의 선한 일에 중요한 안내자가 됩니다. 목회자에게 있어서 교회 공동체를 이끌어 가는 데 교회 운영의 많은 부분에서 열심을 다하여 봉사하는 직분자들의 선한 일과 다양한 생업과 가족관계 그리고 신앙의 경륜에 따른 믿음이 다른 교인들의 선한 일은 교회 공동체의 역할을 빛나게 합니다. 교회에서의

선한 일들은 초대교회 시절부터 목회자를 중심으로
함께 예배하고 교육하고 협력하고 가난한 신자들을
구제해 오는 것이었습니다.

현대에 들어서서도 목회자의 역할은 교회 공동체의 성격을 만들기도 하고 목회자의 성향에 따라 교회의 운영에 영향을 주기도 합니다. 목회자가 교회 건물에 애착이 있어 하나님의 영광을 웅장한 교회 건물로 나타내고 싶어 한다면 개척 교회로 몇십 명의 신도로 시작한 작은 교회가 5~10년이 지난 다음에 대형교회로 성장할 수 있는 동기는 목회자에게 선한 일을 추구하는 것입니다. 어려운 개척교회시절에 처음 속한 직분자들 또한 선한 것을 사모하는 마음이 없다면 목회자와 함께 고생을 감내하며 참여하지 않을 것입니다. 교인들에게 있어서도 남의 건물에 세 들어 있던 교회가 이제 어엿한 자신들의 건물과 땅에서 멋진 교회 건물을 갖고 예배하는 것이 얼마나 큰 하나님의 영광을 위한 것인지를 자랑스럽게 생각합니다.

시대는 자꾸 변하였지만 각 노회 혹은 교회마다 담임 목회자 위임 제도(은퇴까지 평생 목회지로 보장받는 제도)가 있습니다. 위임 제도는 때로는 교회 공동체의

성장과 안정 그리고 지속적인 사역이 유지되는
장점이 있지만 교회에서 추구하는
선한 일들이 시대의 변화에 적응하지 못하고
현재에 안주하게 만드는
주요 요인이기 때문에 장단점을 살펴보고 보완해야 합니다.

변화가 없는 교회에 안주하기 싫어하는 젊은이들이 교회에 참석하기 거부하는 경향은 십 년 혹은 이십 년 전의 목사님의 설교를 계속해서 들어야 하는 것입니다. 신앙생활을 오래 한 장로들의 입장에 보더라도 위임 담임 목회자가 특별한 문제가 없는 이상은 교회 공동체를 안정되게 유지할 수 있는 길이기도 하고 안정된 교회에 만족하게 됩니다. 그러나 교회가 안정된다는 것은 공동체와 교인들을 위해서는 좋겠지만 교회에 활력이 없고 교인들의 열정이 사라져 교회의 사회적 역할을 약하게 합니다. 이는 교회 공동체마다 교인의 수가 늘어나는 것으로 교회의 사회적 역할을 지속할 수 있지만 현재 교회는 교인의 수가 최정점에 이르기 때문에 앞으로의 미래는 각 교회 공동체마다 교인의 수가 감소하는 경향으로 변하여 가게 될 것입니다. 시대가 변하고 생활 수준이 높아져 가고 사람들이 종교의 필요성을 덜 느끼는 경향이 생기고 특히 교회 공동체가 필요한 젊은 인재들이 교회에 매주 정기적으로 출석을 하는 것을 부담스러워하는데 직분을 맡아 헌신한다는 것은 기대하기 어렵게 되어 가고 있습니다. 현대인들은 여가 시간을 뭔가 즐기는 것을 찾아보게 돼 있기 때문입니다.

니고데모가 선한 일을 찾아가는 과정을 좀 더 살펴보겠습니다. 조용하던 마을에 사람들이 모이기 시작하고 소문이 퍼졌습니다. 니고데모는 쉽게 나사렛에서 앉은뱅이를 일으키고 죽은 사람을 살려냈다는 갈릴리 지방의 나사렛 예수라는 사람이 예루살렘으로 온다고 소식을 들었습니다. 목수의 아들이지만 그의 말 한마디 한마디에 군중들은 뭔가 쏠린 듯 그를 쫓기 시작했으며 병든 사람들과 유대 군중들이 모이기 시작하자 그 소문이 니고데모에게 전해 진 것입니다.

'나사렛 예수'라는 청년이 얼마 전 갈릴리에서 어부들이 자신들의 가진 것 전부와 부모들을 남겨 두고 자신을 따르게 한 자요. 백성들의 모든 병과 약한 것들을 고치시니 그 소문이 온 수리아에 퍼뜨린 장본인인 것입니다. 모든 앓는 자들과 각종 병에 걸려 고통당하는 자, 귀신들린 자, 간질 하는 자와 중풍병자를 고치시니 갈릴리와 데가볼리와 예루살렘과 유대와 요단강 저편에서 수많은 무리들이 그를 쫓는 상황이 되었습니다(마4장). 그 예수라는 청년이 성전이 있는 예루살렘으로 향한 것입니다. 군중들은 나귀를 타고 예루살렘에 들어오는 그를 열렬히 환영하고 있었습니다. 그를 구세주라 외치는 이들도 있었고 호산나(나를 구원하소서) 하고 외쳐대며 감람나무 잎을 흔들기도 하고 입고 입던 옷을 길에 깔아 환영하고 있었습니다.

다윗 왕가의 나라, 남유다가 망한 이후로 유대지역은 강대국의 강력한 통치이념에 따라 건물과 문화가 헬라화되어 토라조차도 헬라어로 번역할 수밖에 없는 상황이 돼 버렸습니다. 다행히도 오랜 식민 생활에 모국어를 잃어버린 세대에게 외국어(헬라어)를 통해서라도 토라를 가르칠 수 있는 것이 다행이었습니다. 어렵게 건축된 성전은 이미 이방인의 제단이 되었고 이미 정통 대제사장 사독 가문이 끊겨졌고 손에 피를 묻힌 이방 제단의 제사장이 임명되어서 더 이상 거룩한 신의 종이 아니라 막강한 권력과 재산을 가지고 종교를 이용해 정치를 하는 통치 기관일 뿐이었습니다.

예루살렘의 사람들은 식민지의 암울한 현실 속에서 구원해 줄 구세주가 필요했던 절실한 시기였고 강대국의 식민지로 있은 지 벌써 600여 년 지났지만 왕은 로마의 힘을 등에 업고 더욱 더 세금과 노역을 늘리고 있었고 나라를 바로 세울 마음이 없는 것 같았습니다. 그나마 새로 건축된 예루살렘 성전은 로마 황제가 유대교를 박해하고자 성전에서 돼지를 제물로 삼아 제사를 들여 이단화 시키고 더럽히는 일이 발생하기도 했습니다. 또한 성전 주위에 제사를 위한다고 하면서 제물을 사고 파는 상업화가 되어 돈벌이의 장소가 되어 사람들로 붐비고 있었습니다.

로마 황제 안티오쿠스 에피파네스 4세(기원전 334~164/64년) 통치 기간에는 유대인들에게 가장 치욕적이고 슬픈 시절이었습니다.

매월 25일 돼지로 희생 제사를 지내고 유대인들은 이방인들의 관습을 따르게 하여 헬라 문화 즉 이방 문화를 따르게 하였으며 제사가 금지되어 성소 안에서 언제나 희생 제물을 드리는 예식이 금지되었습니다. 안식일과 기타 축제일을 금지하고 이교의 제단과 성전과 신당을 세우고 사내 아이들에게 할례를 주고 율법을 버리고 모든 규칙을 바꾸며 이 명령을 따르지 않는 자는 사형에 처한다는 칙령은 유대인의 죽음과도 같은 기간이었습니다. 나라가 망했을 때도 이와 같은 수치

는 없었습니다. 이 시기에 유대인들은 그들의 구세주를 갈망하던 예수께서 나타나신 것입니다. [73]

예수께서는 선한 일이란 무엇인가에 대해서에는 마태복음 5장 16절의 말씀을 통하여

"이같이 너희 빛을 사람 앞에 비춰게 하여 그들로 너희
착한 행실을 보고 하늘에 계신
너희 아버지께 영광을 돌리게 하라
(웨스트민스터 신앙고백서의 Chapter 16장)."라고

명령하셨습니다. 그리스도인들의 빛은 예수 그리스도입니다. 그리스도인들이 행하는 선한 행위는 바로 예수 그리스도를 사람들 앞에 나타내어 하나님께 영광을 돌려야 하는 것입니다. 선한 행위는

하나님의 거룩한 명령이며 성경의 근거 없이
인간이 맹목적인 열정이나
선한 의도를 가장해 임의로 규정해서는
안 된다고 하였습니다(1항).

거룩한 명령은 하나님의 구원받은 백성으로서 의무를 다하며 복음을 깨닫고 선한 행위를 하는 것입니다. 믿음으로 거듭난 생명은 그리스도의 사랑을 실천하며 천국에 갈 때까지 성도의 길을 가며 교회의 신앙 생활 지침, 혹은 사역자들의 안내를 받아 올바른 신앙생활을 하

면 크게 벗어나지 않습니다. 맹목적인 열정으로 구원의 확신을 갖고 믿음이 증가하고 선교에 집착하면 교회에 헌신하지 않습니다. 또한 하나님이 말씀하신 명령에 부합하지 않고 성경에 근거하지 않으며 제 멋대로 규정한 행위는 선한 행위로 간주될 수 없습니다. 예수께서는 이를 근거로 바리세인들의 선행을 인정하지 않으셨습니다. 바리세인들의 행위는

장로들의 전통과 스스로 정한 규칙을 권위로 삼고 하나님의
거룩한 명령과는 상관이 없는 것입니다.

사랑으로 역사하시는 하나님의 거룩한 명령은 그리스도의 의를 통해 의롭다 하심을 받고 새롭게 된 사람들이 행하는 행위라야 합니다. 그리스도를 의지하며 거듭난 생명들이 부르짖은 기도를 들으시고 온갖 축복을 내려 주시는 하나님께 감사하며 하나님의 영광을 가장 중요한 목적으로 삼아 행하는 행위들이 선한 행위인 것입니다.[74]

선을 행할 수 있는 능력은

"하나님의 계명에 복종함으로 이루어져야 하고
성령의 역사에 의해서 갖출 수 있습니다
(2항과 3항)."라고 되어 있습니다.

인간의 선행은 하나님을 유익하게 할 수 없으며 하나님 앞에서 의롭다 하심을 받는 것에 아무런 영향을 미치지 못합니다. 또한 선행은

천국에 갈 자격을 얻지 못합니다. 선행은 오직 그리스도 예수 안에 있는 하나님의 은혜에 감사하는 행위이기 때문입니다. 선한 행위는 참 신앙의 열매이며 하나님께 감사를 표하는 증거가 되고 믿음을 증가시키고 이웃들과 함께 덕을 세우는 것입니다. 그리스도인들의 선행은 바로 하나님의 영광을 들어 내놓는 행위인 것입니다. 그리스도인들의 선행은 교회 안과 밖에서 이루어집니다. 교회 안에서 복음을 가르치고 형제들의 덕을 세우며 하나님의 계명에 순종하며 신자의 도리를 다하고 교회 밖에서 우리의 빛을 다른 사람들에게 비추어 이웃의 유익에 기여하며 하나님의 영광을 나타내도록 헌신합니다. 우리들의 가족, 사회, 국가라는 공동체 속에서 교회와의 접목을 갖게 하는 것에 최선을 다하고 비기독교인들에게 진리 되신 그리스도를 알게 하는 것입니다.[75]

여기 세계적 건축설계 회사로 성공한 팀하스(TimHaahs)의 하형록 회장은 비즈니스 삶의 기본 정신을 잠언 31장의 말씀을 근거로 하여 성경적 세계관을 비즈니스 현장에 실현하였습니다. 그의 비즈니스에서 신랑 되시는 예수님의 아내 즉 성도들은 고귀한 존재들인 것으로 의로운 사람들인 것입니다. 하나님의 은혜로 값없이 귀한 자가 된 우리는 세상에 나가 어떻게 사람을 섬기고 비즈니스를 하는지를 따라야 합니다.

"나는 우리 회사가 목표로 하는 공동체 정신이
바로 이 '고귀한 성품'임을 강조한다.
이 회사는 출발에서부터 나의 이익이 아닌 남을 돕기 위해 시작했기

때문에 보통 회사와는 다르다는
점을 분명히 인식시킨다.
동시에 말씀처럼 그런 고귀한 정신을 가진 사람이나
공동체는 그 어떤 것보다 값지고
소중한 존재가 될 수 있음을 말해 줍니다."
그러기에 우리는

예수께서 고귀하다고 한 사람들과 공동체를 만들어 가는 과정을 통하여 선한 일들을 추구하는 세상 속의 기업들 중 하나이며 이런 기업 정신은 성경적 세계관을 이 세상에 전파하는 것입니다.[76] 이 세상에 교인들이 자신들의 삶의 터전에 성경적 세계관을 실현하는 노력이 선한 일인 것입니다. 그러나

우리의 능력으로는 하나님이 원하시는 선을 행할 수 없고
인간이 아무리 훌륭한 행위를 할지라도
영생을 위한 공로가 될 수 없으며
하나님을 유익하게 할 수 없습니다(4항과 5항). 따라서

우리의 선한 행위는 예수 그리스도 안에서 행하여질 때만이 하나님의 영광이 되는 것입니다. 성경적 세계관으로 만들어진 기업 정신은 이 세상에서 선한 일을 추구하는 행위인 것입니다. 로마 가톨릭의 교리에서는 신자 스스로의 의무보다 더 많은 의무를 행해 더 많은 공덕을 쌓고 남은 공덕은 다른 사람들에게 전가시켜 그들을 유익하게 할 수 있다고 가르칩니다. 신자의 공덕은 신자를 위한 것이지 하나님의

유익이 아닙니다. 성경에서 우리 모든 인간에게 부과된 선한 일은

"네 마음을 다하며 목숨을 다하며 힘을 다하며 뜻을 다하여
주 너의 하나님을 사랑하고 또한 네 이웃을
네 몸과 같이 사랑하라(누가복음 10:27)."라는

하나님의 명령입니다. 하나님의 명령은 마음, 목숨과 힘을 다하여 하나님을 사랑하는 가운데 행해지는 인간들의 선행일 뿐입니다. 하나님에 대한 사랑없이 인간들이 행하는 선행과 공로는 단지 인간들을 위할 뿐이기 때문입니다. 로마 가톨릭에서 얘기하는 공덕 혹은 공로는 오로지 자신들의 유익을 위한 것이기 때문에 하나님이 주관하시는 죄사함이나 영생을 받는 공로가 될 수 없는 것입니다. 아무리 훌륭한 행위일지라도 죄로 오염되었기 때문에 하나님 앞에서 공로가 되는 것이 아니고 오히려 심판의 대상이 되는 것입니다.[77]

그럼에도 불구하고 하나님은 그리스도를 통해

신자들이 행하는 선한 행위는 받아 주십니다.
그리스도의 공로와 중보 사역은
하나님이 사랑하는 자 안에서 이루어졌기 때문에
하나님께서 기쁘게 받아 주시는 것입니다(6항과 7항).

거듭나지 않은 사람이 다른 사람들을 아무리 유익하게 할지라도 하나님의 영광을 위한 것이 아닙니다. 많은 착한 일을 하고 가난한 사람

들을 구제하고 재산을 기부하는 것은 자신들의 공로는 될 수 있습니다 그러나 하나님을 기쁘시게 하는 행위가 될 수 없는 것입니다. 이들의 모든 행위는 육신에 속한 행위로 사도 바울은

"육신에 있는 자들은 하나님을 기쁘시게
할 수 없습니다(롬8:8)."라고

가르쳐 주고 있습니다. 그러나 하나님은 육신에 속한 자들에게 기회를 주십니다. 그들이 회개하고 그리스도를 통하여 거듭나고 그들의 모든 행위를 하나님의 영광을 위할 때, 하나님을 기쁘시게 할 수 있는 것입니다. 그리스도인들의 선한 행위는 구원받은 하나님의 백성들의 의무이며 주위 사람들에게 복음을 전할 수 있고 이웃들에게 유익을 줄 수 있는 행위가 될 수 있는 것입니다.[78]

가난한 땜장이의 아들로 태어나 "그리스도 예수 외에는 내게 아무 것도 없습니다"라는 신앙고백으로 어렵게 살면서 집필한 존 버니언의 《천로역정》에서는 세상을 무겁게 표현하고 있습니다.

"세상에서는 믿음을 갖는다는 사실이
고난을 면제하는 것이 아니라
오히려 그 믿음 때문에 새로운 고난을
받을 수 있는 곳이 세상입니다."라고

말하고 참된 신앙은 고난을 자초하지 않더라도 고난을 직면하게 되

며 이를 극복하는 과정을 주인공인 '크리스천'의 순례의 길을 통해 알려 주고 있습니다.[79]

어깨 위 그리고 등에 무거운 짐을 지고 있고 네 아들과 부인과 함께 살고 있는 가장, 크리스천이 꿈에서 "하늘나라에서 불덩이가 쏟아져서 우리가 사는 이 도시를 잿더미로 만드는 환상"을 보고 괴로워하는 그를 식구들은 정신이상자로 여깁니다. 밤이나 낮이나 괴로워하며 도망칠 길을 찾던 그에게 전도자(Evangelist)가 나타나 등에 진 무거운 짐 때문에 더욱 깊은 수렁에 빠져 결국 심판을 받고 처형받을 길 밖에 없던 크리스천에게 구원의 길을 가르쳐 줍니다. 저기 저 들판에서 환한 빛으로 작게 보이는 좁은 문을 향해 똑바로 눈을 떼지 말고 향할 것을 인도하여 줍니다. 여행 도중에 만나 두 친구, 옹고집(Obstinate)과 유순한(Pliable)이라 불리 우는 친구들과 가는 중에 옹고집은 결국 자신의 욕심대로 멸망의 길로 접어들지만 크리스천과 유순한은 서로 격려하며 즐겁게 여행하는 중에 낙담(Despond)이라는 진창 구렁텅이에 빠져 헤맬 때 유순한이 앞으로의 험난한 길을 상상하고 포기하여 결국 크리스천 혼자 남게 됩니다.[80]

좁은 문으로 계속적인 여행 중에 만난 세속현자(Wordly-Wiseman)는 세상을 오래 살아온 현명한 늙은이로 크리스천에게 전도자의 가르쳐 준 길은 피로, 고통, 굶주림, 위기, 칼, 헐벗음, 사자, 용, 흑암 따위의 공격을 받아 결국은 죽게 될 것이니 도덕골(A valley called Morality)을 찾아가 율법(Legality)어르신을 찾아서 등에 진 무거운 짐도 내리고 편히 갈 것을 권면받습니다. 세속현자의 조언에 따라 율법 어르신을 만나러 가는 중에 절벽을 맞닿은 크리스천은 절망 속에서 낙담하고 있을 때에 전도자가 나타나 그의 괴로움과 그 동안의 여정을 묻습니다. 전도자는

"세상은 사람들에게 세상이 주는 가르침을
더 좋아하게 하고 끊임없이 도덕골을
들락거리며 교회에 다니게 합니다.
그리고 속세의 원리를 떠받들면서 십자가에게는
다가가지 않고 세속에 물들어 삽니다."라고

하면서 이를 극복하기 위해서는 좁은 문으로 들어가기를 힘써야 한다는 것입니다. 이를 깨달은 크리스천은 세속현자의 가르침을 미워하고, 자식들을 데리고 종살이를 하고 있는 율법 어르신을 멀리하고, 세속의 길로 갔던 자신을 회개하며 양의 문으로 통하는 좁은 길로 향하여 갈 수 있었습니다.[81]

세상에서의 기독교인들의 삶은 소설 천로역정의 크리스천처럼 순례의 길을 가는 것일 것입니다. 즉 이 세상에서 온갖 유혹과 고난 속에서 기독교 세계관을 구체적으로 실천하며 생활 속에서 하나님의 영광을 위하여 사는 것은 쉽지 않습니다. 현대의 현실에서는 기독교 신앙을 갖게 되는 많은 동기가 예수님은 모르지만 하나님이 주는 은혜를 이 세상의 특별한 복으로 여기고 복을 받기 위하여 혹은 가족들의 성공을 위하여 전도되어 교회에 오는 경우가 많이 있습니다. 신앙적이고 적극적인 삶의 동기를 제공하는 자녀의 교육 때문에, 혹은 생로병

사의 고통에서 벗어나기 위해서, 집안의 경조사를 위해서, 혹은 모든 가족 구성원의 건강과 행복을 위해서 등등 개인적인 이유로 인하여 교회에 출석하는 경우도 많이 있습니다. 사회 활동을 위해서 사업과 재물, 혹은 명예 등을 위해 교회에 출석하는 경우도 있기도 합니다.

크리스천이 세속현자의 말에 현혹되어 세상의
좋은 것과 편안한 것을
좇으면서 세속적인 삶으로는 좁은 문에
도달할 수 없음을 깨닫듯이
신자들은 십자가의 길을 깨달아야 합니다.

중세 봉건시대에는 나라의 종교적 방침에 따라 기독교를 믿어야 하는 경우도 있었지만 현대에는 대부분의 이슬람 이외의 나라에서는 종교의 자유가 있기 때문에 강제로 기독교를 믿는 경우는 없다고 봅니다. 다만 내가 속한 나라가 생명을 걸고 믿음을 지켜야 하는 경우가 아니라면 하나님의 축복을 받으며 기독교적인 세계가 펼쳐질 수 있는 곳이면 기독교인들은 행복합니다. 이런 분위기 속에서는 하나님의 선한 일을 한다는 것은 오직 하나님을 믿고 신뢰하며 교회에서 형제 자매들과 교제하면 떡과 포도주를 함께하며 십자가의 길을 가는 것만으로도 그들의 선한 일이 되는 것입니다.

이러한 선한 일들은 듣기에 너무나 쉽고 단순하지만 실제로 하나님의 백성이 되기까지 누구나 어려운 과정들을 거쳐 거듭나고 새로운 생명을 얻는 과정을 거칩니다. 이렇게 거듭남을 깨달은 교회 공동체의 구성원들조차도 다양한 생업과 문화적 충돌로 인하여 교회에 다가가는 게 어렵습니다. 아예 관심을 갖지 않거나 교회에 대한 부정적 선입견으로 인하여 교회에 가지 않는 사람들도 있습니다. 그들에게 교회의 선한 일에 대한 동기를 주는 것 또한 쉽지 않습니다. 그러나 니고데모와 같이

사실 기독교와 적대적 관계에 있는 사람이지만
선한 일을 갈망하는
사람이거나 공동체에 이미 발을 들여 놓은
사람들에게 선한 일에 대한
동기부여는 자신의 배경 혹은 평생 동안 쌓아 온 지식과
경험이 큰 도움이 될 수도 있습니다.

교회 공동체는 이들이 함께하여 자신들의 능력을 발휘할 수 있을 때 활발하고 강건한 공동체로 발전할 수 있습니다.

유대교의 랍비인 니고데모는 율법에 흠이 없고 유대교의 전통과 율법 준수에 철저한 바리세인으로써 예수께서 첫 번째로 지적한 것이 전통과 율법 준수 때문에 오히려 유대인이 하나님의 계명을 폐하고 있다고 지적하셨으며(마15장) 두 번째로 유대인들의 영적인 세계에 대한 무지를 깨우치기 위해서 거듭남의 의미를 가르쳤습니다(요 3:3). 유대인들의 믿음은 애굽의 포로 시절부터 이스라엘에 함께하신 하나님은 유대인들을 인도해 주시고 구원하여 주신 놀라운 역사 속에서 모세의 계명을 철저히 지켜 그의 뜻에 따르고 우상을 멀리하며 정결한

마음으로 제사를 지내 죽음 후에 하나님 나라에 들어가 천사들과 함께 영원히 사는 것이었습니다. 이러한 믿음은 오직 택함받은 유대인들에게만 가능한 일이었습니다. 유대인들의 이 같은 고정된 관념은 바로 예수께서 '하나님의 아들'이라 말씀하신 것과 하나님을 '아버지'라 호칭하는 것으로 깨뜨려 버리셨지만 이는 유대인들의 수장인 대제사장 가야바는 이로 인하여 예수님을 죽일 각오를 하고 그를 이단으로 정죄하게 된 것입니다.

유대지역에 하스모니안 왕조(기원전 164~64년)의 Alexander Janneus(기원전 103-76년) 시절에 아리스토불루스 1세 사후 미망인 살롬 알렉산드라(Salome Alexandra)가 알렉산더 제니스(Alexander Janneus)와 결혼하여 왕위 계승하여 바리새파 사람들과 충돌하여 800여 명이 십자가에 처형되는 사건이 있었습니다. 이러한 대량 민족 학살에 대한 두려움 때문에 로마와 유대 지역 통치자들은 언제나 민중들 사이에서 일어나는 소요에 대해 민감한 반응을 보였습니다. 나사렛 예수로 인한 소요에 대해서 대제사장 가야바는 요한복음 11장 49, 50절에

"그중에 한 사람 그해 대제사장인 가야바가 저희에게
말하되 너희가 아무것도
알지 못하는 도다 한 사람이 백성을 위하여
죽어서 온 민족이 망하지 않게 되는 것이
너희에게 유익한 줄을 생각지 아니하는 도다 하였으니."

대제사장 가야바는 이미 예수님을 죽일 각오를 하고 그를 이단으로

정죄한 것입니다. 그리하여 선한 일에 주체가 되시는 예수께서는 온 갖 야유와 멸시 그리고 채찍을 맞으시면서 살인자들이나 중범죄자들에게 행하는 십자가형으로 돌아 가셨습니다.

선한 일를 추가하는 기독교인들에게는 예수께서 자신의 몸을 매달기 위해서 어깨에 지고 간 육중한 십자가의 의미하는 바가 많이 있습니다. 십자가는 일반적으로 죄인을 처절하고 고통스럽게 처형하는 죽음을 의미합니다. 그러나 기독교인들에게는 죽음 이상의 의미가 있습니다. 바로 그리스도께서 십자가에 죽으신 후 부활하셨기 때문에 사람을 죽이는 십자가는 또한 부활의 의미를 가집니다. 이 부활을 통해서 그리스도께서는 우리에게 새 생명을 주셨습니다. 즉 십자가는 생명인 것입니다. 천로역정의 크리스천처럼 세상의 온갖 유혹과 쉬운 방법과 성공을 벗어나 고민과 고난을 의미하기도 하고 이 세상에서 얻는 모든 짐을 의미하기도 합니다. 그러나 무엇보다도 십자가는 세상에서 특별한 의미를 갖는 경우도 있습니다. 최상진 목사는《백악관 뒷골목의 성자들》이라는 책에서 마약 중독자들과 약쟁이들 앞에서 십자가에 대해서

"이 십자가는 그리스도의 살과 피가 담겨진
사랑과 용서의 십자가입니다.
그렇기 때문에 이 십자가는 그 무엇과도 바꿀 수 없습니다.
우리에게 집이 있어 그 소유를 판다 할지라도
이 십자가를 살 수 없습니다.
이제 이 귀한 십자가를 돌아가면서 자신의

두 손에 쥐고 가슴에 올려놓읍시다.

그리고 그 의미를 마음에 새기신 후

옆 사람에게 전해 주시기바랍니다."라고

　십자가의 의미와 사용 방법을 가르치며 마약 중독과 가난 그리고 쓰레기장보다 더 열악한 삶의 현장에서 복음을 전파하고 가난을 극복하려는 노숙자들에게 식사를 제공하며 사역을 펼쳐 나갔습니다. 십자가는 우리의 일상 생활에서도 쉽게 발견할 수 있습니다. 십자가를 볼 때마다 보는 사람에게 다른 의미를 생각하게 합니다. 주님을 생각하며 가난과 사회적 멸시와 마약 중독으로부터 벗어나려는 할렘가의 흑인 노동자들의 노력이 선한 일을 사모하는 마음 인 것입니다.[82]

　교회에서 일반 교인이었다가 복음을 깨닫고 열심으로 봉사하다가 목회자가 되어 선한 일을 주도하는 지도자가 된 경우입니다. '고구마 전도왕'으로 널리 알려진 김기동 집사는 결혼을 할 때까지도 전혀 교회에 다녀 본 적도 없는 사람이었습니다. 그러나 교회 갈 때마다 온갖 화장을 하고 좋은 옷을 입고 열정적으로 다니고 있는 부인이 교회에서 무엇을 하는지 알아보려고 교회에 나갔다가 엉겁결에 십일조를 내면서 그의 신앙생활이 시작되었습니다. 또한 부인 따라 구역 모임에 나갔더니 모든 사람이 자기를 알고 있었습니다. 사실 부인이 모임 때마다 중보기도 제목으로 남편의 이름을 놓고 기도했던 것입니다. 이렇게 시작된 그의 신앙생활은 온 식구가 죽을 뻔한 대형 교통사고를 겪고 나서 백팔십도로 변한 신앙생활을 시작하게 됩니다. 로마서 5장 8절에서 하나님이 자기 외아들을 보내 주셔서 자기의 사랑을 확신하셨다는 말씀에 은혜를 받고 주위의 사람들에게 복음을 전해야겠다는 각오를 하고 시작한 그의 믿음에서 단순하고도 하나님께 생명 주심을 감사하는 마음으로 성경 읽기부터 시작합니다. 사업과 교회 생활을 병행함에 있어서 부딪치는 수많은 문제들을 하나하나 성경적으로 해석하며 풀어 나가던 그에게 전도에 대한 성경의 의미를 깨달았습니다.

마태복음 4장 19절에
"사람을 낚는 어부가 되게 하리라."와
사도행전 13장 48절에
"영생을 주시기로 작정된 자는 다 믿더라."의 말씀에서
"되게 하리라."와 "다 믿더라."는
전도의 주체가 내가 아니라
하나님이시라는 깨달음을 얻고 좀 더
자유 한 마음으로 전도를 펼쳐나간 것입니다. [83]

'고구마 전도법'으로 알려진 김기동 목사의 방법은 우선 전도자는 젓가락 검객이 되는 것입니다. 전도자는 익은 고구마를 찾아내는 것입니다. 우리의 삶 속에서 생고구마는 직장인은 직장에서, 학생은 학교에서, 노인은 노인정에서, 아줌마들은 헬스클럽이나 수영장, 시장에서 쉽게 찾을 수 있습니다. 이들 생고구마 중에서 젓가락으로 막 찔러 대면 그중에 익은 고구마, 준비된 예정자들이 있습니다. 젓가락으로 찔러 쑤욱 들어가는 고구마는 잘 익은 고구마입니다. 잘 안 익은 고구마는 몇 번 찔러서 구멍을 만들어 잘 익도록 만듭니다. 즉 반복적으로 관심을 갖고 접근하며 기도하는 것입니다. 생고구마에 대해서 첫

번째로 사용하는 젓가락은 "예수 믿으십니까?" 입니다. 먼저 가벼운 소재, 날씨, 옷차림, 외모 등등 같은 것으로 말문을 연 뒤 첫 번째 젓가락을 시도하여 분위기를 파악하고 생고구마 상태에서 온갖 사정에 맞춰서 이해해 주고 격려해 주며 "그래도 믿어야 합니다."와 "너~무 좋습니다."로 전도자의 마음을 전합니다. 두 번째 찌르기는 "기도하고 있습니다."로 정말 그 영혼을 사랑하고 기도하는 마음으로 남기는 말이지만 생고구마에게 있어서는 어떤 동기가 생겨 교회로 인도하는 밑거름이 되는 역사를 만들기도 합니다.[84] 김기동 집사는 고구마 전도법으로 한국에서 왕성하게 활동하던 중에 미국에서 초청을 받아 미국 남침례교에서 2011년에 목사 안수를 받았습니다. 그는 고구마 전도법으로 박사 학위까지 받았고 지금까지 '미 브레아'라는 지역의 '소중한 교회'에서 담임 목사로 사역하고 있습니다.

니고데모가 선한 일을 사모하는 계기가 되는 몇 가지 일이 있습니다.

첫째는 랍비가 그것도 모르냐?와 같은 질책을 받은
니고데모의 절망,
둘째는 많은 기적과 병 치유를 행한다는 소문을 듣고
확인해 보고 싶은 마음
셋째는 그가 정말 하나님의 아들일까? 하는 의심
그리고
네째는 영적인 것에 대한 무지함과
다섯째로 그로 인해 공의회에서 나사렛 예수를 이단으로 몰아 대중의 분노를 일으켜 소요와 혼란을 일으킬까? 하는 걱정이 니고데모로 하여금 그의 뒤를 계속해서 따르게 하고 있습니다. 나사렛 예수를 이단으로 정죄하는 분위기에서 니고데모가 자신의 모든 것을 걸고 나사렛 예수라는 젊은 청년을 옹호하기에는 쉽지 않았을 것입니다.

구약 성경에 정통하고 랍비이자 지도자인 니고데모에게 '메시아'는 그리 낯설지 않은 용어입니다. 그들이 기대하고 있는 메시아는 "하나님이 이스라엘을 애굽에서의 노예로부터 해방시켜 준 것처럼 강대국의 식민지에서 벗어나 자유로이 하나님을 경배하게 해 줄 메시아가 올 것입니다."는 희망을 가져다 주는 다윗왕 같은 위대한 영웅이어야 했습니다. 그러나 나사렛 예수의 모습은 그들의 생각과는 전혀 달랐기 때문에 바리세인들 중에는 그의 영향력이 점점 커지는 것에 대한 위기감이 커져갔습니다. 결국 공의회에서는 그에 대한 행동을 시작했습니다. 특히 안식일에 병자들을 치유하고 하나님을 아버지라 칭하는 그를 더 이상 방관하지 않았습니다. 결정적으로 절대적 창조주이시며 신성하고 거룩하신 하나님을 피조물인 인간이 아버지라 칭한다는 것은 마치 우주만물의 창조주를 인간으로 격하시키는 것으로 바리세인들의 분노를 극대화시켰습니다.

바리세인들에게 있어서 율법은 곧 하나님의 말씀입니다. 그래서 바리세인이 율법을 어긴다는 것은 곧 그들의 믿음을 포기하는 것입니다. 율법을 통하여 구원을 받는다는 그들의 믿음은 조상들을 통해서 보아 왔습니다. 토라는 이를 증명합니다. 경건함을 유지하는 방법으로 장로들의 전통으로 만들어진 율법을 지키는 일이고 생활습관이 되도록 어려서부터 철저한 훈련을 받는 것입니다. 율법대로 한다면 공의회는 그를 공의회에 출석시켜 그가 율법을 어긴 경우를 시인하고 증인들로 하여금 증거가 되어야 그를 심판할 수가 있습니다. 그러나 공의회의 험악한 분위기는 누구도 그를 변론하는 듯한 발언을 허락하지 않았고 오로지 나사렛 예수에 대한 비난과 분노만으로 가득 찬 분위기였습니다. 이러한 분위기는 종종 이슬람 지역의 과격분자들에 의해서 기독교인들을 해하기 위하여 일어나는 일입니다. 이런 곳에서 자신의 신앙을 지킨다는 것은 자신의 모든 것을 걸어야 합니다.

직분자들이 사회로부터 쌓아 온 모든 배경을 내려놓을 필요는 없을 것입니다. 오히려 그 배경을 바탕으로 해서 경험과 사회적 기반으로 더 많은 선한 일을 찾아낼 수 있습니다. 마치 복음서의 기자들, 마태, 마가, 누가 그리고 요한의 직업들이 각기 다르지만 한가지 사실에 대하여 각자의 재능과 특성을 살려 성경을 기술하였습니다. 이는 기술한 사람에 따라 성경의 강조하는 바가 조금씩 다르듯이 현대인들도

개인의 재능과 특성에 따라 수많은 교회
공동체를 위한 일들을
자신들의 재능과 특성대로 행해진다고 봅니다.

회사원, 공무원, 전기공, 배관공들이 무슨 교회를 위한 일을 할 수 있겠느냐고 하겠지만 사역자들 입장에서는 공동체를 위해서 아주 중요한 성도들입니다. 다만 그들의 마음에 선한 일을 사모하는 신앙을 잘 유지하고 교회를 통해서 재충전하며 성도의 길을 가는 것입니다.

니고데모는 세 번의 과정을 거쳐 변화된 모습을 보여 줍니다.

첫 번째가 요한복음 3장의 니고데모는 원래 니고데모의 모습을 보여 줍니다. 사회적으로 성공한 성직자요, 이성적 탐구 능력을 가진 유대인 학자이며 마음의 의구심을 풀기 위해 애쓰는 신앙인.

두 번째로 7장에서 나사렛 예수에 대한 새로운 깨달음과 격분한 무리들 중에 소신을 갖고 "아닌 것은 아니다."라고 외치는 용기 있는 행위자 니고데모로, 세 번째로 12장에서 진리를 알고 사회의 겉치레를 벗어 버리고 이미 진리의 길에 들어가 나사렛 예수에게 마지막 경의를 표하는 니고데모의 모습을 볼 수 있습니다.

니고데모가 자신의 모든 것을 버릴 수 있었던 것은 나사렛 예수가 누구인지를 깨달았기 때문입니다. 많은 기독교인들은 십자가의 길에 대해서 피상적으로 듣고 깨닫습니다. 실제적으로 그들의 일상 삶 속에는 파고 들지 못하는 것입니다. 세속적으로 사회적 성공을 위해서 온 몸과 마음을 쏟아부어 생활하기 때문입니다. 이들이 교회 공동체에서 활동은 돈은 벌지도 못하면서 주위의 분위기 때문에 잠시 시간 내어 참가하는 정도이고 귀찮은 부업 정도로 여기고 있는 실정입니다. 이들에게 선한 일에 대한 동기를 주기에는 쉽지 않습니다. 교회 공동체는 이들을 위한 활동의 분야를 넓혀 스스로 참여할 수 있는 동기를 줄 수 있도록 노력해야 합니다. 교회 공동체는 하나님을 믿는 사람들로 이루어 있지만 안 믿거나 못 믿는 교인들도 함께 있는 곳이기 때문에 이들 모두가 하나님을 믿는 백성이 될 수 있는 것입니다. 모든 교인이 니고데모처럼 변화의 과정을 거치지는 않습니다. 순서가 뒤바꾸어 나사렛 예수에 대한 감동과 깨달음으로 선한 일에 동기를 가질 수도 있습니다. 무엇보다 중요한 것은 먼저 예수 그리스도에 대한 애기를 듣고 그 마음을 각기 마음에 담아 항상 간직하고 있어야 한다는 것입니다. 그러면 교회 공동체에서 무슨 일을 하든지 그 중심을 잃지 않는 것입니다.

교인들은 교회 생활을 통하여 많은 형태의 기독교인들을 접하게 됩니다. 교회 공동체를 통하여 많은 교육 프로 그램과 훈련 그리고 봉사와 행사의 진행을 맡으면서 느끼고 부딪치며 신앙 생활을 경험하게 됩니다. 이들 중에는 복음을 몰랐던 시절을 지나 복음을 알고 고백하여 중생의 삶을 살아가며 성화의 길을 따라 예수님과 함께 평생을 살아 가는 교인들도 만나게 될 뿐더러 그렇지 않은 교인들도 만나게 됩니다. 그들의 신앙도 조금씩 변하게 됩니다. 교인들이 나사렛 예수를 인격적으로 만나고 성경의 모든 하나님 말씀이 귀하게 여겨지고 성경적 새로운 삶의 모습을 가지려고 노력하는 중에 그들에게 선한 일에 대한 동기가 생기는 것입니다. 교인들에게 새로운 삶이란

구체적으로 그들의 외적인 변화를 의미하는 것이 아니라
그들의 교육, 직업, 가족, 친구, 등 이웃들을 대하는
마음의 상태가 변화는 것입니다.
이 세상을 보는 눈이 달라지는 것입니다.

마음이 변하고 예수를 증거하고 하나님을 찬양하는 삶이 더해지는 것입니다. 또한 같은 하나님의 백성으로서 귀한 가치를 더하고 소중하게 여기며 이웃을 사랑의 대상으로 여기는 마음으로 변화하는 것입

니다. 이러한 변화가 선한 일을 사모하는 교회 공동체의 모든 교인들
이 갖추어야 할 선한 일에 대한 소망입니다.

첫 번째: 대중선교의 전초기지: 기독교 센터

두 번째: 교회 공동체의 특별활동과 기독교 센터 부설기관들

세 번째: 기독교 센터의 중심은 강건한 교회 공동체

네 번째: 기독교 센터의 의무

다섯 번째:
기독교 센터의 일꾼:
청년들에게 선한 동기를

여섯 번째: 기독교 센터의 일꾼들의 이야기

다섯 번째:
기독교 센터의 일꾼: 청년들에게 선한 동기를

5-1. 청년들에게 선한 동기를

청년들이라 하면 고등학교를 졸업한 후부터 결혼 전까지의 세대로 분류한다면 이들에게는 직업과 결혼이라는 인생의 최고의 목표를 접하기 시작하는 단계로 정신적 혼란과 갈등 속에서 미래에 대한 불안감으로 살아가는 세대입니다. 청년들은 공동체의 집단 정체성에 자신을 던져 개별성을 발전시킬 수 있는 지점까지 갈 수 있습니다. 개인이 정체성을 규정하는 사회적 관습이 공동체 속에서 발견되었을 때 이데올로기를 뛰어 넘어 새로운 삶의 철학 혹은 기독교적 세계관이 그들의 삶을 주관하고 개인을 넘어 가족, 교회, 사회와 국가라는 큰 범위로 나갈 수 있는 것입니다. 기독교 센터에는 청년들이 할 일이 많이 있습니다. 청년들 중에는 고등학교를 졸업하고 일자리를 찾아 동분서주하는 젊은이들도 있고 그들 중에는 막 창업을 시작한 젊은이도 있고, 대학생, 신학생, 일반 직장인이거나 잠시 쉬는 동안에 자영업에 대해서 관심이 많아 시도를 해 보는 사람들도 있고 전업주부로 있다가 자녀들이 다 성장하여 시간에 여유가 있는 주부들과 새로운 것을 배우고 싶어 하는 주부들도 있습니다.

기독교에서는 이웃과의 신뢰를 공동체의 예배와 교육의 형태로 표현하고, 선악이란 무엇인지를 구체적으로 정의할 수 있게끔 해 주며, 이로부터 인간을 보호할 것을 약속합니다. 종교적 환경은 청년들이 창조자의 존재 앞에서 아이처럼 복종하여 영적 평온을 얻게끔 해 줍니다.

젊은이들의 신에 대한 헌신과 충성심은
역사적으로 집단 정체성을
잃었거나, 잃어 가고 있는 젊은이들에게
나타나지 않으며 현재의 불안한 환경은 미래에 대한
불확실성을 심어 주어 교회를 피하게 됩니다.

이런 젊은이들은 사회에 나가서는 한동안 자신의 자라 온 환경을 잊어버리게 됩니다. 현대 사회는 자신들이 살아온 자아 정체성을 항상 사회적 변화에 적응하도록 기회를 줍니다. 교회와 학교 교육은 청소년들과 청년들에게 자율성에 기인한 정체성을 갖고 자신들이 주도적으로 건설적인 일을 할 수 있도록 도와줍니다. 많은 젊은이들은 성장 과정에서 독립적인 성격, 개인의 선택권, 자기실현의 자유는 좋은 것이라고 교육받았으나, 정작 사회에서 이를 실현할 기회는 줄어들고 있고 젊은이들에게 올바른 방향을 제시하지 못하며 방황하는 청년들을 양산하게 되는 것입니다.

세상과 교회를 바라보는 파수꾼은 기성세대들보다는 젊은이들에게 더 많은 역할을 기대할 수 있습니다. 기성세대들은 가정과 교회에서 주어지는 책임 요소가 너무 많지만 젊은이들은 자신들에게만 집중할 수 있습니다. 자신들의 성장과 성취 그리고 가정과 교회에서의 화합이 중요하기 때문입니다. 세상과 교회가 젊은이들이 비전을 갖기에는 이 시대의 정신과 풍조, 그리고 매스 미디어를 통해 나타나는 현란한 유혹이 일상화되어 감에 따라 전쟁터가 따로 구별되어 있지 않고 그들의 한계를 넘어 화합을 어렵게 만들어져 가고 있습니다.

젊은이들이 문화 변동에 예민하여 세상과
교회의 변동에도 연결점이 될 수 있습니다.

올바른 기독교 세계관을 가진 젊은이들은 종교적 형태를 띤 문화적 대적들, 자기 기만과 타락, 과소비뿐만 아니라 종교적 형태를 띤 이단과 사이비 종교 그리고 교회 내에서 일어나는 무속적인 형태나 비복음적인 요소들을 구별할 수 있습니다.[85]

청년들에게 있어서 그리스도인이 된다는 것은 그리스도인의 삶, 즉 그리스도인의 윤리를 명확히 아는 데 있습니다. 기독교의 역사 속에서 그리스도인이 된다는 것은 오랜 전통과 교리 안에서 습관화되어 있습니다. 이를테면 누구에게나 친절하거나 인류애가 한 형제라든가 하는 행동 양식과 도덕적 명령으로 그리스도인의 삶이라고 얘기할 수 있지만 청년들에게는 숫한 의문점만 남깁니다. 그리스도인의 생활 양식에는 국가별, 인종별, 직업별, 등 너무나 다양하고 복잡한 면이 있어 어느 한 가지를 옳다고 얘기할 수 없기 때문입니다. 이 복잡한 그리스도인의 삶 속에 '하나님의 사랑'이라는 명제가 들어간다면 그리스도인의 삶, 즉 그리스도인의 윤리는 구별될 수 있습니다. 하나님의 사랑은 성서 속에서 창조의 과정을 통해서 이 세상의 주관자가 되시고 하나님의 독생자, 예수 그리스도들 통해서 우리와 함께 계시고 그 독생자를 십자가의 죽음 속에서 하나님의 사랑을 나타내셨고 예수 그리스도의 죽음에서 부활하심으로 인간들을 죄에서 해방시켜 주신 그 하나님의 사랑을 깨닫는 것이 바로 그리스도인의 삶이며 그리스도인의 윤리가 되는 것입니다.

짧은 청년들의 삶과 그들의 신앙생활에서
먼저 그리스도인이 되는 것이 앞으로 다가올
수많은 고난의 극복의 지름길이 될 것입니다.[86]

청년들에게 선한 동기를 주기 위해서는 교회 공동체와 기독교 센터에서 그들이 할 일이 있어야 합니다. 비롯 생업과는 관련이 없지만 사소한 일에 열심인 청년들이 그들의 목표를 빨리 성취합니다. 교회에서 20대와 30대의 결혼하지 않은 청년들, 대학생이거나 직장인 혹은 사업을 하는 청년일지라도 이들은 교회에서 행해지는 대부분의 행사들의 주체가 되는 경우는 자연스러운 것입니다. 또한 주일학교 교사와 찬양단과 성가대의 주 멤버가 되어 목회자의 예배를 돕는 중요한 협력자들이기도 합니다. 교회에서 기성세대들이 보기에도 청년들의 활발한 활동은 교회가 살아 있는 모습으로 보이고 공동체로서의 자리 매김과 교회의 미래로 보기도 합니다. 청년들이 교회 밖의 세상적인 모임보다는 교회 내에서 모임과 만남을 가진다면 그들의 부모들도 안심하는 경우는 교회의 역할이라고 할 수 있습니다. 또한 청년들의 교회에 대한 인식은 성경적 모델을 먼저 배우게 되는 경우가 일반적입니다. 성경적 모델을 찾는 데는 교회와 사회의 접촉점이 되기 때문에 그들이 사회에 나가 접하는 세상적 문제들에 대해서 갈등과 자신들의 방향을 정하기 위해서 교회의 봉사는 인격 형성의 과정인 것입니다.

이들은 교회의 운영에 참가하기보다는
주로 교육과 행사 활동의
주체가 되는 기회가 많으므로 모든 활동의
성경적인 의미를 배우면서
교회에 적용하여 의미와 가치를 깨달아 나갑니다.

교회에서 이들에게 활동 분야를 맡기면서 항상 교육을 겸비하여 준비시켜 줍니다. 신앙적인 것들 복음, 믿음, 기도, 전도와 선교 등 기본적인 개념과 스스로의 고백과 성숙, 자라남을 통해서 신앙적 성숙을 돕는 여러 교육 프로그램을 운영하여 교회에서의 인격형성을 이루어 장래에 교회의 일꾼이 되면서 개인의 신앙적 성취를 이루도록 돕는 것입니다.

기독교 센터에서는 청년들이 하는 일에 따라 보수를 받고 일을 할 수도 있습니다. 기독교 센터의 건물이 있을 경우에는 관리, 청소, 수리 및 점검, 여러 행사의 도우미 같은 각종 용역에 참여할 수 있는 길이 있고 센터 안에서 운영되는 사업장에서 임시직이나 정기 직업을 얻을 수 있는 기회가 있을 것입니다. 보일러, 배관, 타일 작업, 전기, 전자 수리와 모발폰 대리점이나 수리 및 판매와 같은 직영점을 운영할 수 있는 기회 또한 가질 수 있습니다. 보통 교회 밖에서만 찾을 수 있던 일들이 교회와 연관된 곳에서도 할 수 있는 것입니다. 무엇보다도 청년들만이 할 수 있는 일은 행사의 진행입니다. 음악 축제와 같은 공연을 담당할 수 있는 청년들은 교회 공동체에서 교육과 훈련을 받고 예배를 위해 강단에서 활동하던 청년들은 언제든지 그룹 밴드를 만들 수 있습니다. 이들은 기독교 신앙으로 무장된 용사들이기에 이들의 활발한 활동은 기독교 센터의 문화가 교회 밖의 젊은이들과 함께 한다는 것을 보여 주는 것입니다.

청년기에 자아가 성립되어 인격적으로 성숙이 되고 신앙이 자라 감에 따라

성경을 배워 가면서 본래의 교회의 모습을
알게 되고 잘못된 길을
갈 때에 교회의 파수꾼 역할을 할 수 있는
사람들이 청년들입니다.

반대로 성경에 대해 이단들이 해석한 것을 세뇌받아 맹종하는 청년들과 지식없이 길들여진 청년들은 교세 확장의 일꾼으로 이용 당하기도 합니다. 교회 공동체에서 자라고 올바른 신앙의 선배들과 어울리며 자란 청년들도 여러가지 현실적 갈등을 안고 불확실한 미래를 격정하며 앞으로 나아 갑니다. 신앙적으로 성숙한 청년들은 미래를 기독교적으로 극복해 가는 모습을 보여 주고 교회의 현재를 현실적으로 바라보게 되는 청년시절을 보내게 되는 것입니다. 청년다운 신앙적

사고방식은 성장하여 갈수록 그들을 갈등과 조화, 그리고 역할에 대해서 고민하며 성숙해집니다. 사회적으로 안정된 기성세대에 비해서 자신들의 미래에 대한 불확실과 너무나 많은 그러나 스스로 감당하여 나가야 될 과제들, 결혼, 직장, 가족 그리고 사회적 성취들에 대한 것들을 모두 신앙적으로 풀어나가기에는 벅찬 것입니다. 이들을 위해서 교회 공동체는 그들 스스로 일어나는 모습을 지켜보며 격려하며 기다려 주는 것입니다.

더불어 청년 집사들이 교회로 돌아와서 교회 운영에 참가하다 보면 교회의 운영 과정이나 방법에 있어서 본래 성경적 교회 모습들이 현재 개교회 형평에 맞게 변형되어 적용된 것을 접하게 됩니다. 특히 청년부 시기에 보지 못했던 재정 운영이 기성세대 즉 주로 직분자들에 의해서 결정된다는 것에 갈등을 갖기 시작합니다. 여태까지 무심코 지나 오거나 기성세대의 일이라 여겼던 제직회와 공동의회 같은 모임의 중요성을 알기 시작한 것입니다. 현실에 있어서 직업과 결혼이라는 시급한 갈등과 혼란을 겪고 있는 젊은 교인들에게 교회 공동체의 갈등에 참여시키기에는 어렵지만 최소한 이들의 질문에는 교회 공동체의 기성세대들이 답해 줘야 합니다. 우리 교회는 복음적인 교회입니까? 우리 교회는 주님이 주신 사명을 잘 감당하고 있습니까? 우리 교회는 목회자와 청년 전도사들에게 적당한 급여를 지급하고 있습니까? 왜 우리 교회는 새로운 건물을 지워야 합니까? 우리 교회의 재정은 어떻게 쓰여지고 있습니까? 재정 중에서 선교와 구제에 쓰이는 금액은 총 몇 %입니까? 교회 공동체의 가난한 사람과 궁핍한 가정, 돌볼 사람 없는 노약자들과 방황하는 청소년들에 대한 교회의 가르침과 선도해야 되는 방향은 무엇입니까?

공동체에서 청년들의 위치는 교육을 받는 위치에 있습니다. 이들을 위한 훌륭한 교육 프로그램을 많이 만들어 실제적으로 그들의 필요를 채워 줄 수 있을 때에 교회는 청년들이 함께 하는 공동체가 될 수 있는 것입니다.

청년부 교육 프로그램은 성경에 대한 것과
교회 밖의 사회적인 것이
혼합되어 적절한 재미와 신앙을 갖도록 꾸며집니다.

보통 부교역자나 목회자들이 성경 공부를 통하여 성경과 그리스도 인들의 친목을 배우고 이들의 기독교적 사상을 교육시키고 앞으로 사회에서 직장에서 어떻게 신앙을 지키며 살아갈 것인가를 배우고 느끼게 합니다. 특히 수련회와 야유회 그리고 체육대회 등 각종 행사를 통해서 리더십과 교회 공동체의 특성 안에서 인격 형성과 개인적 신앙고백의 틀을 이루게 됩니다. 청년 시절에 기독교에 대해서 갈등과 고민을 많이 할수록 중년과 노년 시절을 거쳐 바른 기독교인이 될 수 있는 기회가 많다고 여겨집니다. 이들이 교회가 혹은 목회자가 잘못된 길을 가고 있을 때 그 상황을 구별할 수 있는 능력이 생긴다고 봅니다. 교회 안에서 실시되는 각종 교육은 참여만 할 수 있어도 젊은이들의 고민과 갈등을 풀어 가며 배울 수 있습니다.

대학에 가면 동아리 모임이 있습니다. 여러 종교 모임들, 산악회, 합창단, 사진회, 태권도, 유도, 고교 동창회 등 스포츠 활동과 취미 활동 혹은 자신들의 전공의 실전에 적응해 보기 위해서 자신들이 직접 참여하여 모임들이 활성되고 학교는 이들에게 지원을 해 줍니다. 교회 공동체 안에서 교회 외적인 모임을 갖는 것에 대해 아직은 시선이 곱지는 않습니다. 그러나 기독교 센터에서는 이들을 지원할 수 있습니다. 또한 전문가를 고용하여 일자리를 창출할 수 있으며 조직적으로 함께 어울리는 대회를 추진할 수도 있습니다. 같은 멤버들끼리만 갖던 모임을 대학별로, 지역별로 혼은 전국적으로 조직하여 서로 왕래하며 모임도 갖고 경쟁도 하여 서로 발전하는 동아리 모임을 할 수 있는 곳이 기독교 센터입니다. 젊은이들은 자신의 충성심과 에너지를 교회와 사회의 진보와 활기를 보존하는 데 쏟기 위해서는 그들이 설 수 있는 분위기로 만들어져야 합니다. 교회 공동체는 이들을 향해 정신적 유대감을 깊이 있게 유지하는 것이 중요할 것입니다.

5-2. 개척교회를 스타트업 개념으로

세상에서 말하는 스타트업은 보통 새로운 비즈니스나 프로젝트를 시작하는 작은 회사나 조직을 말합니다. 이러한 회사들은 주로 혁신적이고 창의적인 아이디어를 기반으로 새로운 제품, 서비스, 기술 등을 개발하며 성장하려는 목표를 가지고 있습니다. 스타트업은 초기에는 작은 규모로 제한된 소자본으로 시작하지만 오직 창의적이고 혁신적인 아이디어로 기존의 틀을 깨며 성공해 나가는 과정에서 성공하면 크게 성장하거나 더 큰 기업으로 확장할 수 있는 가능성을 가지고 있습니다. 이 가능성 때문에 청년 시절의 온 삶을 바치기도 하고 때론 실패와 성공을 오가며 경험을 쌓고 경력을 만들어 갑니다.

개척교회는 목표가 하나님 나라의 확산과 복음의 전파를 가진 스타트업입니다. 미래에 대한 열정과 확신이 이들을 개척교회를 시작하게 만듭니다. 전통적인 개척교회의 시작은 적은 규모의 인원과 협소한 예배처로 시작되어 전통적인 예배 형식을 따라 교회를 성장시켜 나갑니다. 지금의 초대형 교회들도 초기에는 이러한 모습으로 시작되었고 현재 수많은 신학교 졸업생들이 목사 안수를 받기 위한 조건을 충족하기 위해 개척교회를 어렵게 시작하고 있습니다. 그러나 세상은 더욱 더 편리해지고 첨단 기기들로 생활 주변이 채워지고 활동 영역이 통신과 교통의 발달로 넓어지므로 사람들은 종교의 필요성을 느끼지 못합니다. 그러므로 작은 개척교회는 더욱 기피하는 장소가 되어 사역자들을 힘들게 합니다.

개척교회를 스타트업으로 시작하기 위해서는 전도 대상을 세밀하고 구체적이고 전문적으로 분류하는 것이 필요합니다. 보통 교회가 교인들을 통틀어서 모두 일반 신도라고 구별합니다. 그러나 일반 신도들 중에는 너무나 다양한 가정 형편과 직업, 취미 생활 그리고 나이 차이에 따른 구별이 존재합니다. 예를 들어 직업에 있어서 정치인 같은 특별한 직업을 가진 교인들도 있습니다. 평소에는 교회에서 신분을 소개하면 교인들이 이들을 무슨 정치적 목적을 가지고 출석하는 것으로 인식이 되어 있습니다. 그래서 아예 교회 출석을 못 하는 경우가 대부분이지만 그러나 그 정치하는 교인이 정치하는 사람들 모임에 가서는 자유롭게 자신의 활동을 할 수 있고 같은 성향의 동지들도 만들 수 있고 정치적 선후배의 관계도 만들어 갈 수 있습니다. 즉 소그룹을 특성화 할 필요가 있다는 것입니다.

정치를 하는 교인들은 정치인들과 교제할 수 있기 때문입니다. 사업을 하는 교인들 중에 비슷한 업종의 IT 업계라면 이들끼리는 자신들의 분야에 대해서 터놓고 정보 교환을 할 수 있습니다. 편의점을 운영하는 사장님들은 본점과의 문제들에 대해서 서로의 애환을 교환하고 대책을 만들어 가는 지혜와 정보를 얻을 수 있는 것 또한 가능할 것입니다. 이 소그룹 활동이 개척교회를 세워 가는 스타트업인 것입니다. 서울 서대문구에 '엔터교회'가 있습니다. 박영열 담임목사는 '좋아 좋아' '인형의 꿈' 등을 부른 남성 듀오 '일기예보' 멤버 나들로 유명한 가수였습니다. 온갖 병으로 고생했던 박 목사는 2009년 목사 안수를 받고 2년 전 엔터교회를 개척했습니다. 엔터교회는 음악 하는 후배들을 집으로 초대해 모임을 3년간 가지면서 한두 명씩 교회를 가고 싶다고 해서 7명으로 시작된 엔터교회는 지금은 5개 목장이 연합해서 예배를 드리고 있습니다. 어려운 상황에서도 한 사람의 헌신이 개척교회를 안착시킨 것입니다.

스타트업하는 개척교회는 분야별로 오랫동안 종사해 온 자신들의 직업적인 전문 분야에서 사람들을 모아 같은 분야에서 교회를 조직하여 나가는 것입니다. 마치 스타트업에서 제품이나 서비스를 개발하여 나가듯이 개척교회는 분야별로 구별하여 교회 공동체의 새로운 파트너를 세우고 교인들을 확보하는 경향으로 가야 될 것입니다. 여기에 본교회의 재정적인 지원과 본교회와의 연관성을 주어 소속감을 갖게 한다면 큰 도움이 될 것입니다. 또한 개척교회의 안착을 위한 사역자들에 대한 안정된 생활 보장은 본인들의 직업에 의해서 보장이 될 것입니다. 하지만 이들을 이끌 리더로서 신학교를 졸업한 경우에는 경제적인 지원을 본교회에서 지원하여 안정된 생활을 보장해 주어야 성공적인 개척교회를 세울 수 있습니다. 리더로써 사역자는 반드시 함께하여야 조직이 형성되고 앞으로 나아갈 수 있습니다.

전통적인 개척교회의 신학생 출신의 전도사들은 어렵고 절박한 형편에서 시작을 합니다. 어렵게 마련한 예배당의 준비는 열악한 곳이겠고 본인의 모든 수입은 헌신과 열정으로 파묻어 버리고 교인 한 사람 한 사람 전도하여 예배당을 채워 가는 기쁨에 오직 미래에 대한 준비만 하는 것에 모든 젊음을 바치도록 되어 있습니다. 가족이 있는 경우는 사모님과 아이들은 함께 사역하지 못하고 떨어져 아빠의 사역을 돕는 경우도 종종 있습니다. 이러한 형태가 60년대부터 90년대까지는 유일한 방법이었고 90년대 이후로는 정착된 교회의 사역자로 들어가 몇 년 동안 사역을 한 후에 목사 안수를 받는 경향으로 변화되기 시작하였습니다. 이것이 지금의 한국 기독교를 만들어 오기도 했습니다.

성공적인 개척교회의 스타트업은 본교회와 연결이 되어 사역에 대한 많은 것을 지원받아 성장하는 방법을 모색하기 위하여 그 장점을 살려 유연하게 조직을 운영하며 빠르게 변화할 수 있는 능력을 발휘하도록 도와주어야 합니다. 예를 들어, 여의도에서 개척교회를 한다고 했을 때 가능할까요? 등록교인이 10만이 넘는 초대형 교회인 순복음 교회가 있습니다. 단지 순복음 교회의 교인을 뺏어서 개척교회를 안착시키는 방법은 바람직하지 않습니다. 하지만 순복음 교회 교인들 중에서 편의점 하시는 사업주 다섯 명이 사역자를 중심으로 함께 그룹을 리드하면서 외부로 전도를 통해서 그룹 멤버가 20명이 되었다면 교인이 증가한 것입니다. 이런 그룹이 5~6개 되면 교회의 교인 수는 100명 이상으로 증대되어 결과적으로 순복음 교회의 교인이 증가하는 것이지만 수고한 사역자를 독립시켜 준다면 성공한 개척교회가 될 수 있습니다. 스타트업은 자금이 부족한 경우에는 외부의 투자를 받습니다. 개척교회 또한 지원을 받으며 성장하는 구조가 될 것입니다. 새로운 분야와 아이디어 그리고 사역자의 열정이 있다면 반드시 성공적으로 개척될 것입니다. 그렇지만 본교회의 간섭은 배제할 것입니다. 요즈음 가장 핫한 문화상품으로 떠오르는 K 컬처는 정부 주도보다는 활발한 민간협력으로 활짝 피었듯이 스타트업 개척교회 역시 오로지 사역자의 열정과 헌신과 더불어 성장되어야 할 것입니다.

앞으로의 세대들은 교회에서 사역하는 신학교를 나온 젊은 사역자들에게 있어서 경제적 궁핍을 온갖 열정으로 감내하던 시대는 사라질 것입니다. 얼마전 뉴스에서 7년동안 담임목사의 수족이 되었던 젊은 사역자는 사회법원에 연장 야간 휴일 근로 수당과 퇴직금을 달라는 임금 청구 소송을 냈습니다. 담임목사는 근로기준법과 퇴직급여법을 위반한 것입니다. 대법원은 젊은 사역자에 대해

'전도사도 근로자에 해당한다.'는

취지 아래 벌금과 손해배상액을 지급하라고 판시했습니다. 또한 집단적 공개적 종교의식에 있어서 매일 일정한 시각에 정해진 방식으로 행위는 근로기준법상 정신노동과 육체노동 모두에 해당되며 근로자로서 부당해고 또한 위법이라 하였습니다. 종교인의 근로자성에 대한 판결이 계속 사회를 뜨겁게 하는 이유는 무엇일까요? 최근의 근로자성 사례들을 보면 전속적이고 지속적으로 근무하는지의 여부와 여기에 현장에서 지휘·감독을 받고 일을 했는지가 근로자성 인정 징표로 강하게 드러나고 있기 때문에 그동안 교회에서 당연하다고 여겼던 종교적 헌신과 봉사가 사역자들에게는 정상적인 근로자로서 일을 하고 있는 개념으로 된 것입니다.

한국의 기독교 지도자들은 앞으로 신학대를 갓 졸업한 젊은 사역자들을 담임목사의 수족으로 생각해서는 안 될 것입니다. 그들은 한국의 기독교 세계를 만들어 갈 첨병으로서 혁신과 아이디어의 보고입니다. 담임목사에 의해 임명된 사역자가 담임목사와 갑과 을의 위치에

있는 것이 아니라 젊은 사역자들의 노고와 헌신으로 오히려 담임목사가 목회를 할 수 있는 것입니다. 그러므로 젊은 사역자들에 대한 지금까지의 대우는 개선되어야 하고 교회의 미래를 위해서 이들에게 경제적 안정을 만들어 주는 것이 현재 교회의 역할이기도 합니다. 교인들은 생업이 우선이기 때문에 교회에 부분적 기여는 할 수 있어도 전체를 이끌지 못합니다. 그러나 풀타임으로 올인하고 있는 젊은 사역자들은 각오가 있고 성취하는 것이 그들의 생업이기 때문에 모든 미래에 주관자가 될 수 있고 이들에게 생활 수준에 맞는 사례가 있는 것이 곧 교회의 미래가 될 것입니다.

첫 번째: 대중선교의 전초기지: 기독교 센터

두 번째: 교회 공동체의 특별활동과 기독교 센터 부설기관들

세 번째: 기독교 센터의 중심은 강건한 교회 공동체

네 번째: 기독교 센터의 의무

다섯 번째: 기독교 센터의 일꾼: 청년들에게 선한 동기를

여섯 번째: 기독교 센터의 일꾼들의 이야기

여섯 번째:
기독교 센터의 일꾼들의 이야기

6-1. 한남동 기독교 센터

한남동 기독교 센터는 한 대형교회가 선교사 교육 양성과 신학대 건물로 사용하고 있던 건물을 용도 변경한 건물입니다. 대지 300평에 3층 건물로 위치가 대로변에 있어 많은 사람들이 오가는 아주 좋은 상권에 속하기도 하여 건물의 시세 가격이 처음 구입할 때(20년 전)보다 수십 배 올라 있어 사실상 교회에서 현금 필요시 언제든지 팔릴 가능성이 제일 높은 빌딩입니다. 어쨌든 학생들을 가르쳤던 장소이기에 좀 더 현대적인 용도를 생각해서 다양한 기능을 가지고 보다 많은 사람들이 와서 시설을 이용할 수 있는 건물로 리모델링하여 기독교 센터로 운영 중입니다. 메인 출입구에는 'XXX교회 기독교 센터'라는 현판이 붙어 있어 지나가는 사람들이 보기에는 이곳이 교회와 관련된 곳이라는 것을 쉽게 알 수 있습니다. 현재는 1층에는 카페와 편의점 그리고 제과점과 50평 규모의 퓨전 식당이 자리 잡고 있고 커다란 라운지에 소파가 놓여 있지만 언제든지 100명 정도의 객석으로 변환시킬 수 있는 의자와 무대장치가 한쪽 구석에 정리되어 있습니다. 이곳은 특히 주말에 젊은 실험 연주가들, 연극인들, 소그룹 밴드나 댄서들에게 인기가 많은 장소로 벌써 한 달 동안의 행사 일정의 예약이 꽉 찬

상태다. 사실 교회 현판이 붙어 있긴 하지만 주말에는 서서 관람하는 빈 공간도 부족할 정도로 꽉 찬 인파의 대부분은 기독교인인지 비기독교인지 구분이 안 됩니다. 이들로 인한 건물 안의 상인들에게 미치는 영향은 커서 센터의 운영진은 좀 더 효율적인 사업 운영을 모색하고 있습니다.

1층이 공연장과 몇 개의 가게로 구성되어 사람들이 길거리에서 쉽게 접근할 수 있는 가게로 구성되어 있지만 2층에는 목적 있는 사람들에게 필요한 업체 몇 곳을 섭외하여 입주가 진행되고 있습니다.

3층의 세 곳은 네일 아트숍과 전화기 수리점 그리고 액세서리 숍이 내부 공사가 끝나 영업 중에 있으며 아직도 5개의 작은 사무실용 공간이 남아 있어 용도를 찾고 있는 중입니다. 한때는 이곳이 학생들의 강의실이었기 때문에 긴 복도를 통한 숍들 간의 간격이 좁아 되도록이면 영업 종목이 다른 업체를 찾고 있습니다. 리모델링을 시작할 때 중앙을 통해 양쪽 사방을 다 보이도록 설계가 되어 있어 가능하면 젊은 층이 이용할 수 있는 사업체가 들어올 수 있도록 찾고 있습니다. 웹툰만화를 그리는 전문가가 두개의 사무실을 하나로 합쳐서 사용할 수 있는지 문의를 받아 논의를 하고 있는 중입니다.

센터장을 맡고 있는 정목사는 본 교회의 부목사로 실제로 센터장을 맡아 센터의 모든 운영 계획과 건물 관리와 행사를 주관합니다. 신학대를 갓 졸업한 김 전도사와 회계를 맡고 있는 도 집사, 사실상 이 세 사람이 건물 전체의 운영을 담당하고 있는 셈입니다. 일년 동안의 행사 계획과 재정 그리고 진행 방침은 본 교회 담임 목사를 중심으로 하는 기독교 센터 운영팀에서 결정합니다. 매년 재정 결산과 예산안 심의를 제직회를 통하여야 하고 이 제직회에서 필요한 인원 보충을 의논하여 결정하기도 합니다. 언제나 가장 큰 논의 이슈는 상업적인 운영 방식으로 돼 있는 기독교 센터의 이미지를 어떻게 기독교적으로 운영되고 있다는 것을 비기독교인들에게 알리는 것입니다. 1층(지상층) 공연장에서 공연되고 있는 70%는 기독교적이라 할 수 있습니다. 기독교를 비판하는 저속한 공연이나 강연 혹은 이단 종교의 행사만 아니면 사용할 수 있도록 오픈되어 있어 공연 내용을 통제하기는 어려운 실정인 것입니다.

3층에는 사무실과 본 교회 청년들의 모임 장소로 두 곳의 사무실과 도서관이 항시 열려 있고 오른쪽 맨 끝으로 30명 정도의 교인들이 예배할 수 있는 공간이 마련되어 있습니다. 주일에 교회에 갈 수 없는 상인들을 위하여 마련된 예배당이지만 주일에는 본 교회와 같은 분위기와 예배 순서로 부목사의 사회로 예배를 볼 수 있습니다. 또한 청소년들이 조용한 분위기에서 공부할 수 있는 공간도 마련되어 30~40명정도의 학생들이 들어갈 수 있는 공간이 있고 강의실이나 세미나를 개최할 수 있습니다.

6-2. 한마음 기독교 센터

한마음 기독교 센터는 주로 도시에서 활동하고 있지만 무형의 기독교 센터로 모임 장소가 정해져 있지 않고 여러 동호회 모임을 구별하고 특성화하는 데 목적을 둡니다. 각 동호회 사무실로 이용되기도 하지만 자신들의 아파트 주위에 있는 노인정을 교회 근처로 옮긴 경우도 있습니다. 노인정은 하루를 지내기에 편리한 시설들을 갖추고 노인들이 스스로 와서 다른 사람들과 어울리며 사회적으로 고립되지 않고 건강하게 노년을 보낼 수 있는 곳입니다. 또한 정기적으로 모이는 스포츠 모임과 여행을 함께하는 부담 없는 사람들끼리의 모임 그리고 같은 취미 활동으로 실력을 업그레이드 시키는 모임과 교인들 사이에 가장 관심이 많이 가는 건강에 대한 그룹 모임 같은 것은 교회의 공식적인 구역 모임의 성격을 벗어나지만 교회적으로 누군가가 주관이 되어 준다면 교인들뿐만 아니라 교회에 다녀 본 적이 없는 사람들도 참가할 수 있는 동기부여가 될 수 있습니다.

노인정이나 여러 동호회 모임을 주관할 때는 단순히 모임을 위한 것이 되지 않도록 하기 위하여 간단한 예배 형식으로 시작하도록 되어 있습니다. 그렇지않으면 기독교 단체의 이미지가 퇴색하여 결국에는 세속적으로 변하여 가기 때문입니다. 자전거 동호회에서 최종 목적지를 시골의 한적한 교회를 선정하여 많은 사람들이 함께 친목과 교제를 나누고 필요한 일들을 도와주고 격려하며 기부를 하는 행사는 작은 교회에 많은 도움이 될 것입니다. 낚시를 비롯하여 탁구, 수영, 배드민턴, 테니스, 골프, 축구, 농구 등 스포츠 동호회는 일반적으로 교회와 상관없이 사람들이 건강과 스트레스 해소를 위해 즐기는 종목으로 이것들을 종합하여 조직하고 교회가 이들 모임 활동을 기독교적인 모임으로 발전시키는 일이 기독교 센터의 운영팀들이 할 일입니다. 모든 활동의 시작과 끝은 기독교적으로 이루어지도록 리드를 하고 하나님께 감사하는 것으로 끝나도록 하고 있습니다.

골프와 낚시 동호회는 교회에서 활발한 남성들의 취미 활동을 통하여 친목과 교제를 겸하는 모임입니다. 회원들이 모두 교회 사람들이며 사실상 외부에서 참가하는 사람은 없지만 초신자라 교회에서 예배만 보고 가는 사람들에게 취미를 통해서 친목을 하고 교회에서 공동체의 일원임을 알게 하는 좋은 기회입니다. 어느 장로님은 골프를 치게 된 동기는 교회에 처음 나온 사업가와 골프를 하면서 개인적 친분을 쌓아 교회에 적응하는 것을 도와주게 되고 자신도 늦은 나이에 시작한 운동에 열의를 다하게 되었다고 합니다.

교인들의 가정 집에서 수돗물 새는 것, 오래 되어 낡은 문과 손잡이, 가스 새는 것, 깨진 유리창 교체하기, 전등 교체 등 작은 집수리를 의뢰를 받아 전문적인 기술을 필요로 하지 않는 한 기독교 센터 관리팀에서 신청을 받아 가정을 방문하며 해 주고 있습니다. 이러한 일들은 전부터 해 오던 구역 모임 중에서 한 팀을 전기공, 목수 그리고 배관과 집안 정리를 맡아 정리해 주는 은퇴한 전문가들로 편성되어 처음에는 한 달에 한 번 모여서 몇 집을 고쳐 줄 것인지 계획을 세우고 자재를 준비하는 등 진행하였으나 신청자들이 많아 횟수를 늘리기로 하였습니다.

6-3. 마켓 기독교 센터

시골의 읍내에 마련된 커다란 광장에서는 매주 토요일과 일요일이면 장이 섭니다. 장은 크게 몇 구역으로 나누어 밭에서 재배되는 농작물을 파는 1구역, 어부들이 잡은 생선과 해물 등 해산물을 파는 2구역, 중고품을 파는 만물상으로 이루어진 3구역 그리고 먹거리를 파는 포장마차들로 이루어진 4구역으로 구성되어 있습니다. 농부들이 자기 집 근처의 텃밭에서 경작한 채소들도 풍성하게 진열되지만 멀리 섬에서 배를 타고 힘들게 생선과 해산물들을 실어 와 장사하는 사람들도 있어 농작물과 해산물을 함께 장을 볼 수 있는 유일한 기회로 자리 잡고 있습니다. 중고품 상들이 모여 있는 구역에서는 중고 가구나 전자 제품들을 팔기도 하지만 농기구 수리를 비롯하여 경작기계들을 대여받을 수 있고 예약도 할 수 있습니다. 농촌에 줄어드는 젊은 인력으로 수확철에 수확을 못 하는 농가에 대해서는 그 현황을 파악하여 순환하면서 돕도록 계획과 순서를 만드는 것은 장을 주최하는 운영팀에서 맡아 행하고 있습니다.

이번에 진행되는 마켓은 사실 교회에서 담임 목사가 교회 외적인 행사로 진행되고 계획된 것입니다. 교인의 수가 얼마 되지 않아 교회 내에서 행사를 주최하기에는 참가하는 교인도 적고 재정도 허락치 않아 고민하던 담임목사는 1년 전부터 장소를 알아보고 참가할 수 있는 상인들을 섭외하고 사람이 많이 모일 수 있는 방안을 연구하던 중에 길거리에서 노점상을 하고 있는 노인들에게서 아이디어를 얻어 시작하게 되었습니다. 처음에는 농작물 위주로 시작하여 점차 확대하고 사람들이 모이자 스스로 참가하는 상인들도 생겨 이제는 제법 시장 같은 곳이 되었습니다. 먹거리 외에도 볼거리를 주기 위하여 광장 중앙에는 농악부터 시작하여 주말 저녁에는 젊은이들을 위한 공연도 준비하여 다른 동네의 젊은이들이 데이트를 즐기는 만남의 장소 역할도 하고 있습니다.

　담임목사는 기독교적인 이미지를 주는 방법으로 중앙에서의 공연과 전시를 이용하기로 하였습니다. 광장에 들어서면 이곳이 어떤 기독교 단체가 주관한다는 커다란 광고판을 볼 수 있어 이미 사람들은 기독교적인 행사가 있을 거라는 것을 짐작하고 있습니다. 그러나 일단 마켓 안으로 들어오면 온갖 먹거리와 구경거리 그리고 오랜만에 만나는 이웃들과의 대화는 삶의 즐거움을 갖게 할 것입니다.

6-4. 기독교 센터의 복지회

교회 공동체의 구제 사업은 보통 독거노인들이나 청소년 상담과 취업 준비를 하는 젊은이들을 돕고 있습니다. 또한 정신병원, 요양원, 장애자 재활 센터와 노숙자들을 위한 쉼터 운영과 같은 공동으로 여러 사람들을 돌볼 수 있는 곳을 택하여 연말연시에 그룹으로 방문하기도 하고 정기적으로 방문하여 선물을 주기도 합니다. 그리고 이런 곳들은 정부에서 예산을 들여 관리하는 곳이기도 합니다. 그러나 도움을 받아야 하는 사람들 중에는 어떻게 어떤 서비스를 받을 수 있는지 모르는 경우가 많고 정부가 여러 사람들에게 들어가야 하는 예산을 집행하는 중에 한쪽으로 쏠리는 경향도 있어 정부의 복잡한 복지 운영과 관리 시스템을 잘 알고 알려 주는 단체가 필요한 것입니다.

전직 간호사 출신의 은퇴한 권사와 구청의 복지과에서 오랫동안 근무하고 은퇴한 여자 집사님 그리고 사회 복지사 자격을 갖고 있는 한 팀이 같은 노회나 교회에서 광고를 하고 추천을 받아 방문하여 필요한 정부의 서비스를 받게 하는 것입니다. 초기에는 교인들이 자신들의 개인 사정이 알려지는 것이 원치 않아 몇 가정으로 시작되었지만 자식들이 도시로 떠나거나 홀로 사는 노인들에게는 매우 좋다는 평가가 입소문을 타고 전해져 이제는 일이 많아져서 몇 팀을 더 증가할 계획입니다.

6-5. 할렐루야 찬양단

학교 운동장 가운데에 본관 앞에 세워진 무대 앞으로 300여 개의 의자가 셋팅되어 가고 있었습니다. 오늘은 기독교 센터가 후원하는 할렐루야 찬양단의 정기 공연이 있는 날입니다. 이들이 인기는 이미 케이팝에서 활동하는 밴드들 못지 않은 인기를 가지고 있으며 교회에 다니는 초등학생 이상이면 공연이 있는 곳을 찾아다니며 열광하고 있으며 심지어 공연이 열리는 날에는 부근의 교회의 주일학교와 청년들이 대거 참가하기도 합니다. 이들의 공연에는 사실 교인들보다도 공연을 좋아하는 모든 젊은이들의 축제가 되는 날이기도 합니다. 5인조로 구성 된 할렐루야 찬양단은 전자기타, 베이스 기타, 드럼, 전자 오르간과 싱어로 구성되어 있으며 싱어는 한때 TV 음악 경연대회에서도 입상을 한 재능과 열정이 있는 청년이 리드하고 있고 이들의 공연은 기성세대들이 보아도 듬직한 교회 청년들입니다. 이렇게 열광적으로 하나님을 찬양하는 곳에 교회에 다녀 보지도 않은 청년들이 대부분인 것은 기성세대들이 하지 못하는 전도를 이들이 하고 있는 것에 감사할 따름입니다.

드디어 멤버들이 나와서 전자 기타와 전자 오르간의 음을 맞추기 시작하면서 본격적인 공연이 시작되었습니다. 무대 양옆에 설치 된 대형 스크린에서 화려한 멤버들의 연주 모습이 상영되고 6개의 대형 엠프 스피커에서 나오는 전자 음악은 참여한 모든 젊은이들을 열광케 하고 형형색색의 스크린은 보는 사람들을 빨아들이고 있었습니다. 누가 시키지도 가르쳐 주지도 않은 찬양 송들을 사람들은 떼창으로 즐기고 있었고 중간마다 '주여, 주여, 주여!!!' 하고 외쳐 대는 함성도 있고 '성령이여, 오소서!' 하는 떼창도 있지만 대부분의 찬양 속에 대중가요 노래도 섞여 있었습니다. 이런 무대를 처음 접한 젊은이들은 교회에서 이런 음악도 하는구나 하는 신기한 표정을 감출 수 없었으며 이런 분위기라면 한번 모임에 참여하고자 마음도 생기게 합니다. 입구 중간에 설치된 청년회 입단 신청서를 작성하는 부스에 사람들이 모여 있는 걸로 보아 행사의 목적이 전해지고 있다는 것을 알 수 있습니다. 두 시간이 넘게 진행된 공연은 끝날 때까지 시간 가는 줄 모르게 진행되며 참여한 사람들을 흥분시키는 이러한 공연은 도시 여러 곳에서 열리는 도시의 지역 축제에 까지 찾아가 공연을 합니다.

6-6. 기독교 센터 전략 연구소

기독교 센터 전략 연구소(연구소)는 주로 비기독교인이 주류를 이루고 있는 교회 밖의 사회에 기독교의 선한 일들을 알리고 교회에 대한 올바른 인식을 주고 복음을 전하는 일이 주 업무가 됩니다. 교회 공동체가 단지 종교 활동의 범위를 넘어서 대중들이 이용하고 참여할 수 있는 공동체로 역할을 늘리는 것입니다. 보통 비기독교인들은 교회를 단단히 마음의 준비를 하고 가야 하는 사찰로 이해를 합니다. 다만 사찰보다는 자주 일주일에 한 번씩 가서 예배를 보고 돈을 내고 친한 사람들끼리 모여 앉아 밥을 먹고 이웃을 험담하고, 남편에 대한 불만, 자식 걱정, 어떻게 하면 재산을 불릴까? 하는 세상만사 돌아가는 일들에 대한 잡담으로 지내는 것으로 압니다. 이들에게는 교회가 심혈을 기울러 애쓰는 선교와 구제 그리고 교육 사업에 대해서는 관심도 없고 당연히 뭔가 좋은 일을 하겠지 하는 추측만 하고 있습니다. 그러나 교회에서 일어나는 목회자의 불륜 사건, 예배당 건축에 얽힌 비리, 장로들의 사기나 집사들의 다단계 연루 등 사건 사고 등에 대해서는 초고속으로 입소문을 타고 이웃들에게 전달되고 역시 교회는 말 많고 돈 있는 자들의 집단으로만 인식이 되고 있는 것입니다, 이런 사회에 복음을 전하는 일은 교회가 신자들을 늘리기 위한 비즈니스일 뿐입니다. 비즈니스는 뭔가 이익을 내기 위해서 노력하는 집단이기 때문에 손해를 봐서는 안 됩니다. 이것은 절대로 교회 공동체의 이미지가 아닙니다. 기독교 센터는 교회 공동체의 일부분이기 때문에 이익을 본 만큼 선한 일을 해야 되고 이웃들과 교회에 관련된 사업에 유익이 되야 하는 것입니다. 이 연구소는 이 방법을 연구하는 곳입니다. 연구만

하는 것이 아니라 10년, 20년, 50년… 전략적으로 계획을 세워 실천이 되도록 하는 것입니다.

기독교 센터 전략 연구소장(연구소장)은 본 교회의 부목사가 맡도록 했습니다. 담임목사보다는 업무에 자유롭고 생각이 여유 있으며 특히 교회 밖의 상황에 민감하게 판단할 수 있는 센스 있는 젊은 목회자 이거나 목회자가 될 전도사가 적당할 것입니다. 연구소장은 여러 상황 즉 교회 내의 분쟁뿐만 아니라 교회가 이 사회에 공헌하는 바를 찾아 교회 밖으로 어떻게 알릴까? 하는 연구를 해야 합니다. 교회에 대한 좋은 이미지 구성과 미래 세대에 대한 선교 차원입니다.

방송 미디어 파수꾼: 기독교인이 불교 방송을 안 보듯이 불교인들과 일반인들은 기독교 방송을 잘 안 보게 됩니다. 보통 TV 방송에서 나오는 뉴스, 드라마, 영화에서 기독교의 모습은 대부분 부정적인 모습으로 비추어집니다. 대중의 인지도가 높을수록 비기독교인 작가들은 악한 종교인의 모습에 많은 반응을 보이는 것을 이용해 최대한 음성적인 모습을 비추게 하는 것입니다. 일반 방송과 미디어에서 보여주는 기독교의 모습을 모니터링해서 대책을 세우는 것입니다. 필요하다면 공익 광고나 유료 광고를 통해서 교회의 사회 사업과 교육에 대해 광고를 내야 합니다. 파수꾼들은 그 밖에 전단지와 스티커를 통한 짧은 메시지를 대중에게 알리는 방안을 강구하고 어떻게 하면 비기독교인들의 반발을 줄이고 좋은 이미지를 심어 줄지를 장기적인 측면에서 준비해야 하는 것입니다.

이단 침입 방지 파수꾼: 중소규모의 작은 교회들이 이단 신도들의 침입으로 고통을 당하는 것을 보아 왔습니다. 그들의 열성과 끈질긴 설득과 암암리에 파고 드는 술책들은 일반 교인들은 감당하기 힘듭니다. 혹은 자신도 모르게 그들의 안내를 따라갈 수도 있는 것입니다. 특히 경제적으로 어렵거나 가족들 중에 심한 중병을 앓고 있거나 장애자들과 열성적이지만 신앙의 초보 주부들이 그들의 타겟이 되어 온 가정을 파탄시키는 경우를 보면 기독교인들은 안타까울 뿐입니다. 평소에 교회는 아무 일 없는 것처럼 예배를 마치고 집으로 돌아가는 것 같지만 교회에서 장려하지 않은 교회 외적인 모임을 추구하는 교인들은 교회 생활에서 뭔가 만족하지 못하고 있는 것입니다. 신앙을 빙자하거나 믿음을 빙자하거나 혹은 초월적인 느낌, 꿈, 혹은 경험을 자주 얘기하며 이끌려는 교인은 정상적인 신앙 생활의 교인이 아닌 것입니다. 이들에 대한 정보를 알았을 때에 담임목사에게 잘못 말해서 오해를 받을까 봐 접근을 못하지만 주위에 있는 친한 교인들과는 언제든지 얘기할 수 있습니다. 이들이 파수꾼이 되는 것입니다. 구체적으로 내용을 파악해서 교회적으로 대책을 세울 수 있도록 도와주는 교인들이 파수꾼인 것입니다. 교인의 가정을 지켜 주는 역할 또한 교회 공동체가 추구해야 합니다.

스포츠 동호회 파수꾼: 교회 공동체의 소그룹 모임으로 구역모임이 있지만 예배와 모임에 대한 의미가 강하기 때문에 교인들과 만남에 한계가 있는 것으로 보입니다. 하지만 낚시와 골프, 축구, 탁구 등 생활 스포츠가 교인들에게 있어서는 생업 다음으로 중요한 사회 활동의 중심이 되어 있습니다. 또한 자녀들 교육에 관심이 많은 젊은 주부들과 건강과 복지에 관심이 많은 노년의 교인들이 가질 수 있는 정보, 운동과 건강에 대한 정보를 교환할 수 있는 모임을 찾아 격려하고 이러한 교인들 간의 친목과 협력을 도와주는 파수꾼을 세워 교회의 구역모임을 관리하듯이 운영하는 것입니다.

사회 복지서비스 파수꾼: 교회에서 잘 드러나지 않는 개인적 상황은 사실 좀 더 가깝게 접근하여 실상황을 접해 보면 정말 도움이 필요한 교인들이 있습니다. 교회에 소문이 돌아 어려운 가정 얘기가 온 교회에 입소문을 타고 돌아다니는 것을 좋아하는 교인은 없습니다. 정말 도움이 필요한 교인들은 정부에서 제공하는 서비스도 제대로 받지 못하는 경우가 많은 것입니다. 또 어떤 신실한 교인들은 교회에 부담을 주는 것을 싫어해서 외롭게 사는 경우도 있습니다. 이런 교인들을 교회 밖에서의 구제는 발 벗고 나서는 교회들이 정작 교회 내의 교인들은 돌보지 못하는 경우가 생기지 않도록 해야 합니다. 교회 내에서 사정을 잘 알고 있는 권사, 구역장 등 직분자들이 정부에서 주는 서비스에 대한 정보를 잘 알고 있는 파수꾼과 연결이 되어 안내를 해 주고 도와주는 형태가 제도적으로 안착이 되어야 하는 것입니다.

짝짓기 연결 파수꾼: 결혼을 할 나이가 되었지만 힘겨운 직장 생활과 스트레스와 경제적 압박으로 결혼을 하지 않거나 못 하는 기독교의 젊은이들을 위한 연결 네트워크입니다. 본인들보다는 오히려 부모들이 더 관심을 갖게 되는 경우도 많을 것입니다. 교회 공동체에는 청년들 모임이 많아 자체적으로 커플이 생기는 경우도 있지만 많은 경우가 그룹 안에서의 만남은 피하는 경우가 많습니다. 더불어 기독교

인 가정에서 결혼 적령기의 젊은이들을 등록하여 결혼에 관심만 있다면 서로 연결해 주는 시스템을 갖추어 기회를 만들어 준다면 공동체의 활력을 도울 것입니다. 신앙적으로도 많은 성장을 주는 결혼은 이 시대에 꼭 필요한 시스템이기 때문에 교회 밖에서 활발히 진행되는 것으로 알려져 있습니다. 수수료를 받고 제공하는 데이트 사이트는 종교에 대한 정보보다는 외모, 재력과 가정 환경 등에 치중돼 있어 종교 때문에 갈등을 갖는 경우가 많습니다. 교인 부모들은 자녀가 결혼하여 한 가족이 될 사람도 같은 교인이길 바라기 때문에 공동체 안에서 이루어지는 만남을 우선시하는 것입니다. 도시뿐만 아니라 농어촌의 젊은이들의 네트워크는 기독교의 선교에도 그 역할을 감당하리라 봅니다.

기독교 센터의 센터장으로 부임한 박 목사에게는 고민이 많습니다. 70여 개의 입주 업체들 중에서 15개의 업체가 입주 철회를 요청하고 있는 상황에서 어떻게 하면 이들과 잘 협력해서 좋은 결과로 서로 계약을 해지하고 새로운 업체를 구하는 일입니다. 계약 해지를 원하는 업체들은 치킨 가맹점, 편의점, 요식업 2곳과 카페 등 지난 1년여 동안 시범적으로 사업 운영들 해 본 결과 그들의 수지타산이 안 맞아 다른 곳으로 이동하고자 하며 그들이 들인 리모델링 비용에 대해서는 인수하는 사람들에게 50%를 받도록 하여 손해를 최대한 줄여 주기로 하였습니다. 매월 업주 상인들과 하는 상우회 모임은 이 건물이 기독교 종교 건물임을 감안하여 간단한 예배 절차와 친목과 교제 그리고 정보 교환을 통해서 서로의 이익을 돕는 역할을 하고 때론 본 교회의 전달사항을 받아 사업에 미치는 영향을 평가하기도 합니다. 업주들의 상세한 영업 결산은 센터장으로서도 알 수 없지만 점포 내의 분위기를 보고 월 임대료가 밀리는지 살펴보고 최대한의 도움을 받을 수 있도록 합니다. 저렴한 임대비는 업주들에게 부담을 덜어 주는 일이기에 입주 선호도에서 다른 건물보다 앞서 있지만 상권이 떨어지면 그 효과도 약한 것입니다. 상권을 높이기 위해 여러 공연과 행사를 유치하고 매월 오고 가는 사람들의 관리를 센터장으로서 책임질 일인 것입니다.

김 목사는 기독교 센터의 연구소장을 맡고 있습니다. 본 교회와의 원활한 소통의 연결을 맡고 있고 겸해서 연구소장을 맡고 있는 것입니다. 그 외에 신학대 학생 2명과 함께 일하고 있습니다. 연구소의 할 일들을 보면

1. 교세 확장 전략 계획(1년, 3년, 5년, 10년, 50년 주기)
2. 업종별 관리(같은 업종이 겹치지 않도록)
3. 일 년 기간의 본 교회 방문자 수와 등록 교인의 수 관리
4. 본 교회 지역별, 구역별로 가족 구성 단위와 숫자 관리 및 보고
5. 구 단위의 교회 숫자 파악과 개척교회 파악
6. 개척교회 지원 연구팀
7. 매월 방송 미디어 파수꾼 미팅과 보고서 작성
8. 초등학교 지원 프로젝트 진행
9. 기독교 센터 예산 편성
10. 지역별 기독교 센터 특성 개발부

등등등, 수없이 많는 일들을 펼쳐 나갈 수 있지만 그중에서 몇몇 핵심적인 일들에 집중하여 눈에 보이는 결과를 만들어 가고 있습니다. 교회의 미래를 위해서 계획하고 실천하는 일에 최우선을 둘 것입니다.

[참고 문헌]

[1] 김세윤, *김세윤의 신학세계*, 서울, 이래서원, 2009, 227-228

[2] 정성구, *기독교 문화를 건설하자*, 신학지남, 55(3), 1988, 4-6

[3] Ibid.

[4] 이정훈, *성경적 세계관*, PLI, 2022, 379-384.

[5] 하형록, *P31*, 두란노서원, 2005, 104-111.

[6] 두레 공동체 웹사이트에서, 김진홍 목사의 두레수도원 개회사, 미주 정숙희 논설
   위원과 김진홍 목사의 인터뷰에서

[7] 임성빈, *기독교적 문화관의 형성을 향하여*, 장신논단 16, 2000, 443 - 460.

[8] 정성구, *기독교 문화를 건설하자*, 신학지남, 55(3), 1988, 4 - 6.

[9] Ibid.

[10] 이근삼, *기독교와 문화와의 관계*, 신학지남 39(1), 1972, 27-34.

[11] Ibid.

[12] 임성빈, *기독교적 문화관의 형성을 향하여*, 장신논단 16, 2000, 443 - 460.

[13] Ibid.

[14] Ibid.

[15] Ibid.

[16] 이근삼, *기독교와 문화와의 관계*, 신학지남 39(1), 1972, 27-34.

[17] Ibid.

[18] 이정훈, *성경적 세계관*, PLI, 2022, 243-245.

[19] Op.cit.

[20] 임성빈, *기독교적 문화관의 형성을 향하여*, 장신논단 16, 2000, 443 - 460

[21] 정지웅, *기독교현실주의에 근거한 남북한 장애인복지 교류 · 협력 방향 - 라인홀
   드 니버의 논의를 중심으로.* 한국기독교신학논총 116, 2020, 515-540.

[22] Ibid.

[23] 강정희. "라인홀드 니버의 민주주의론에 근거한 한국시민사회의 가능성과 한계." 신학과 사회 30.2, 2016, 43-81.

[24] 정지웅, 기독교현실주의에 근거한 남북한 장애인복지 교류 협력 방향 - 라인홀드 니버의 논의를 중심으로. 한국기독교신학논총 116, 2020, 515-540.

[25] Ibid.

[26] 라인홀드 니버, 도덕적 인간과 비도덕적 사회, 이병섭 역, 신학전망(30), 2015, 87-98.

[27] 정지웅, 기독교현실주의에 근거한 남북한 장애인복지 교류·협력 방향 - 라인홀드 니버의 논의를 중심으로. 한국기독교신학논총 116, 2020, 515-540.

[28] 유경동, 라인홀드 니버의 기독교 변증법과 기독교 공동체 윤리. 장신논단, 52(5), 2020, 153-174.

[29] Ibid.

[30] 강정희. "라인홀드 니버의 민주주의론에 근거한 한국시민사회의 가능성과 한계." 신학과 사회 30.2, 2016, 43-81.

[31] 백용기, "월터 라우센부쉬와 그의 사회 복음신학," 신학사상 152, 2011, 183-186.

[32] 김동환, 존 C. 베네트의 기독교 현실주의에 대한 현 시대적 조명. 신학연구, 67, 2015, 205-236.

[33] Ibid.

[34] Ibid.

[35] 김명혁, 90년대 한국 교회에 대한 교회사적 전망, 신학정론 5(2), 1987, 342-349.

[36] 박성원, 1907년 대부흥운동의 에큐메니칼 의미, 신학과 목회, 26, 2006, 109-131.

[37] 김세윤, 한국교회의 새로운 개혁을 위하여, 기독교사상, 52(12), 2008, 48-55.

[38] Ibid.

[39] Ibid.

[40] Ibid.

[41] 박철수, 기독교란 무엇인가? 하나님의 나라, 대전, 도서출판 대장간, 2015, 39,

[42] 포드 베틀즈, *존 칼빈, 기독교 강요*, 양낙흥 역, 세계기독교고전 14, 크리스챤 다이제스트, 경기도, 2002, 164-166.

[43] Ibid., 154-160.

[44] Ibid., 154-160.

[45] 박철수, *기독교란 무엇인가? 하나님의 나라*, 대전, 도서출판 대장간, 2015, 224.

[46] 포드 베틀즈, *존 칼빈, 기독교 강요*, 양낙흥 역, 세계기독교고전 14, 크리스챤 다이제스트, 경기도, 2002, 164-166.

[47] E.M Bounds, *기도의 능력*, 이정윤 역, 생명의 말씀사, 2011, 48-52.

[48] 포드 베틀즈, *존 칼빈, 기독교 강요*, 양낙흥 역, 세계기독교고전 14, 크리스챤 다이제스트, 경기도, 2002, 225.

[49] Ibid., 154-160.

[50] 이정훈, *성경적 세계관*, PLI, 2022, 55-58.

[51] 한국 민족 문화 대백과 사전: 공동체.

[52] 방선기, *기독교인의 직업윤리관*, 기독교사상 41(8), 1997, 9 - 17.

[53] Ibid.

[54] Ibid.

[55] Ibid.

[56] 박철수, *기독교란 무엇인가 ? 하나님의 나라*, 대전, 도서출판 대장간, 2015, 35,36.

[57] 이정훈, *성경적 세계관*, PLI, 2022, 59-63.

[58] 민석홍, *서양사개론*, 삼영사, 서울, 2001, 421-431.

[59] 네이버 지식백과, *산업 혁명의 기원*, 두산백과.

[60] Op.cit..

[61] 라은성, *이것이 복음이다*, (서울, 페텔 PTL, 2011), 305~330.

[62] 박형진, *The great awakening: its impact on american higher education*. 장신논단, 2020, 52(4), 63-96.

[63] 심창섭, *근대부흥운동의 교회교육적 이해*, 신학지남, 73(4), 2006, 152-178.

[64] 황희상, *특강 종교개혁사*, 흑곰북스, 경기도, 2017, 272-275.

[65] *기독교 대백과사전*, Vol 14, 한영제편(서울: 기독교문사, 1994), 1105 -1107.

[66] 구학서, *이야기 세계사*, 청아출판사, 서울, 2001, 279-284.

[67] 이성덕, *이야기 교회사*, 경기도, 살림 출판사, 2013, 255 - 257.

[68] Ibid., 273-275.

[69] Ibid.

[70] 자크바전, *새벽에서 황혼까지 1500-2000 - 서양문화사 500년*, 이희재역(서울: 민음사, 2006), 65-105.

[71] Ibid.

[72] Ibid.

[73] Ralph P. Martin, *신약의 초석, 정충하*, 원광연 역, 서울, *크리스챤 다이제스트*, 1997, 64-67.

[74] Robert Shaw, *웨스트민스터 신앙고백 해설, 조계광역, 서울*, 생명의 말씀사, 2017, 291-293.

[75] Ibid., 294-298.

[76] 하형록, *P31*, 두란노서원, 2005, 67-69.

[77] Op.cit., 299-301.

[78] Ibid., 302-305.

[79] John Bunyan, *천로역정*, 최종훈 역, 서울, 포이에마, 2017, 9-13.

[80] Ibid., 25-40.

[81] Ibid., 41-56.

[82] 최상진, *백악관 뒷골목의 성자들*, 서울, 예영커뮤니케이션, 2002, 31.

[83] 김기동, *고구마 전도왕*, 서울, 규장문화사, 2000, 127-129.

[84] Ibid., 132-138.

[85] 신상언, *왓쳐가 되라*, 낮은 울타리, 2005, 21-36.

[86] 김중기, *신앙과 윤리*, 종로서적 출판사㈜, 1990, 95-107.